研究者は究極的決定の本質を理解することはできない。実際、決定を下す本人にもわからないことが多い。（略）意思決定の過程には曖昧で錯綜した拡大解釈が伴うものだ。それは決定に最も深く関与している当事者にも不可解なことなのである。

第三五代アメリカ合衆国大統領　ジョン・フィッツジェラルド・ケネディ

わることなく歴史物を書いている作家や、よく考えもせずに新たな状況を作り出すこする政治家を見かけることがある。私の見立てでは、前者はいつも一般的な原因を知思うからであろう。他方、後者は日常的な現実から遠いところで生きているために、も特別な原因があるはずであり、また世の中を裏から動かしているのは自分だと思いであるが、いずれも間違っていると考えてよい。

フランスの政治思想家　アレクシス・ド・トクヴィル

NIKKEI BP CLASSICS

# ESSENCE OF DECISION

## 決定の本質

キューバ・ミサイル危機の分析

第2版

EXPLAINING THE CUBAN MISSILE CRISIS

SECOND EDITION

# I

グレアム・アリソン
フィリップ・ゼリコウ
漆嶋 稔［訳］

日経BP社

グレアム・アリソン

フィリップ・ゼリコウ

Photo: The Washington Post / Getty Images

# ESSENCE OF DECISION

Authorized translation from the English language edition,
entitled ESSENCE OF DICISION: Explaining the Cuban Missile Crisis, 2nd Edition,
ISBN:0321013492 by Graham T. Allison and Philip Zelikow
published by Pearson Education, Inc.,

われらが伴侶、エリザベスとペイジに捧げる

第Ⅰ巻　目次

第II巻　目次

# 決定の本質　キューバ・ミサイル危機の分析　第2版　Ⅰ

# はじめに

四半世紀以上もベストセラーを続けている政治学の書物を改訂するには、それなりの理由が必要になる。第一に、一連のオーラルヒストリー―会議や文書の機密指定解除の動きに促され、キューバ・ミサイル危機の歴史的証拠は劇的に増加し、一九九七年から一九九八年に頂点に達したことだ。たとえば、(一九九〇年代に一足先に公表されたケネディ政権のベルリン問題および軍縮関連文書と併せて利用する必要はあるが)国務省が公表する『アメリカ外交文書』のうち、従来機密扱いであった関連文書が公開された。また、アレクサンドル・フルセンコとティモシー・ナフタリの共著『史上最悪の賭け――フルシチョフ、カストロ、ケネディ、一九五八年～一九六四年』(未邦訳)に掲載されたソ連政府の重要文書も吟味された。ついには、最重要証拠であるケネディ政権内部の議論を秘密録音したテープもアーネスト・メイとフィリップ・ゼリコウによって『ケネディ・テープ——キューバ危機当時のホワイトハウスの内幕』（未邦訳）として書籍化され、現在入手可能である。以上のような新証拠により、本書の初版には事実に反する内容や説明不足な記述が少なくないことが判明した。本書第二版の共著者として最も喜ばしいことは、従来とは異なる「概念レンズ」を通じて検証した結果、これらの新たな証拠が輝かしい光を放つところを確認できたことである。本書はこれらの証拠の分析結果をすべてまとめた最初の文献である。確かにキューバ危機に関する既存文献は数多くあるが、この問題の研究者は危機的状況でなされた重要な選択や出来事を説明した本書の価値に気づかれるであろうし、その新解釈に少し驚かれるのではないか。

第二に、国際情勢の研究分野、政治学、経済学、社会学、社会心理学、組織論、決定分析の各分野、そして公共政策やビジネスなどの重要かつ新しい応用分野に関し、初版での主要な議論から得られた分析的理論的知見がさらに深まったことだ。初版では各分野の中心的問題に取り組んだが、その後も著者は研究を続けてきた。これほど長い間研究を続行してきたのは、「市民は政府の行動をどのように理解しようと努めるべきなのか」という根本的な疑問に対する初版の答えに納得がいかなかったからだ。当然ながら、初版が示した答えは政治学の分野だけでなく、他の多くの分野からも批判や議論を引き起こすことになった。また、最も早い時期の批判のなかには時の流れにも耐えるほどの鋭い指摘もあった。本書の基本的な構成は当時も現在も妥当であると考えているが、批判の声には耳を傾け、理論モデルの基本的な解釈も一部の批評家の助けを得て大幅に修正した。さらに、新たな知見（および従来の研究の斬新な側面）が生まれたことで、これらの分野の研究やモデルを明確に説明しようとした。もちろん、初版以降のこれらの議論と関係した分析的理論的知見をすべて考慮に入れることはできないが、以前の議論はいくつかの面で詳細かつ充実した内容になっている。

第三に、初版で展開した議論は政財界や非営利部門の上層部から望外の評価をいただいているだけでなく、理論よりも実務重視の専門性を養う大学院（行政、公共政策、経営など）でも利用されていることだ。たとえば、ハーバード大学ケネディ行政大学院（ケネディスクール）では「政治と制度の分析」の教科書として四半世紀近く用いられている。フィリップ・ゼリコウはこのコア課程を五年間担当し、初版を改訂すべき時期が来たと考えるようになったのである。対策の説明以上のものを必要とする実務家のために、抽象度を高めた概念と説明を用いて大局観やチェックリストを提供することは重要な内容拡充であり、初版以上に関心を呼ぶことになるであろう。

最後に、初版の著者グレアム・アリソンがこれまでに学生、同僚、批評家から多くのことを学んできたのは間違いない。また、連邦政府の巨大組織（国防総省）における指導的立場にいたこともあり、自分の考え方を実際に応用する機会にも恵まれた。だが、本書の改訂という難題を本気で考えるようになったのは、当時のハーバード大学の同僚ゼリコウとの協力関係が生まれてからだ。ゼリコウは歴史家として研鑽を積んでおり、ホワイトハウス（国家安全保障会議）にも奉職し、本書の初版を教科書として何年も教えていた実績があるなど、共通する背景が少なくなかった。

初版の読者はこの第二版の主要な内容に見覚えがあるかもしれない。内容の大半は新しくしているが、本書の構成は基本的に変えていないからだ。概念に関する三つの章では、専門家が（特に外交分野、およびその他の広範な行政措置の）状況を説明、予測、評価できるような概念モデルや概念レンズを各章で解説している。この各章の後には、直前の章の概念レンズを用いたキューバ危機の分析が続く。同危機の主要な問題を概念レンズで説明するに際しては、公開資料や未公開の一次資料も含め、現在利用可能な証拠をすべて考慮に入れるように努めた。

概念モデルを利用するときには、昨今の出来事（大半は外交問題であるが、国内政策にも類似のものがある）を例に挙げて書き直した。理論に関する各章では、その後の理論的進歩をもとに初版のモデルを進展させた。たとえば、第一モデルでは、当該モデルの変種を解明するために、心理学、合理的選択理論、ゲーム理論の知見を取り入れた。第二モデルでは、組織は機能を拡大してから制約するという筋道を明らかにするために、組織研究、社会学、政治学、経営学の最近の展開を利用した。第三モデルでは、政策決定における各プレイヤーの能力の重要性をはっきりさせるために、近年の公共政策研究や政府の経験から学んだ教訓を参考にした。また、現在のポスト冷戦の状況は新たな解説だけでなく、概念モデルの修正も必要としていることを勘案し、第二版全体を通じて初版以上に細かな配慮に努めた。たとえば、明瞭な冷戦体制から不透明なポスト冷戦の状況に移行し、価値や利害に関する共通した考え方の影響力が衰えているために、既存の官僚組織や勢力旺盛な利益集団を擁護する声が目立つようになっている。衛星テレビおよびケーブルテレビ向けニュース専門放送局CNNのような技術進歩はゲームの新ルールと相まって、現在のワシントンではキューバ危機におけるケネディ政権の秘密討議の日々がほとんど大昔の話のように思えてしまう。すなわち、あの熟考の一三日間は抑制的で巧妙な戦略を実際に選択するために不可欠であったことがわかっている。だが、今日では、同じような脅威が明らかになると、アメリカ大統領は四八時間以内に情報が漏洩すると予想し、より拙速な意思決定を迫られると思うであろう。同じように、現在の政策課題を検討する際には、キューバ危機から教訓を汲み取ろうとし、外交政策の運用やポスト冷戦の外交政策上のリーダーシップを考える際には、核戦争の脅威や大量破壊兵器拡散の危険性を念頭に置いていることは今まで以上に明らかである。

本書の目的は初版の「はじめに」で説明した二つであることに変わりはない。一つは、キューバ危機の中心的な謎を検証することである。この危機に関しては適切な説明や報告が数多く発表されているが、核時代の決定的な事件であり、有史以来最も危険な瞬間であったことに変わりはない。この危機から学んだ教訓やその解釈は、アメリカの指導層などが核戦争のリスク、危機的対立あるいは外交政策を考えるうえで影響を与え続けている。

もう一つは、キューバ危機のような事件について議論する際に、われわれの認識していない前提が及ぼす影響について調べることである。たとえば、ソ連が戦略攻撃ミサイルを密かにキューバに持ち込もうとしたのはなぜか。このような問題にどのように答えるかは、設定する基本的前提、検討に用いる分野および視点によって大きく左右される。だが、設定する前提とは一般的にどのようなものか。これらの前提は考え方をどのように方向づけるのか。他にはどのような見方があるのか。本書では、外交問題を考えるときにほとんどの人が用いる基本的な枠組みを明らかにする。さらに、二つの代替的な枠組みについても概説する。実際には、どの枠組みも「概念レンズ」である。三つの枠組みを比較対照すれば、どの枠組みが何を強調し、何を重視し、何を明確にし、何を曖昧にし、何を軽視しているのかがわかるであろう。

本書は以上の二つの目的に基づいて構成されている。概念に関する三つの章では三つの枠組みを概説する。これらの章の間には、キューバ危機の主要な問題の答えを探るための各枠組みを用いたケーススタディを挟んでいる。ケーススタディの章では、三つの視点に基づいてキューバ危機の主要な問題を解明することにより、この事件を深く探求するだけでなく、新たな知見も明らかにする。また、異なる概念レンズを用いれば、キューバ危機のような事件の何を注視し、何を強調し、何を懸念すべきかについても異なってくる、ということを論証する。

すなわち、本書では実例を現実に即して分析する一方、理論的にも説明する。ただし、現在のところ、どこで現実に即した分析が終わり、どこから理論的な説明が始まるのか、あるいはどちらが主でどちらが従なのかもよくわからないということを率直に認めなければならない。しかしながら、この二つの目的を同時に追い求めたいという強い気持ちがあったことは間違いない。

本書は「アート派」と「サイエンス派」からなる外交政策研究者全体に向けて書かれたものである。アート派から見れば、概念を説明する章にはほとんど興味を持てないかもしれない。だが、これらの章が昔からの問題に新たな知見を与え、新たな側面に対する認識をより明確にし、実質的研究をさらに深化させるという役割を果たすならば、一種の知的「強壮剤・健康体操」として歓迎されるであろう。一方、社会科学者にとって理論的な章に意味を見出すのは、はっきりと示されていなかった研究の概念枠組みを明らかにし、この枠組みの代替モデルに関する体系的な意味を解明したところである。「アート派」と「サイエンス派」という二つの派を同時に対象としたことにより、われわれはケーススタディの章にはアート派から機微や技巧が物足りないと批判され、理論的な章はサイエンス派から体系の整合性や厳密性が欠如していると難じられるであろう。このような批判が的を射ているかどうかは読者諸賢の判断を待ちたいが、この試みの理由については疑問の余地があってはならない。

アート派とサイエンス派に共通項があるとすれば、それは何かを説明することを目的としているところである。確かに、アート派が事象の独自性を理解したり、サイエンス派が一般命題の一事例として事象を評価したりするのは、何も説明のためだけではない。だが、双方が作業に打ち込むのは、事象が生じたわけを理解して説明したいという思いが根底にあるからである。サイエンス派から見たアート派は、共通する多発要因には近いが、本質とは無関係な些事と考えたほうがよさそうな微妙な意味や偶発的要素に関心を持ちすぎているように見えるかもしれない。逆に、アート派から見たサイエンス派は、普遍性を重視しすぎるあまり、関連性のある個別の要素をあまりに軽んじているように思えるかもしれない。だが、外交政策の研究ではどちらも優れた業績を残しているので、相手に対して尊大な態度を見せたり、相手の業績を軽視したりすることは許されない。したがって、同じ本のなかで説明することと、その根拠となる概念と命題を体系的に解説するというわれわれの試みは妥当なものであろう。

　アート派とサイエンス派の間がどれほど大きく離れているとしても、双方とも題辞に記されたこの洞察を戒めとし、相手に対する謙虚さを忘れるべきではない。

「研究者は究極的決定の本質を理解することはできない。実際、決定を下す本人にもわからないことが多い。（略）意思決定の過程には曖昧で錯綜した拡大解釈が伴うものだ。それは決定に最も深く関与している当事者にも不可解なことなのである[*1]」

## 読者の手引

*1 John F. Kennedy, "Preface"to Theodore Sorensem, *Decision-Making in the White House: The Olive Branch and the Arrows* (New York: Columbia University Press, 1963)（邦訳はセオドア・ソレンセン『ホワイトハウスの政策決定の過程』河上民雄訳、自由社）

本書の初版を書いていたとき、ある同僚が賢明なる助言をしてくれた。よく知らない一般読者について思い悩み、すべての人を対象にして書こうとするよりも、実在する四、五人を選び、その人たちを読者と考えて書いたほうがよいという。この助言は大いに役立った。そこで、想定した読者を一般的な言葉で明らかにし、各読者に向けて執筆するときにわれわれが抱いた抱負を簡潔に説明しておいたほうが有益であろう。

まず二人の「代表的読者」は同僚と学生である。同僚とは外交政策と国際関係の専門研究者であり、学生とは優秀な大学二年生である。

同僚にとって、キューバ危機に関する章は、新資料、主要な問題に対する斬新な見方、一般的な議論の解説を提供する。さらに大胆な表現をするならば、理論的な章は以下のことに挑戦している。

1 外交政策と国際関係の多岐にわたる分野における研究結果を包括的に考察する。

2 研究結果を評価する際に利用できる一連の分類を提示する。

3 外交政策の分析が非論理的であり、外交政策のさまざまな分野における実質的研究も整合性がほとんど見られない、という一般的な認識に反論する。

4 大半の研究者が外交政策の問題を検討するときに利用する基本的な分類と前提を再検証す

る。

5 従来の概念的枠組みの代わりに、二つの鋭くて刺激的な代替案を概説する。

一般的な議論の基本的な概略はそれだけで十分な内容であると思う（実際、何人かの学者は代替的な概念的枠組みを用いて研究している）。だが、厳密な意味では、議論はまだ終わっていない。そこで、同僚には引き続きこの議論への参加をお願いしたい。

学生に対しては、キューバ危機に関する章は、この世界が不幸で、問題の多い状況であるけれども、避けて通れない現実であることを理解してもらうように書いている。核戦争に関し、「ありそうにないこと」と「あり得ないこと」とはまったく別物であることを示した出来事としては、キューバ危機ほどの大事件はない。特にポスト冷戦の余波が残っている状況下では、たとえ平和な日々に移行しているわけではなくても、核戦争というダモクレスの剣《つるぎ》は慎重に引き下ろされ、最後には安全なところに片付けられることを望んでいる人がほとんどであろう。ところが、実際には、超大国の核兵器備蓄量が減少傾向にあるとしても、依然としてアメリカとロシアは保有しており、今後も当分の間保有し続けるであろう（ちなみに、高濃縮ウランに含まれるウラン二三五の半減期は七億年である）。キューバ危機にまで至った米ソ間の敵対的な競争も今では消え去ってしまったが、別の核戦争が勃発する危険性が生じている。理論的な章で明らかになる理由により、核兵器がアメリカ本土で一回以上爆発する危険性は現在のほうが冷戦時代の最後の数十年間よりも高くなっているかもしれない。さらに、理論的な章では、特にさまざまな分野の文献の要約は、一流の研究者が取り組んでいる内容やその業績について関心のある学生の役に立つはずである。だが、最大の魅力は、読んだ学生が外交政策だけでなく、まさに公共政策のすべてに関する分析の最前線に立ちたくなるところにあると思う。

第三と第四の「代表的読者」は、『ニューヨークタイムズ』、『ワシントン・ポスト』、『ウォールストリート・ジャーナル』、『フィナンシャル・タイムズ』などの外交政策関連記事を読んでいるような一流紙の定期購読者とまともなジャーナリストである。このような人々の関心事と嗜好を考えると、第一と第二の「代表的読者」との差異は、われわれが当初考えていたよりも小さいことがわかった。したがって、一般人である新聞の読者とジャーナリストも前述と同じ理由で本書が有用であると思っていただければ幸いである。もちろん、理論的な章における文献の要約や改まった表現による考察が専門的すぎると思われる人がいるかもしれない。もしそうであれば、各パラダイムの導入部分だけを読み、その他の部分は飛ばしていただいても構わない。

第五の「代表的読者」はわれわれの同僚の夫人である。知的な人ではあるが、外交問題には特に関心を持っていないので、「一般の読者」の代表にふさわしい。同僚は本書の最初の草稿に目を通した後、夫人には「まず序章を読み、それからキューバ危機に関する三章だけを読めばよい」と勧めた。これらの章は、この重大事件に関する証拠を三通りの視点から解き明かしたものとして読むことができる。しかしながら、一般の読者にあらかじめご留意願いたいことは、このような読み方では「実際には何が起きたか」についてよくわからないままに終わるかもしれないということだ。実際、本書がわれわれの狙い通りに仕上がっているとすれば、読者は理論的な章で解説している内容にも関心を寄せるようになるはずである。

## 資料源について

ジョン・F・ケネディがキューバ危機に関してはっきりと警告したように、「歴史家が批判と反論が飛び交うこの微妙な問題を扱うときには、慎重な態度で臨むべきである」。キューバ危機の議論に際し、われわれは公表された記録に含まれた情報をすべて利用した。脚注が示す通り、入手可能な保存情報は膨大なものである。また、キューバ危機に関係したほとんどの政府高官および政権中枢の参画者とキューバ危機について回想したことのある多くの人々に取材し、話し合う機会に恵まれた。さらに、キューバ危機の最中に米ソ両政府で実務を担当した大勢の人々にも面接した。これらの人々が提供してくれた情報とともに、彼らの辛抱強さとご高配に深甚なる謝意を捧げたい。

## 感謝の言葉

本書の発端は少なくとも一九六六年の春にさかのぼる。当時、何人かのハーバード大学教授が「政策」に対する「官僚」の影響――アクターの意図と行政措置の結果との乖離――に関して議論する会議を開くようになった。この会議は議長のアーネスト・R・メイの名前にちなんで「メイ・グループ」と呼ばれた。会議のメンバーにはモートン・H・ハルペリン、フレッド・C・アイクル、ウィリアム・W・カウフマン、アンドリュー・W・マーシャル、リチャード・E・ニュースタット、ドン・K・プライス、ハリー・S・ローエンがおり、本書の共著者の一人グレアム・アリソンは報告者として参加した。このグループのおかげでアリソンはこの問題に心を奪われ、とても吸収できないほど多くのアイデアをいただき、本書の要旨を検討する作業過程において建設的な批判を賜った。後年、同じく共著者の一人フィリップ・ゼリコウはニュースタットやメイとともに何年も教鞭を執っていたので、依然として本書はほぼ「メイ・グループ」による最新ではあるが未完成の「仮説論文」と言ってよい。後に、このグループは一九六〇年代後半と一九七〇年代初頭にハーバード大学ケネディ行政大学院（ケネディスクール）政治研究所の「官僚組織、政治および政策」に関する研究セミナーとして会合を開いた。このメンバーには、フランシス・M・バトー、ジョセフ・L・バウアー、ウィリアム・M・カプロン、マイケル・クロージャー、フィリップ・B・ハイマン、アルバート・O・ハーシュマン、スタンレー・ホフマン、ヘンリー・D・ジャコビー、ドリス・H・カーンズ、ランス・リーブマン、デーヴィッド・S・ムンデル、エドウィン・O・ライシャワー、トーマス・C・シェリング、ジョン・スタインブルーナー、ジェームズ・Q・ウィルソン、サミュエル・L・ウィリアムソン、アダム・ヤモリンスキーがいた。このグループとメンバー各位に対して深く感謝申し上げる。

初版の草稿については、メイ・グループのメンバー以外にも多くの読者が適切な批判や提案を寄せてくれた。本来の義務や責任の範囲を超えてご支援いただいた以下の人々に深謝申し上げたい。アレクサンダー・L・ジョージ、ウィリアム・R・ハリス、ロジャー・ヒルズマン、セオドア・R・マーモア、ワーナー・C・シリング、レオン・V・シーガル、ハリソン・ウェルフォード、マーチン・S・ウィッシュナツキー、アルバート・ウォールステッター、ロバータ・ウォルステッター、チャールズ・ウルフ・ジュニア。

初版の調査と執筆の間には、（ケネディスクールの）政治研究所、ランド研究所、ハーバード大学外交問題研究センター、外交問題評議会など数多くの機関がわれわれを支援してくれた。

さらに、アリソンが知的にも個人的にもお世話になった四人の方々のことを特筆しておきたい。トーマス・C・シェリングに影響を受けたことは第一モデルに関する章で明らかである。アンドリュー・W・マーシャルの考え方は特に第二モデルに関する章に表れている。最も恩義を受けたのはリチャード・E・ニュースタットであり、その影響は第三モデルに関する章に色濃く反映されている。以上の人々には心から感謝申し上げたい。最後に、アリソンの夫人であり、同僚であり、初版の頃から第二版の最後の一行に至る長い旅路における相談相手でもあったエリザベス・K・M・アリソンにはただ感謝するしかない。

この第二版を執筆したことにより、われわれが受けた恩義はさらに大きくなった。リチャード・E・ニュースタットとアーネスト・R・メイには、改訂の可能性のある章や範囲の考え方に関する発想の源泉や示唆の役割を最後まで果たしていただいた。メイとゼリコウはケネディ大統領がホワイトハウスでの協議内容を録音したテープ（ケネディ・テープ）の文章化と編集を担当した。ケネディスクール科学・外交問題ベルファ・センターはこの調査作業に不可欠な支援を提供してくれた。ロバート・ブラックウィル、デーヴィッド・キング、ショーン・リン＝ジョーンズ、スティーヴン・ミラーからは特に貴重な助言を頂戴した。ケネディスクール以外では、ヴァージニア大学ミラー公共問題センターからの支援に深謝申し上げるとともに、ミリアム・アヴァン、リチャード・ベッツ、ベン・ダンラップ、コリン・エルマン、ミリアム・エルマン、ピーター・コーンブルー、アーロン・ロベル、セオドア・マーモア、ティム・ナフタリ、スコット・セーガン、ピーター・シンガー、ダイアン・ヴォーン、リチャード・ゼックハウザーの鋭い示唆には特に感謝申し上げたい。最終稿の完成にはわれわれの乱筆を解読してタイプしてくれたハロルド・ジョンソンの協力が必要であった。ロングマン出版社のレオ・ヴィーグマン、後任の編集者ジェシカ・ベイン、ジェニー・エリクソン、ミシェル・ハインツおよびエルム・ストリート出版社から受けた激励に御礼申し上げたい。

また、初版の欠点に注意を促してくれた以下の学者各位の研究にも謝意を表したい。ロバート・アート、ジョナサン・ベンダー、トーマス・ハモンド、スティーヴン・クラスナー、ミリアム・スタイナー、デーヴィッド・ウェルチ。彼らは納得していないと思うが、彼らから学ぶところが多かったのは間違いない。加えて、第二版を査読いただき、有益な助言を賜った以下の諸氏にも深謝申し上げたい。コロンビア大学のリチャード・ベッツ、ボストン大学のマイケル・コーガン、ニューヨーク州立大学オールバニ校のジュディス・ガレスピー、カリフォルニア大学アーバイン校のパトリック・モーガン、スタンフォード大学のスコット・セーガン。そして、新しい考え方をいくつか検証してもらったセミナーの参加者を含め、われわれのクラスの学生からも有用な提案を数多く頂戴した。

最後に、われらが伴侶であるエリザベス・アリソン、そしてペイジ・ゼリコウには言葉ではとても意を尽くせないが、心からお礼を申し上げたい。

1962年　10月

| 日 | 月 | 火 | 水 | 木 | 金 | 土 |
|---|---|---|---|---|---|---|
| | 1 | 2 | 3 | 4 | 5 | 6 |
| 7 | 8 | 9 | 10 | 11 | 12 | 13 |
| 14 | 15 | **16** | **17** | **18** | **19** | **20** |
| **21** | **22** | **23** | **24** | **25** | **26** | **27** |
| **28** | 29 | 30 | 31 | | | |

# 序章

キューバ・ミサイル危機は、将来的に大きな影響力を及ぼす一大事件であった。米ソが核戦争の瀬戸際で踏みとどまった一九六二年一〇月の一三日間に匹敵するほどの出来事は、これまでの歴史には見当たらない。多くの人命が突然失われる可能性がこれほど高かったことはかつてなかったことだ。実際に戦端が開かれていたら、一億人のアメリカ人、一億人以上のロシア人、そして数百万人のヨーロッパ人も死に、過去に起きた自然災害や残虐な事件などは遠くに霞んでみえたことであろう。ケネディ大統領は大惨事の発生確率を「三分の一から二分の一の間」と予測していたことを考えれば、核戦争を回避できたことに祈りを捧げたくなる。*1 この事件は、核時代におけるわれわれの生存に関して重要かつある程度「予測可能」な事実を象徴している。

キューバ危機は近代史のなかで最も研究された出来事の一つであることは間違いない。だが、納得のいく答えが中心的な問題に対しても得られていないのである。

なぜソ連は戦略攻撃ミサイルをキューバに配備したのか。何のためにソ連はこれほど過激で危険な方向に政策転換したのか。このような行為は決して容認しないとアメリカは何度も警告していたのに、なぜフルシチョフはこのような破滅もあり得た重大な誤算を犯してしまったのか。

なぜアメリカはソ連のキューバへのミサイル輸送に対し、検疫という名の海上封鎖で対応したのか。アメリカは核対決に公然と挑む必要があったのか。実際に利用可能な選択肢にはどのようなものがあったのか。キューバのソ連ミサイルはアメリカにどのような危険をもたらしたのか。この脅威は、大統領自身が最悪の事態を招きかねないと考えた対抗手段の選択過程を正当化させるほどのものであったのか。この脅威は、キューバのソ連ミサイルが運用可能になる前に無力化するためのより緊急な行動を必要とするほどのものであったのか。

なぜミサイルは撤去されたのか。フルシチョフがミサイルを撤去する代わりに、「攻撃を受けた場合、運用可能なソ連ミサイルを発射するぞ」と発表していたら、事態はどのような展

＊1　この議論のために、著者の一人（アリソン）はカール・G・ヘンペルによる説明の論理の特徴づけを認めている。すなわち、「『なぜこの説明されるべき現象は起きたのか』という問題に答えるには、現象はある個別的状況（L1、L2、……Lrという法則に基づくC1、C2、……Ckと特定される要因による）の結果であることを示して説明する。このように指摘することで、個別的状況と当該法則に鑑み、その現象が起きたのは予測されたことである、とこの議論は示している。また、この意味で、われわれは現象が起きた理由をこのような説明で理解するのである」(Carl G. Hempel, *Aspect of Scientific Explanation* (New York: Free Press, 1965), p.337)。たとえば、Ernest Nagel, *The Structure of Science: Problems in the Logic of Scientific Explanation* (New York: Harcourt, Brace & World, 1961) など、さまざまな議論のパターンの違いがわかるとともに、十分な科学的説明はこの基本的論理の証明となる。したがって、予測は本質的に説明と逆のものである。だが、もう一人の著者（ゼリコウ）は、科学的な視点に由来するこのパラダイムが歴史的視点にも適用できるとは思っていない。歴史―再現可能な科学実験の対象外である実際の現象―こそ、人間による選択肢を統合した政府の行動を説明するための経験的基礎である。ヘンペルの論理に対する批判としては、アイザイア・バーリンとモーリス・マンデルバウムが書いた評論を参照されたい。特に、ウィリアム・ドレイが *The Philosophy of History*, ed. Patrick Gardiner (Oxford: Oxford University Press, 1974) をうまく編集したものが参考になる。歴史に疑問を投げかけて調査をすれば、妥当な可能性に注目を集めさせることに役立つが、政府の行動に法則性を見出すことはできない。経験主義には「個人的経験の限界はあるものの、絶対に正しいとはいえないが有益とされる概念によって補足できる。だが、その概念は平均寿命の範囲内で記録される事実に基づくものであり、法則性を公式化するわけではない」(William James, *Some Problems of Philosophy* [1911], ed. Henry James, Jr. (New York: Longman's, Green & Co., 1948), pp. 98-100; John Dewey, *The Quest for Certainty: A Study of the Relation of Knowledge and Action* (New York: Minton, Balch & Co. 1929), pp. 207-08, 228（邦訳はジョン・デューイ『確実性の探究』人間の科学社）; John Ziman, *Reliable Knowledge: An Exploration of the grounds for belief in science* (Cambridge: Cambridge University Press, 1978), pp. 42-56, 158-86; Hilary Putnam, *Pragmatism: An Open Question* (Cambridge: Blackwell, 1995), pp. 7-23 (defending William James)（邦訳はヒラリー・パトナム『プラグマティズム――限りなき探求』晃洋書房）; and the concepts of "colligation" in Clayton Roberts, *The Logic of Historical Explanation* (University Park: Pennsylvania State University Press, 1996), pp. 55-88 )

開になったであろうか。「海上封鎖」は効果があったのか。または「最後通牒」か、おそらく何らかの「取引」があったのか。なぜソ連はキューバと同じように微妙な他の地点――ベルリンなど――に対して報復行動に出るよりも、ミサイルを撤去することにしたのか。

キューバ危機の「教訓」は何か。この事件は核対決や核戦争のリスクについて何を教えてくれるのか。ポスト冷戦の影響下において、危機管理や政府部内の調整についてそれが意味するものは何か。これは敵対勢力に対する対処策のモデルになるのだろうか。

現在では、キューバ危機を研究する学生でも利用可能な何万ページもの関連資料自体が重大な挑戦を突き付けている。すべての資料を慎重に読み通すだけで、何ヶ月も要する作業になる。われわれ二人は、機密解除文書、学術報告、オーラルヒストリー、取材記録、キューバ危機の分析に供されたホワイトハウス内部の議論の大半を録音したテープ（当時は秘密扱い）の大半までも収蔵した倉庫を最大限に活用した。また、キューバ危機の研究成果はより広範な研究にも資するところが多い。だが、本書はキューバ危機に関する問題に単なる追加的な情報や分析以上の説得力のある答えを出すことが大前提である。真によりよい答えをどれほど得られるかは、われわれ（一般人と専門家の双方）が分析する際に用いるものをどれだけ深く認識できるかによる。「なぜソ連はミサイルをキューバに配備したのか？」のような問いに答えるときには、われわれが重要と判断し、適切と認める内容は、入手可能な証拠資料だけでなく、それを調べるときに用いる「概念レンズ」によっても異なってくる。したがって、本書の主たる目的は、キューバ危機のような問題に対する考え方を方向づける分類と前提のなかから基本的な選択肢（まだ認識されていないことも多い）を探し出すことである。

## 一般的要旨

外交問題の発生に当惑するときには、政府による個別の措置や一連の行為が引き起こしたものであることが多い。たとえば、ソ連のキューバへのミサイル配備、アメリカ軍のペルシャ湾派兵、ドイツのユーロ導入による自国通貨に関する国家主権の譲渡、ボスニアにおける国連指定「安全地帯」の防御失敗など。これらの出来事からは当然次のような問いが生まれる。なぜソ連はミサイルをキューバに配備したのか。なぜ五〇万人のアメリカ兵はペルシャ湾に駐留していたのか。なぜドイツはドイツマルクを見放したのか。一九九五年七月、なぜ国連は「安全地帯」スレブレニッツァの防御にほとんど尽力しなかったのか。真剣な研究者はこれらの問いに対する答えを求めようとして、特定の国際的状況——他の状況ではなく——が起きた原因を探ろうと努力している。

説明を探し求めるに際し、一般的には外交問題に直面している国や政府の立場に自らを置き、その行為を選択した理由を調べようとするものだ。そこで、研究者はキューバにあるソ連ミサイルをアメリカの攻撃からキューバを防御する手段として説明してきた。アメリカがサウジアラビアに派兵したのはイラクの侵略を抑止するためであった。ドイツが欧州連合（EU）に加盟して共通通貨を導入したのは欧州統合の大義を推進するためであった。国連がボスニアでの行動に失敗したのは、関係加盟国にはセルビア人勢力の侵攻に抵抗する気がなかったからだ。

このように説明する（または、これを受け入れる）ならば、政府の行動を理解するには個人の合目的的行動から類推するのが最も説得力のある方法ということになる。大抵の場合、これは有益な仮説である。中央政府を中枢制御的存在のように考えるならば、合目的的な個人からの類推は政策の選択や行動を理解するうえで有用な便法である。だが、このような単純化は――他の単純化もすべてそうであるが――物事を明らかにするが、同時に曖昧にもしてしまう。特に、いつも無視されている政府の現実を曖昧なものにしてしまう。すなわち、現実問題として、国策の「政策立案者」は確かに計算高い個人であるが、それ以上に大組織と政治的アクターの集合体なのである。この事実がキューバ危機のような事件の研究者にとって意味するところは決して単純ではない。それはわれわれが事件に取り組むときに用いる基本的な分類と前提に疑問を突き付けているからだ。

より正確に表現すれば、本書で展開される要旨は以下の三つの命題に要約できる。

1 （一般市民と同じように）外交問題の専門家や政策立案者が外交政策や軍事政策の問題を考えるときには、ほとんど暗黙の了解のような概念モデルを用いるが、このモデルは思考内容に重大な影響を及ぼす。[*2]

専門家が外交問題を考えるときには、一般市民と同じように、形式や理論にとらわれることなく率直な姿勢で取り組む。だが、ソ連がキューバにミサイルを配備したような大事件の説明を慎重に検証してみると、そこにはより複雑で理論的な基礎があるとわかる。一方、研究者のなかには定型的でありきたりの説明をする人がいる。それは、問題の性格、問題の分析に用

*2 外交問題への理解を深めるために、専門家は関連的だが論理的には区別できる作業をいくつか行う。すなわち、（一）記述、（二）説明、（三）予測、（四）評価、（五）提言である。本書は主に記述と説明に焦点を当て、言外に予測する。

いるべき分野、関連する証拠資料の種類、事件の決定要因に関する無意識の前提が反映されているからであろう。第一の命題は、この前提は基本的視点や概念モデルで構成されており、専門家や一般人から「何が起こったのか?」、「なぜ起きたのか?」、「何が起きるのか?」のような問題を問われたときの答えを求める際の基礎になるということだ。このような前提は説明や予測を行う作業の中心である。研究者が特定の事件を説明しようとするならば、その事件に至るまでの国際的状況の全貌を単に記述して終わるわけにはいかない。説明に説得力を持たせるには、事件に関連のある決定的な要因と、特定の要因が別の状況から事件の状況に変わった重要な節目を指摘する必要がある。さらに、予測を立てるには、事件に関係するさまざまな要因をまとめておくことが肝要である。概念モデルは、特定の行動を説明するための資料を取捨選択する網の目を決定するだけではない。求めている魚を捕らえるために、池を選び、深さを決めて網を投げ入れよという指示もするのである。

**2**　ほとんどの研究者は、本書では合理的アクター・モデル(第一モデル)と呼ぶ基本的概念モデルによって中央政府の行動を説明(および予測)する。

関心や焦点に関して重要な相違があるにもかかわらず、ほとんどの研究者や一般市民は国際問題を統一的な中央政府の合目的的な行動として理解しようと努める。素人は中央政府を擬人化してその目的と選択を議論する。国際関係の理論家は単一の合理的アクターの選択を説明するときに国家間の問題に焦点を当てる。戦略研究者は特定のアクターを分析の対象とせず、行動の論理を集中的に分析する。直面する戦略的問題を考慮し、これらのどのグループの説明でも、重要なのは国家や政府が実際に起こした行動を選択できた過程を示すことである。たとえば、ソ連によるキューバへの戦略ミサイル配備が引き起こした問題に対処する場合、第一モデルを用いる研究者は問題を次のように組み立てる。なぜソ連はキューバへのミサイル配備を決定したのか。次に、国家または政府の目標や目的など一定の概念に注目する。最後に、一定の推論パターンを用いる。すなわち、国家がこのような行動を起こしたのであれば、このような目標を持っていたに違いないと考えるのである。ソ連の戦略目的を考慮し、キューバへのミサイル配備がいかに合理的な行動であったかを示すことができれば、研究者はこの事件を「説明」したことになる。国家が何をするだろうか、または何をしたであろうかと予測するには、特定の目的があることを前提に起き、一定の状況のもとでなすべき合理的なことを推定すればよい。

3 本書でいう組織行動モデル（第二モデル）と政府内政治モデル（第三モデル）の二つのモデルは、よりよい説明と予測のための基礎となる。

合理的アクター・モデルが多くの目的に役立っていることは間違いないが、政府機関――政策過程に関係する組織と政治的アクター――に焦点を当てるという視点も必要であるということについて有力な証拠資料がある。第一モデルの意味は、重要事件には重要な原因があるということである。すなわち、一枚岩的な組織は大きな理由のために大がかりな行動を起こすという考え方は、次の見解に基づいて修正する必要がある。①一枚岩的な組織とは、高度に分化した意思決定体制のなかに多様な作業や手段を含んだブラックボックスであること。②大がかりな行動は、国家目標、組織目標、政治目的に関する矛盾含みの多種多様な構想に向けて、組織の各階層の人々による無数かつ些細で対立もある行動の結果として生じるものであること。第一モデルで理解する国家目標と国際問題による圧力は、政府の行動を生み出す国内の仕組みと対比しなければならない。

組織理論は第二モデルの基礎であり、政府を構成する巨大組織特有の考え方、能力、文化、手続きに重点を置く。この組織行動モデルによれば、第一モデルを用いる研究者が「行動」や「選択」を特徴づけるものは、むしろ通常の行動パターンに基づいて機能している巨大組織が行動した結果と見るべきである。キューバにおけるソ連ミサイル配備の現実に直面するとき、第二モデルを用いる研究者は問題を次のように組み立てる。まず、どのような組織の事情や圧力によってこの決定が下されたのか。次に、一定の概念に注目する。たとえば、組織内の既存部署、各部署の機能、（アメリカの戦略部隊や戦略的意図に関する情報などの）情報入手のための標準作業手続き、（性能実証済み中距離弾道ミサイルのキューバへの持ち込み、または新型大陸間弾道ミサイル配備などの）実行可能な選択肢の決定、（キューバにおける極秘裏のミサイル実戦配備などの）実際の行動である。最後に、一定の推論パターンを用いる。組織が一定の時点で一定の結果を示したとすれば、その行動は既存の組織体制、手続き、能力の結果である。ソ連の関連組織を特定し、行動の背景にある組織行動パターンを示すことができれば、第二モデルの研究者はキューバ危機という事件を「説明」できたことになる。予測するには、既存の組織や既定の手続きと計画の特徴が反映された傾向を見極めることができればよい。

第三モデルは政府部内の政治に焦点を当てる。このモデルでは、外交問題における出来事とは単一の選択肢でもなければ、組織行動の結果でもない。むしろ、それは中央政府部内のプレイヤー間における交渉ゲームの結果と見なすべきである。キューバにおけるソ連のミサイルが引き起こす問題に直面するとき、第三モデルを用いる研究者は次のように問題を組み立てる。まず、重大な決定と行動はどのプレイヤー間のどのような交渉のどのような結果によるものなのか。次に、一定の概念に注目する。たとえば、本人の利害と行動が当該問題に影響を及ぼすプレイヤー、プレイヤーの認識と態度を決める要因、競合する選択肢を一本化する際の正規手続き、あるいは「別ルート」、プレイヤーの力量などである。最後に、次の一定の推論パターンを用いる。政府がある行動に出た場合、その行動はゲームのプレイヤー間の交渉の結果である。第三モデルの研究者は、その行動に導いたのは誰が何をしたからであると示すことができれば、キューバ危機という事件を「説明」できたことになる。予測するには、問題が生じるゲーム、関係プレイヤー、プレイヤーの相対的な力量と交渉術を見極めることができればよい。

次の重要な比喩がこれら三つのモデルの間の違いを明らかにする。外交政策はチェス・ゲームの差し手や手順にたとえられることが多い。

まず、あるチェス・ゲームでは、観客が観戦できるのはゲームの手が映し出されるスクリーンを通じてだけであり、指し手に関する情報も一切得られないものとする。最初こそ、第一モデルと同じように、大半の観戦者は一人のプレイヤーがゲームに勝利するための計画と戦術に基づいて駒を動かしていると考えるだろう。

だが、何ゲームか観戦すると、駒の動きのパターンから推測し、第二モデルの前提に基づいて考えるような観戦者が出てくるかもしれない。つまり、プレイヤーは一人ではなく、半ば独立した組織の緩やかな協力関係にあり、それぞれが標準作業手続きに基づいて駒を動かしているのではないか、と考えるのである。たとえば、駒をそれぞれの所定の手順によって交互に動かし、既定の計画に従ってキング（将棋では王将）側のルーク（飛車）、ビショップ（角）、ポーン（歩）が相手を次々に攻撃していくと考える。

さらに試合運びのパターンを見極め、第三モデルの前提から考える観戦者も出てくるであろう。すなわち、駒を動かす権限を分担している複数の注目すべきプレイヤーが独自の目的を持ち、互いに平等な立場で駆け引きしながら駒を動かしているのではないか、という考え方もできる。たとえば、黒（後攻）のルーク（飛車）を動かしたことでナイト（桂馬）を失い、しかもそれに見合う利益は得られなくても、ルーク（飛車）が後攻側の陣地の主たる守護者になっていることも考えられる。

単一の事例だけではこれら三モデルによる説明の違いを示唆するぐらいが関の山である。だが、キューバ危機は本書の目的に絶好の事例研究になる。この事件では、国家の究極の危機において、少人数のグループが選択肢を比較検討し、最終的に結論を下したのである。危機に際して、このような中央政府の上層部が決断を下した例は、第一モデルの理想的な分析対象のように思える。一方、第二モデルと第三モデルは第一モデルの得意分野で競争せざるを得ない。したがって、この事例では、第二モデルや第三モデルが明らかにする側面や要因が特に役立つはずである。

## 広範囲な影響

学部教育や大学院専門課程で本書を用いた同僚からの提案に基づき、まず後述の各章における含意や説明によって明らかになる五つの「意図」を以下に記しておこう。

第一に、われわれが展開する主要な議論は外交問題を超えた分野にまで広範囲に適用できる。一般的な説明、予測、評価が必然的に理論に基づいたものになるという理解は、知識に関する自覚として欠かせない。[*3] この見識は各人が理論や研究方法の適用を学ぶ専門教育（法学、経済学、経営学など）において特に重要である。同じく、合理的アクター、組織行動、政府内政治の各モデルは、中央政府の外交政策や国内政策だけでなく、州政府、地方政府、非政府組織（国連、赤十字など）、学校、大学、病院、民間企業など通常の日常生活で遭遇する各種団体にも適用できる。

現実は必ずしも見えた通りとは限らないという考え方は、わかりにくいだけでなく、不安を招くことさえある。だが、われわれの意図が成功しているならば、以下の各章を読み進んでいくと、自覚のないまま気軽に利用していた分類と前提が想像以上に重要であると読者に納得してもらえるだろう。たとえば、インドネシアはこの二〇年間年率一〇パーセント以上の経済成長をとげてきたが、一九九八年に下落率一五パーセント以上の経済崩壊を経験した。経済学者はこの原因をどのように分析するか。弁護士は偽証罪で有罪判決が出る可能性をどのように考えるか。企業経営者は現在価値計算を用いて投資機会をどのように評価するか。いずれの場合も、分類と前提を用いて作業を進める以外に方法はない。適用した枠組みが有力で説得力があるほど、自分の認識が真実でないと認めるのは辛いものである（なお、理論家はこのような分類と前提には理論的に検証できないという命題が含まれていると見る）。「国家主体《ステイト・アクター》」、「偽証」、「国民総生産（ＧＮＰ）」などの概念は雑然とした混乱状態の側面を

＊3　基礎的な説明については、次を参照されたい。Ludwig Wittgenstein, *Philosophical Investigation*, trans. G.E.M. Anscombe, 3rd ed. (New York: Prentice-Hall, 1973).（邦訳はルートヴィッヒ・ヴィトゲンシュタイン『哲学的探求』丘沢静也訳、岩波書店）

いくつか明らかにするが、その他の側面の理解を歪め、あるいは理解に制限を加えるような副作用を伴うものだ。たとえば、今読んでいる本を置いた机があるとしよう。視力が正常であれば、その机は頑丈な物体に見えるであろう。すなわち、机の上に置いた本はそこに安定的に存在する。一方、同じ机を電子顕微鏡で調べてみれば、何が見えるだろうか。ほとんど空っぽであり、何も存在しない。そこには中性子が最小限の影響を残して通過できる空間しかないのである。

第二に、単純化は必要な作業なので、単純化を競い合うことは極めて重要である。説明、予測、評価または計画を行うときには、その作業過程のすべての必須項目において当該事件につながる重要な要因をすべて考慮に入れることを原則とすべきである。だが、説明や予測はリアルタイムで提供される場合がほとんどなので、問題の分析や答えに対する留意事項が限られる状況下では、単純化や省略表現は不可避である。特に現実の作業に利用される概念や理論は、答えを伝えるために受け入れられて慣習化が進み、より効率的になる。とりわけ、政府行動の説明や予測を行う際、一連の単純化が便利なためにどうしても使わざるを得なくなりつつあるとき、さらに重要なことは、たとえ平凡でも競合する別の見方を手元に一つでも持つことだ。なぜなら、質問者や回答者が省略したものや忘れたものがあることを思い出すのに役立つからである。さまざまな意見について、もう少し広い心をもう少し長く保ち続けることは大切である。他の見方が重要であるのは、表面的な現象の下にある見過ごされた側面を見抜く力を強めるためだけでなく、どのような見方を選んでも、そこには必ず歪曲や限界が伴うことを自覚するのに必要だからである。前述の第一の目的のように、これは人生のどのような場面にも当てはまる一般手法の真実である。特に、専門家が研究成果の分類、分析、発表を容易にする理論や言語を学んでいるときには関連性が高い。

第三に、本書は主として説明および説明や予測（または確信）に基づく推論に焦点を当てているが、主要な議論は以下のような多くの関連作業に重要な影響を与えている。たとえば、（一）個人、機関または集合体による行動の評価または査定、（二）然るべき対策、（三）選択された目的達成のための個人やグループによる一連の行動の管理など。説明するための基本的な論理には、当該事件に関する特定の状況と同種の事件に関する前例から導き出した一般論を確認することが必要になる。次に、状況と規則性を併せて考えると、その事件の発生が予想された（または予想される）理由が理解できる。実際、将来の出来事に関する予測や確信というものは、説明に用いる論理から導き出される別の側面である。評価や対策など難度の高い作業については、説明以上のものが求められる。だが、いずれも関連する原因をどのように判断するかという根拠次第であり、評価を下す概念モデルに大きく左右される。

第四に、本書で分析した概念と歴史は現在の外交政策課題に向けた重要な意味がある。これらは核戦争の危険性に関する基本的な質問から始めている。冷戦の余波が残っている状況では、アメリカ人は自国領土内で核兵器が爆発するかもしれないという不安を抱えて暮らし続けるべきなのか。サム・ナン元上院議員やリチャード・ルーガー上院議員のような人々が米国本土で一発または何発もの核兵器が爆発する危険性は冷戦時代よりも高まっていると唱えているのは、いったいどのような理由によるのか。なぜ国家は核兵器を求めるのか。たとえば、一九九八年にはインドとパキスタンが核兵器を手中に収めたが、韓国やスウェーデンがまだ手に入れていないのはなぜか。新たな核保有国の間で核戦争が勃発する可能性はあるのか。たとえば、インドとパキスタン、イスラエルと隣国の潜在的核保有国（イランやイラクなど）、さらにはテロリスト集団が攻撃を仕掛けてくる恐れはあるのか。一九六二年当時、アメリカの大統領とソ連の共産党書記長が実際に起こした行動を考えると、キューバ危機は、米ソ各都市に対する核攻撃で終わる可能性が高かった一連の出来事や行動を検証する機会をわれわれに与えてくれたのである。

各モデルが説明する原因を掘り下げれば、核問題だけにとどまらず、ポスト冷戦の状況ににおける国家安全保障戦略、外交政策、アメリカ（および他の諸国）の役割などを抜本的に見直すことにもなると思う。「ポスト冷戦の時代」の後に続く時代は、いつまでも「ポスト冷戦の時代」ではなく、「混迷の時代」と呼ぶのがもっともふさわしいかもしれない。*4 混迷の理由を明らかにすることは別に難しい話ではない。二〇世紀後半のほとんどにおいて、世界におけるアメリカの勢力図は拡張主義者ソ連や共産主義中国を封じ込めた結果として定まったものである。一九九〇年、冷戦が想像を絶するほど驚くべき西側の勝利で終わったことに伴い、固定されていたアメリカの勢力図も曖昧になり、一九九一年のソ連崩壊で完全に消え去った。世界におけるアメリカ人の立場を示していた座標の大半は歴史のごみ箱行きとなったのである。たとえば、ベルリンの壁、東西に分断されたドイツ、鉄のカーテン、ワルシャワ条約加盟国、拡大する共産主義勢力、最後にはソビエト連邦そのものも過去のものとなった。この冷戦体制崩壊の余波を受け、他のほとんどの大国と同じように、アメリカも外交政策の方向性をほぼ見失っている。二つの世界大戦の幕間に当たる時期と不気味なほど似た状況のなかで、現在の諸大国（アメリカ、イギリス、フランス、ドイツ、日本、中国、ロシア）が決定する国家政策は主に内政

*4 次の資料を参照されたい。The Commission on America's National Interests, "American National Interests," Belfer Center for Science and International Affairs, Harvard University, 1996.

問題に集中している。だが、アメリカの国益、国家的能力、国家政策についての見直しが本格的に始まれば、第一モデルのみならず、第二モデルと第三モデルの観点からも難しい問題が提起されるはずである。研究者は、国際事情の動向だけでなく、冷戦体制の諸機関（国防総省や各情報機関から国際通貨基金［IMF］に至るまで）の妥当性も再検証しなければならない。

第五に、本書を用いるわれわれの講義を受ける学生諸君に対する注意事項は、より広範囲に役立つものである。すなわち、抽象的または理論的な主張や議論を考えるときには、これらを常識に置き換えて解釈することだ。個人的な直接的経験に基づいて常識的な類推を試みても、正確に同等なものはないであろう。しかしながら、常識のなかに対応するものがあれば、学生などが抽象的概念や理論に真剣に取り組もうとするときに、多くの人々の理解を妨げる霧を吹き飛ばすのに役立つはずである。

第一モデルの強みは、中国人やメキシコ人が人権と貿易の二者択一に直面したときのことを考えれば、その政府の立場を想像し、自分ならばどうするかと問うことができる。第二モデルにはよくわからないところがあると思う学生は、自分が直接経験したことを思い出せばよい。たとえば、大学の教務課や電話会社と交渉する場合、特に、先方の記入用紙や手続きが自分自身の特殊なケースには当てはまらず、苛立ってしまうような状況を思い起こすことだ。第三モデルは、類似した集団の意思決定過程のことを考えれば信頼性が増すであろう。たとえば、休日の旅行先として海と山に希望が分かれた夫婦はどのように決定するか、あるいは同好会がパーティーを開くときに場所、音楽、飲料をどのように選ぶかを想像してみればよい。同様に、常識的な類推を働かせてみると、ゲーム理論における洞察力と囚人のジレンマの限界、協調と裏切り、あるいは政府の性格を重視するリベラリズムの主張を理解するのに役立つと思う。

われわれの学生がその有益性に気づいた日常的な例を考えてみたい。すなわち、昨夜セミナーや勉強会の参加者が食べた夕食の内容を説明するのである――全員が一緒に食事したものとする。

第一モデルでは、グループの参加者が食べたかったものを食べたという前提で始まる。各人の好みだけでなく、値段が妥当か、健康食か、エスニック料理か、カロリーの大小など様々な側面を確認することで食事内容を説明しようとする。

第二モデルでは、組織と所定の方法を分析することからスタートする。ここで重要な組織に相当するのは、夕食に関する情報、選択肢、食事を用意した料理店のことである。そのグループは近所の中華レストランに行ったことを知っているという前提ならば、食事に関するその後の話は第二モデルの方法でほとんど説明できる。参加者が選んだメニューには、そのレストランならではの料理法や材料などで作るメイン料理が並んでいる。したがって、ハンバーガーやピザを食べた可能性はゼロである。また、値段はともかく、おそらくカロリー量やナトリウム量（塩分摂取量換算のため）はわからなかったのではないか。

第三モデルでは、参加者間で異なる好みを一本化し、駆け引きをまとめる過程に注目する。たとえば、教授が参加者を夕食に連れて行ったとすれば、教授がレストランを選んだ可能性が最も高くなる。一方、参加者がレストランを選んだのであれば、参加者がそのレストランを選んだ過程が重要になってくる。結局近くの中華レストランに決まったとすれば、次は大皿に盛られた料理を各人が自分の皿に取り分けて食べる方式なのか、または各人が個別に注文する方式なのかが問題である。前者であれば、テーブルごとに料理を注文したのかどうか。そうであれば、今度は料理の選び方が重要になってくる。最初に誰かがチキン料理を注文すれば、次は牛肉料理かエビ料理の可能性が高くなるからだ。

説明から予測へと問題を転じるときには、翌週このグループは何を食べるのかという例を考えてみればよい（これも全員が一緒に食事するという前提である）。

大学は当面の差し迫った課題について何をするのか、あるいは国連は現在の危機的状況においてどのような行動を取るのか、と問うてみよう。その場合、研究者は各概念レンズを交互にかけて物事を見るように心がけ、各モデルの考え方が前景化するような異なった原因究明の質問ができるように習慣化しておく必要がある。そうすることにより、過去の説明を充実かつ洗練された形に仕上げ、現在の問題を理解する際の重要な相違点を明らかにし、将来の方向性を決める可能性が最も高そうな大小さまざまな選択肢を解説できるのである。

第1章

Model 1: The Rational Actor

# 第一モデル——合理的アクター

不可解な国際的事件に直面したとき、人はそれをどのように読み解くであろうか。たとえば、「キューバにおけるソ連のミサイル配備について説明せよ」という課題を与えられたらどう答えるかを考えてみよう。一般の研究者や市民なら、ソ連が検討していたと思われるさまざまな目的（アメリカの狙いを探る、キューバを防衛する、ソ連の交渉力を高めるなど）を考えることから始める。研究者はソ連が直面した問題と選択した行動の特徴を検証することで、前述の目的のうちのいくつかをあり得ないものとして除外する。ある特定の状況において、ある一定の目的のためにキューバへのミサイル配備を選択した理由がわかれば、ソ連の行動をうまく説明できたことになる（実際、「なぜソ連がこのような行動に出たのか、私には理解［または説明］できない」と言われたら、その説明は行動と目的の関係性に説得力がなかったということである)。国家や政府の目的と計算を詳しく記述することで国際的事件を説明しようと試みるのは、合理的アクター・モデルの特徴である。

学術的文献、政策文書、新聞報道、非公式会談などで示されるように、公共政策、特に外交政策に関する現代思潮の大半はこの概念モデルの範囲内で行われている。一九九〇年のイラクによるクウェート侵攻に関しては、キングス・カレッジ・ロンドンの軍事学者ローレンス・フリードマンとエフライム・カーシュの二人による解説が広く知られている。彼らによれば、イラクの指導者サダム・フセインは「イラクの経済状況があれほど深刻でなかったならば……」、あのような絶望的な行動に出る必要はまったくなかったであろうというのが結論である。

「イラクの枯渇した国庫にクウェートの莫大な富を注入することにより、フセインは自国の対外債務を大幅に削減するとともに、イランとの戦争の影響が残るなかで民衆に約束した意欲的な再建計画に着手しようとしていた」

加えて、クウェート侵攻はイラク国内でフセインの声望を高め、「世界の石油市場における決定的な発言力も彼に与えたであろう。要するに、フセインの立場は一気に磐石になったものと思われる」[*1]。

なぜ二人はこのような結論に至ったのか。イギリスの名探偵シャーロック・ホームズのように、彼らはイラクの状況、特に債務状況を詳しく分析している。その結果、サダム・フセインは軍隊をクウェート近くに集結させ、要求が苛烈になり始めた時点から、形ばかり争っていた諸島や油田だけでなく、クウェート全土の占領を考えていたと推論している。その証拠として、イラク軍の戦闘準備特有の兆候をいくつか強調し、フセインの以前の発言も指摘している。彼らの説明によれば、イラクの行動はフセインが選択した価値の最大化を狙ったものと解釈されるという。

研究者は第一次世界大戦の勃発をどのように説明するのか。ドイツ出身の国際政治学者ハンス・モーゲンソーによれば、「第一次世界大戦が起きた唯一の原因は、ヨーロッパの勢力均衡が乱されるのではないかという不安があったことにある」という。同大戦前、三国協商(イギリス、フランス、ロシア)は三国同盟(ドイツ、オーストリア=ハンガリー、イタリア)に拮抗する勢力であった。いずれかの陣営がバルカン半島で決定的に有利な立場に立つことができた

*1 Lawrence Freedman and Efraim Karsh, *The Gulf Conflict 1990-1991: Diplomacy and War in the New World Order* (Princeton: Princeton University Press, 1993), pp. 61-62.

ならば、その陣営は勢力均衡上で決定的に優位な地位を占めたであろう。モーゲンソーによれば、「このような不安があったからこそ、一九一四年七月にオーストリアはセルビアとの完全な断交を決意し、ドイツはオーストリアを無条件支持するようになったのである。さらに、ロシアがセルビアの支持に回り、そのロシアをフランスが支持したのも同じような不安があったからだ」という。[*2]

モーゲンソーがこの問題をこれほどの確信をもって説明できたのはなぜか。それは「合理的原則」をデータに当てはめたことによる。彼によれば、この方法の価値は、「行動に合理的規律を与え、外交政策に驚くべき継続性をもたらす。すなわち、アメリカ、イギリス、ロシアなどの歴代の政治家は動機、選好、知的道義的資質の面で異なるにもかかわらず……、各国の外交政策は賢明かつ合理的な一貫性を帯びる」ことにある。[*3]

戦争抑止政策は国際関係に関する著作の主要な課題である。アメリカの経済学者であり、政治学者でもあるトーマス・シェリングは現代戦略理論の長老としても名高い。彼の代表作『紛争の戦略――ゲーム理論のエッセンス』（勁草書房刊）は、核時代における戦争抑止の力学に焦点を当てたいくつかの命題で構成されている。主要命題の一つは恐怖の均衡の安定性に関するものである。相互抑止の状況において核戦争が勃発する可能性は、（双方の戦力的）均衡よりも、その均衡の安定性によって小さくなるという。均衡が安定するのは、双方とも第一撃で相手の報復能力を破壊できるほどの優位性がない場合である。*4 たとえば、一九六〇年代後半または一九七〇年代前半において、アメリカとソ連の核戦力は恐怖の均衡が安定するほどの核兵器数に達したことにより、警告と管理の体制が構築された。これとは対照的に、インドとパキスタンでは核兵器の備蓄が始まったばかりであり、恐怖の均衡が安定するまでには至らないの

*2 Hans Morgenthau, *Politics among Nations*, 4th ed., (New York: Knopf, 1970), pp. 185-86.（邦訳はハンス・モーゲンソー『国際政治——権力と平和』原彬久監訳、岩波文庫、全三巻）このように、モーゲンソーの説明はよく引用される古代ギリシャの歴史家トゥキュディデスによるペロポネソス戦争の説明に酷似している。すなわち、「アテネ勢力の増大とこれがスパルタに及ぼした不安」の結果が戦争なのだという（脚注21参照のこと）。一九一四年に発生した勢力均衡崩壊の危機の本質を分析する語り口はモーゲンソーに似ているが、Gordon A. Craig and Alexander L. George, *Force and Statecraft: Diplomatic Problems of Our Time*, 3rd ed., (New York: Oxford University Press, 1995), pp. 35-38.（邦訳はゴードン・クレイグ、アレキサンダー・ジョージ『軍事力と現代外交——歴史と理論で学ぶ平和の条件』木村修三他訳、有斐閣）を参照されたい。また、第一次世界大戦勃発について幅広く研究してみたい方は、簡潔な概説書である James Joll, *The Origins of the First World War*, 2nd ed.（邦訳はジェームズ・ジョル『第一次世界大戦の起源』池田清訳、みすず書房）および専門家の見地から徹底的に調査した Steven E. Miller, Sean M. Lynn-Jones, and Stephen Van Evera, eds., *Military Strategy and the Origins of the First World War*, rev., ed. (Princeton: Princeton University Press, 1991) を参考にするとよい。外交的状況と軍事的均衡における相互の影響については、David G. Hermann, *The Arming of Europe and the Making of the First World War* (Princeton: Princeton University Press, 1996) が優れた解説を展開している。

*3 Morgenthau, *Politics among Nations*, pp. 5-6.

で、核戦争勃発の可能性は米ソより大きい。

シェリングはこの命題をどのように立証するのか。彼がこの命題に自信を持っているのは、大量の過去の事例を帰納的に精査したからではなく、次の二つの判断によるものである。まず、「不安定な均衡状態」では、合理的な敵国が相手国への第一撃を選ぶ可能性がある。なぜなら、攻撃する価値（たとえば、相手国の報復能力を破壊できる）があると考えるからだ。一方、「安定的な均衡状態」ならば問題ない。これは双方とも相手国の第一撃を受けても、耐えがたいほどの損害を相手国に与える報復攻撃を実行できるという状態である。この報復能力が抑止力の担保となる。合理的なエージェントほど国家の自殺に等しい行動を選択できないからだ。現代の戦略理論家はほとんどが暗にこのような判断に基づいて議論を展開しているが、シェリングは戦略理論があるモデルを前提にしていることをはっきりと認めている。彼の説によれば、その根拠は「合理的行動を前提にしている——その行動は知的なものだけでなく、意識的な損得計算によって動機づけられたものもあり、その計算は国内的に一貫性のある明確な価値体系に基づいている[*5]」。

これらの事例からわかることは、研究者の学派は多岐にわたるが、戦略論の説明を求められると、そこには類似性が見られるということだ。どの研究者にとっても最優先課題は行動を説明することであり、行動には目的や意図が反映されることを前提に考えている。また、行動の主体は中央政府であり、選択された行動は戦略的問題に対する計算された解決策であることを前提としている。どの研究者の場合も、説明とは政府が行動したときに追求していた目的は何かを解説し、国家の目的を考えたときにその行動がどれほど合理的であったかを示すことで

＊4 Thomas Schelling, *The Strategy of Conflict* (Cambridge: Harvard University Press, 1960), p. 232.（邦訳はトーマス・シェリング『紛争の戦略——ゲーム理論のエッセンス』河野勝監訳、勁草書房）この命題は Wohlstetter's "The Delicate Balance of Terror," *Foreign Affairs 37* (January 1959): 211-34 の中心課題でもある。シェリングの抑止論を考えてみよう。彼は問題になっている状況と行動に関する本質をどのように特徴づけているか。抑止論では、相手の選択肢に与える影響と当方の選択肢に対する相手の予測に与える影響を扱う。また、抑止には、当方の行動が相手の行動に左右されると信じさせるに足る証拠を相手に突きつけることも含まれる。そこで、彼の分析によれば、この概念のなかで明確にすべきものは次のようなことである。第一に、双方の価値体系——ゲーム理論でいう「ペイオフ（意思決定の主体が取った行動に対し、ゲームから得られる報酬または罰）」——がどういう組み合わせならば、抑止の脅しが有効になるか。第二に、抑止状況を作り出すために必要とされる紛争と共通利益が混じり合った状態を評価する方法はどのようなものか。第三に、どのような種類の意思疎通が必要であり、意思疎通のあった証拠を立証する方法はどのようなものか。第四に、どのような種類の合理性が必要か——たとえば、自らの価値体系に関する知識や選択肢を理解して可能性を計算する能力か、自らの合理性を隠し通せないことか。第五に、約束の実行や信頼の必要性とは何か。第六に、コミットメント（断固たる決意表明）による脅しの有効性を高めることで相手が耳を傾けるのであれば、脅しを実行する必要はなくなる。そうであれば、当方の言うことに従わなければ相手が恐怖感を覚えるほどのコミットメントの内容とは何か。(Schelling, *The Strategy of Conflict*, pp. 13 ff.)

＊5 Schelling, *The Strategy of Conflict*, p. 4.

ある。このような前提は合理的アクター・モデルの特徴である。ほとんどの点において、モーゲンソーとシェリングの考え方にそれほどの違いは見られない。一方、それぞれが第一モデルの利用を認識している範囲内において、モーゲンソーの「合理的再現法」とシェリングの「代理体験的問題解決法」の間に見られる基本的類似点が明らかになり、また、モーゲンソーの「合理的政治家」とシェリングの「ゲーム理論家」の間の「家族的類似性（部分的に共通する特徴で緩く結びついていること）」もはっきりする。

　強調と焦点の当て方は相当異なるが、現代のほとんどの研究者（一般人も含め）が国際的事件の説明を試みるときには、ほぼ暗黙裡ではあるが圧倒的にこの考え方を用いる。実際、「外交問題における出来事は国家の行動である」という前提は、このような問題を考察する場合にはあまりにも基本的なことなので、その根底にあるモデルの存在が意識されることはほとんどない。外交政策の出来事を説明することは、政府がその行動を合理的に選択できた経緯を示すことである。この意味で、この考え方を「古典」モデルと呼ぶことができよう。*6

　われわれの目的は、大半の研究者が概して古典モデルに基づいて考えているということを証明することではない。むしろ、本章では、読者にこのモデルを理解していただき、挑戦してもらいたいのである。すなわち、読者には最も熟知している文献を検証し、自ら判断していただきたい。本章第一節では、経済、ゲーム、意思決定の各理論で用いられているより厳密な理論モデルを手短に検討し、この概念モデルの本質である合理的行動の概念を明らかにしてみたい。読者のなかには、このモデルは計算された合理的選択を行う個人の行動から類推して政府の行動を理解する試みにすぎないと見なし、この節は流し読みにとどめたい向きもおられるであろう。第二節では、この概念モデルを分析的パラダイムに形式化し、古典的方法の本質を抽出する。これにより、第一モデルを用いる研究者が行動を説明し、予測するときに問う重要な論点をまとめる。第三節では、外交政策と国際関係に関する研究の主要な著作を駆け足で概観しながら古典モデルを説明する。最後の節では、第一モデルの変種を論じ、その変種は中心的パラダイムの主たる構成要素が複雑化して生じる道理を説明する。

*6 本書の初版で初めて説明したが、この前提は激しい論争の末に得られた知見であった。このモデルの主要な前提は暗黙の了解に近く、あるいは無意識に信頼されているという解釈は、従来この分野のまったく異なる学派の間では認識されていなかった類似性を明らかにした。本書の初版に対する批判の第一波はこの前提を拒絶するものが多かった。だが、歳月を経るに伴い、この前提はすでに一般通念の一部と化しており、自覚のある理論家ほどこの前提について明確に言及している。

## 厳密な行動モデル

本章の前置きの説明では、外交問題の文献に対する第一モデルの影響の広がりを示唆してみた。このモデルがわれわれの考え方にどれほど深く根付いているかを知るには、国際的事件に関する文章や議論に用いられる言葉を考えてみればよい。われわれが出来事について論じるときには、人為的に仕組まれていない偶発事件としてではなく、むしろ「攻撃するというイスラエルの決定」、「台湾に対する中国の政策」、「ペルシャ湾におけるアメリカの行動」などと表現する。このように、世界情勢に関連する側面を国家の「決定」、「政策」、「行動」と簡単に言うのは、少なくとも暗黙裡に合理的アクターという考え方に染まっている証拠である。決定とは、決定者が何らかの目標に関する選択肢のなかから選択することを前提とする。政策とは、あるエージェントの目的に沿った個別事例の多くを実現させることを意味する。これらの概念は出来事を意図的なエージェントの行動であると考える。これは、人間が少なくとも「意図的に合理的」に行動するというよく知られた日常的な前提を単純に拡大解釈したものである。人間は意図的に行動するという前提は社会科学の常識である。アメリカの政治学者、社会学者セイモア・マーチン・リプセットが指摘している通り、「一般的には、社会科学における重要な前提とは……、人間とは自己満足——これが人間の目標または目的である——を求めるものである」。*7

したがって、経済学や政治学、そして社会学や心理学も、人間の行状をかなりの程度まで合目的的、目標志向的行動として研究する。

だが、人間の行状を「行動」として考えるとはどういうことか。これを「意図的に合理的」な行動と考えるのか。または、目標志向的な行動として研究するならば、これらの概念はどのような結果をもたらすだろうか。合理的行動という概念の厳密なモデルは、経済学、決定、ゲーム理論において系統立てて論じられている。このモデルの厳密性は、行動は単一のエージェントの単なる意図的な選択以上のものであるという前提に由来する。合理性に目的という概念を重ねると、一貫性という概念になる。すなわち、特定の行動に関する目標と目的の一貫性のことであり、最善の選択肢を選ぶために適用される原則の一貫性のことだ。合理的行

*7 「意図的に合理的」という表現はHerbert Simon's in *Models of Man: Social and Rational – Mathematical Essays on Rational Human Behavior in a Social Setting* (New York: Wiley, 1957) p. 196（邦訳はハーバート・サイモン『人間行動のモデル』宮沢光一監訳、同文舘出版）にある。また、リプセットの引用文は、Kathleen Archibald, ed., *Strategic Interaction and Conflict: Original Papers and Discussion* (Berkeley: Institute of International Studies of the University of California, 1966), p.150を参照のこと。

動とは「与えられた状況において特定の目標を実現するのにふさわしい行動を意味する」[*8]。

古典的な「経済人」および現代の規範的決定理論やゲーム理論に登場する合理的人間ならば、極めて限定的かつ明確に定められた状況では最善の選択を行う。本質的には、このような状況における合理性とはイギリスの哲学者トマス・ホッブズ的な考え方のことである。すなわち、人間は特定の制限的状況下では常に価値の極大化を計算し、適応しようとする[*9]。また、経済学における合理的選択とは最も効率の良い選択のことであり、所与の入力に対して出力を極大化するか、所与の出力に対して入力を極小化する手段を選ぶことである。合理的な消費者は（可能な限り最高の無差別曲線上の商品を選ぶことで）商品の効用を極大化するA、B、Cなどの商品を買う。合理的な企業は（限界費用と限界収入が一致するように）生産量を決めて利益を極大化する。現代の決定理論では、合理的決定の問題とは、一定の選択肢群（各選択肢はいずれも一定の結果を伴う）のなかから選択する問題ということに要約される。つまり、エージェントは各結果を望ましい順に位置づける効用関数からみて望ましい結果をもたらす選択肢を選ぶ。不確実な世界では、決定理論の専門家は期待効用を最大化する。ゲーム理論でも同じ考え方をするが、アクターAの最善の選択はアクターBの選択に左右されるという点を強調する。だが、そのような依存関係を分析した後、選択するときにはアクターAも期待効用の最大化を求める。*10

これらの合理的行動モデルの基本概念は以下の通りである。

## 1 目標と目的

*8 Herbert Simon, "Human Nature in Politics: The Dialogue of Psychology with Political Science," *American Political Science Review* 79 (1985): 293-304. この基本的な概念に関する詳細な議論および「実質的」合理的行動と「手続き的」合理的行動の詳細な区別に関する精緻な解説については、Herbert Simon, *Models of Bounded Rationality* (Cambridge: MIT press, 1982) を参照されたい。

*9 ホッブズの考え方は、Carl J. Friedrich, *Man and His Government: An Empirical Theory of Politics* (New York: McGraw Hill, 1963), pp. 159 ff. で詳細に論じられている。また、David Gauthier, *The Logic of Leviathan* (Oxford: Clarendon Press, 1969) も参照のこと。

*10 ゲーム理論的状況下のプレイヤー間に意思疎通がない場合、決定理論の大御所ハワード・ライファが指摘したように、最善の選択とは——ゼロサム・ゲームやミニマックス（最悪の選択肢のなかから最善策を選ぶ方法論）における——期待価値の最大化である。定型化された事態（二人の間のゼロサム・ゲーム）を乗り越えてものごとが動くとき、ゲーム理論の重要な貢献とは、（一）戦略的相互作用の事実の一つ（一方アクターの最善の選択は他方アクターの選択が作用した結果）を思い起こさせることであり、（二）そのような相互作用を説明するための語彙を提供することである。ほとんどのゲームでは複数のナッシュ均衡が存在するので、アクター間では結果を予測できない。さらに、ノーベル経済学者ハーバート・サイモンによれば、「おそらく、ゲーム理論が政治学に寄与した主な貢献は、客観的かつ（総合的）合理的選択原理に合致した安定的な均衡状態にあるゲームはどれほど稀有で異常であることかを証明したことである」(Herbert Simon, "Human Nature in Politics," p.300.)

エージェントの関心と価値観は「ペイオフ（行動の結果としての報酬または罰）」、「効用」または「優先順位」の関数と読み替えることができる。この関数は選択の結果の望ましさや効用を意味する。決定すべき問題が発生した初期段階では、エージェントはペイオフ関数を用いて自分の価値と目的に関して予想されるすべての結果を序列化する。[*11]
また、どの結果にもいくつか副作用がある。だが、少なくとも、エージェントはある特定の行動から発生する可能性のある結果に優先順位をつけると思われる。また、このような形式的な序列化を最も重視する理論もある。

## 2 選択肢

合理的なエージェントは、ある特定の状況下にいる本人の前に提示された選択肢から選ばなければならない。決定理論では、これらの選択肢は「ディシジョン・ツリー」として示される。行動の選択肢は必ずしも単純な行動ばかりとは限らないが、各選択肢の詳細は他の選択肢と区別できるほどに明確化しておく必要がある。（政策の選択肢を定型化するモデルは数多いが、公共政策の構成要素をより慎重に吟味すると、利益が政策目的になる予測と選択肢の階層をいくつも確認できた）[*12]

## 3 結果

特定の選択肢を選ぶと、そこには必ず結果や影響が伴うものだ（政策決定者が各選択肢を選んだ後に生じる結果に対する評価の正確性に異なった前提を立てた時点で、変種が生まれる）。

**4** 選択

合理的選択とは、政策決定者のペイオフ関数で最高の結果をもたらす選択肢を選ぶだけである。*13

これらの区分は、個人の行動や国家の外交政策における人間の合目的性という平凡な前提の根底にある無意識に近い概念だけでなく、経済学、決定理論、ゲーム理論、政治学を支える

*11 だが、エージェントの価値評価は現実認識に制約されている。実際には互いに影響し合っている。「事実はある価値判断に関係することに限り有意味であり、価値判断はある事実の構造や形態に関係することに限り適切に働くからだ」。Sir Geoffrey Vickers, *The Art of judgment: A Study of Policy Making*, centenary ed. (Thousand Oaks: Sage Publications, 1995) [1964], p.54.

*12 Philip Zelikow's seven components in "Foreign Policy Engineering: From Theory to Practice and Back Again," *International Security* 18 (Spring 1994): 143-71 を参照のこと。ラフィアの多元的価値階層であっても、アクターが政策の選択肢を選べることに関して単純な効用関数を用いると、基本的な価値や利益から政策の実施や維持管理に至るまでの各階層における手段と目的を検討するとき、柔軟な発想が阻害される。企業や政府の戦略会議では、このような階層を「戦略」と「戦術」という単純な区別だけですませることがある。

合理的行動の概念も形式化する。合理的行動とは、特定の制限的状況において一貫して価値最大化のために選択することである。合目的的行動モデルは利用されることが多く、有益でもある。このモデルのおかげで、決定理論家とゲーム理論家は選択問題を組み立てることができる。経済学では、このモデルは消費者理論と企業理論の基本的な前提とされている。アメリカの政治学者アンソニー・ダウンズが指摘しているように、「経済学者は決定があたかも理性的に下されているかのように考えていることが多い。……経済理論は意識的な合理的行動が広く行われていることを前提として構築されている」。以上のことからダウンズが導き出した次の推測は的を射たものである。「従来の（経済学の）予測と分析の方法は利用できる……。理論家が政策決定者の目標を承知していれば、目標達成に向けた行動の内容を次のように予測できる。（一）理論家は政策決定者にとって最も合理的な目標達成方法を予測する。（二）政策決定者は合理的なので、理論家は政策決定者が（一）の方法を実際に選択すると推測する[*14]」

また、合理的行動という前提は説明力が高い。最も洞察力に富んだ合理的行動の理論家の一人ジョン・ハーサニは、「合理的行動の概念を用いれば、行動をうまく説明できる場合が多い。なぜならば、人が達成しようとする目標や目的に関するいくつかの単純な前提の観点から人々の行動についての経験的事実をかなり説明できるからだ」と述べている。社会科学者はこの概念をどのように利用するだろうか。再び、ハーサニの言葉を引用する。

「人間の行動に関する説明と予測を研究する社会科学者の立場で考えると、合理的行動の概念が重要である主たる理由は、人間が合理的に行動すれば、その行動は本人が達成しようとする目標に照らせば十分に説明できるということだ。たとえば、ある特定の会戦におけるナポレオンの戦略が合理的であったというならば、基本的には、その戦略は当時の彼の軍事目標から見れば彼にとって最善であったと示すことで、彼の戦略を説明できるという意味である[*15]」

[*13] この古典的合理モデルを数学的に公式化した初期のものでは、Herbert Simon, "A Behavioral Model of Rational Choice," *Quarterly Journal of Economics 69* (February 1955): 99-118 を参照のこと。統計的決定理論とゲーム理論は確率的状況に合致するようにこのモデルを修正している。以下の資料を参照のこと。R. Duncan Luce and Howard Raiffia, *Games and Decisions* (New York: Wiley, 1957), Especially chapter 13; William Baumol, *Economic Theory and Operations Analysis* (Eaglewood Cliffs, N.J.: Prentice-Hall, 1961), especially chapter 19; Howard Raiffia, *Decision Analysis* (New York: Random House, 1968). 現在、国際関係に関するゲーム理論についての有力な議論は次の通り。Robert Axelrod, *The Evolution of Cooperation* (New York: Basic Books, 1984)（邦訳はロバート・アクセルロッド『つきあい方の科学――バクテリアから国際関係まで』松田裕之訳、ミネルヴァ書房), and Steven Brams, *Superpower Games: Applying Game Theory to Superpower Conflict* (New Haven: Yale University Press, 1985).

[*14] Anthony Downs, *An Economic Theory of Democracy* (New York: Harper and Row, 1957), p. 4.（邦訳はアンソニー・ダウンズ『民主主義の経済理論』古田精司監訳、成文堂）

だが、研究者が合理的行動の理論を利用すれば、エージェントの考えが読めると思い込む。エージェントの行動が理解できるし、説明もできるという実感があるからだ。だからこそ、誤解してしまう恐れも大きい。研究者は、説明や予測で行っている作業は合理的行動の一般仮定を検討することだと勘違いするかもしれない。ところが、実際には、エージェントの目標、エージェントによる状況の概念化およびエージェントによる費用対効果の評価などについて、詳細かつ具体的に仮定し、証明するという力仕事が大半なのである。ハーバート・サイモンは、ここ数十年において合理的行動の概念的輪郭を理解するうえで最大の貢献を果たした学者である。

サイモンの理論の基本的な特徴は「完全合理性」と「限定合理性」を対比させたことである。完全合理性によれば、アクターは効用関数を用い、アクターが直面するすべての選択肢を常に序列化し、効用の最大化を実現する選択肢を選ぶ。結果の不確実性を考慮するとしても、アクターは期待効用が最大化する選択肢を選ぶ。完全合理性では、アクターの目標内容が何であろうと、どのような目標であろうと、アクターはすべての選択肢を精査しており、当該価値の最大化を得るための各選択肢の結果もすべて正確に評価しているものとする。

これに対し、限定合理性は、エージェントの知識力や認識能力にはどうしても限界があることを認めている。したがって、合理的行動の中心的概念における一般的な各用語——目標、選択肢、結果、選択ルール——は、特定のアクターに関する具体的な前提や経験的証拠によってさらに明確に説明されている。このモデルは、アクター本人の判断の当否はともかく、ある状況を誤解しているアクターを「非理性的」と決めつけるのではなく、価値、信念、意思決定者の固定観念を受け入れるものである。*[16]

サイモンは完全合理性と限定合理性の違いを次のように明確に説明している。所与の状況において、完全に合理的な選択肢を推測するには、「選択した組織の目標と当該状況の客観的な特徴だけ知っておけばよい。組織に関する他のことはまったく知る必要はない」。これとは対照的に、同じ状況において、限定的に合理的な選択肢を推測するには、「選択した組織の目標、当該状況について組織が持つ情報と概念化、組織が保有する情報から推論する組織の能力

*15 John Harsanyi, "Some Social Science Implications of a New Approach to Game Theory," in *Strategic Interaction and Conflict*, Archibald, ed., pp. 1, 139 (傍点は筆者).
*16 この点については、Jack Levy, "Misperception and the Causes of War: Theoretical Linkages and Analytical Problems," *World Politics* 36 (1983): 76, 79-80 を参照されたい。

について知る必要がある」[*17]。

合理性に関する二つの考え方は最近数十年間の政治学の著作に明確に示されている。行動主義者と経験主義者は限定合理性を採用し、（合理的選択論者の多くも含め）他の理論家は完全合理性を選択している。だが、サイモンが説明した通り、われわれの確定的見解としては、現実世界の行動を説明または予測するために完全合理性モデルに頼ろうとすれば、「その合理性に制限を加える補足的な前提と決定過程に関する前提」に大いに左右されるが、このことはほとんど意識されていない。このように、われわれは「人間の行動を理解または予測するためには、人間の合理性の現実――限定合理性――に向き合わなければならない。これらの限界が何なのかはまったくわからない。先験的に予測する方法はなく、ただ存在するだけである」というサイモンの結論に同意するものである[*18]。

前述の通り、研究者が現実世界について説明する場合、完全合理性に伴う前提の内容がよくわからないのである――研究者がこのことをはっきりと認識しているか否かはともかく――。これには、経済学者や戦略家に対して問題の諸側面を定義づけするように求める補足的な定型的前提も含まれることがある。たとえば、企業は利益を最大化し、国家は権力を最大化するという前提である。このモデルの中心概念は、特定のアクター、当該状況認識およびその予測に関する証拠を提示することで具体性を増すことがある。また、このような状況の共感的再構成は歴史哲学の中心的概念でもある。[*19]

したがって、提供されるエージェント情報やエージェント情報に関する前提が多いほど、合理的アクター・モデルは国際情勢に適用される。最小限の情報しかわからない「最も信頼性に乏しい」ケースでは、エージェントは国際体制のなかで完全合理性に基づいて立ち回る概念

*17 Simon, "Human Nature in Politics," p.294. 外交政策行動を研究する研究者は、多くのさまざまな人格や意思決定環境に関係なく、「個人は（価値観、信念、態度という）安定的で単純化した認知構造を作り出す一貫した認知体系を維持する必要性を強く感じている」と理解している。Yaacov Vertzberger, *The World in Their Minds: Information Processing, Cognition, and Perception in Foreign Policy Decisionmaking* (Stanford: Stanford University Press, 1990), p.137 を参照のこと。また、認知心理学者は、一般的な人間の問題解決法として完全合理性モデルから複雑な計算の代わりにヒューリスティックス（簡便な経験則的問題解決法）に信頼を寄せるとき、あるいは効用関数と確率評価の不一致から危険回避を中止するときの特定パターンを研究室で数多く論証してきた。これらの実例の要約については以下を参照されたい。Daniel Kahneman, Paul Slovic, and Amos Tversky, eds., *Judgment Under Uncertainty: Hueristics and Biases* (New York: Cambridge University Press, 1982); Richard E. Nisbett and Lee Ross, *Human Inference: Strategies and Shortcomings of Social Judgment* (Englewood Cliffs, N.J.: Prentice-Hall, 1980).

*18 Simon, "Human Nature in Politics," p.297. サイモンは、「私の主たる結論では、政治の現実的現象を説明する理論の主要な前提として目標に関する経験的仮定を、さらに重要なものとして、人々が直面する選択状況を特徴づける方法に関しても経験的仮定を考えていることだ。これらの目標や特徴づけは不変の第一原理に基づくものではなく、経験的調査によってのみ確認できる時間と場所の関数である」と続けている。

＊19 本書の初版第1章脚注95にて可能な限り示唆したが、歴史哲学では意思決定者が実際に認識する選択状況の共感的再構成を必要とする。この見解は今でも変わらない。基本的な説明は次の文献を参照されたい。R. G. Collingwood, "Human Nature and Human History," (1933) in Collingwood, *The Idea of History*, ed. Jan van der Dussen, rev. ed. (Oxford: Oxford University Press, 1994), pp. 214-15. 人間行動に関する知識に対するこの研究方法のより深い哲学的論考は、アメリカの哲学者ウィリアム・ジェームズが多岐にわたる著作によって最も要領よくまとめている。国際情勢に関するこのような再構成の難しさに関しては、Michael Howard, *The Lessons of History* (New Haven: Yale University Press, 1991), pp. 12-14 の簡潔な解説を参照のこと。また、国際関係の構成主義理論を取り入れた研究における合理性の似たような論法にも留意されたい。たとえば、Nicholas Greenwood Onuf, *World of Our Making: Rules and Rule in Social Theory and International Relations* (Columbia, S.C.: University of South Carolina Press, 1989), pp. 258-66.

さらに、本書の初版では完全合理性と限定的合理性に関する長々しい議論を紹介している。この議論はほとんどの読者には無味乾燥に思えたであろうが、一部の学者は大変興味を示してくれたので、今般本書の第二版を出版した機会に、論評の最後の段落を以下に追記しておく。

「数多くの文献で提起された反論はさまざまであるが、三つに分類できる。第一グループは完全なデシジョン・ツリーの作成を前提条件とすることに異論を唱える。この条件は人間の知的能力の限界を超えたものを要求しているという。たとえば、チェス・プレイヤーの合理的選択の問題であるが、チェスの平均的な状況で予想される指し手は三〇通りしかないが、指し手に対する応手《おうしゅ》やその応手に対するさらなる応手などをすべて考慮すれば、ゲーム終了までにチェス盤で展開される指し手は一〇の一二〇乗通りに達する。一〇〇万分の一秒で指し手の一つを検証できるコンピュータを用いても、最初の一手を決めるまでに一〇の九五乗年もかかることになる」

「批判者の第二グループ——R. J. Hall and C. J. Hitch, "Price Theory and Economic Behavior," *Oxford Economic Papers*, May 1939 を参照のこと——は、第一グループの実際的な異論と方法論的『現実主義原則』を組み合わせ、合理的モデルを『非現実的』と非難する。意思決定者は必ずしもすべての目標を意識して序列化することもなければ、選択肢をすべて検討するとも限らないので、このモデルでは意思決定者による選択の説明や予測はできないと主張する。この反論は、説明や予測に関する理論モデルの役割に対する基本的な誤解によるものである。社会科学の分野で、このような誤解が何度も消えては復活することは実に嘆かわしいことである。自然科学や科学哲学の分野では、方法論としてすでにゴミ箱に捨てられているものだ」

「合理的行動モデルが他の行動モデルほど『現実的』ではないということには同意する。だが、モデルの可否は『現実性』という物差しでは簡単に判断できない。これが記述用モデルとして提供される限りにおいて——前述の理由だけを根拠にモデルを推奨する人は私も聞いたことがない——、そのモデルと観測対象の状況との間に大きな相違があれば、不適切な部分は削除されるに違いない。だが、説明や予測の場合、モデルの概念と観測対象の現象の間に対応規則が適度に成立しているならば、この現実性の欠如は問題にならない」

「現実主義原則に基づく合理的モデル批判を拒絶することは、『非現実性』こそ優れた理論の特徴であると説いたノーベル経済学者ミルトン・フリードマンの主張を必ずしも認めることを意味しない。この主張については、M. Friedman, “The Methodology of Positive Economics,” in his *Essays in Positive Economics*, Chicago, 1953（邦訳はミルトン・フリードマン『実証的経済学の方法と展開』佐藤隆三他訳、富士書房）を参照のこと。モデルの有効性を判断する唯一の基準はその予測力であり、それ以上に、予測力は非現実性を必要とするという主張している点で、フリードマンの意見は極論であり、ほとんど確信犯的な強弁といえよう」

「議論の系譜を研究している研究者は、概念モデルの問題とそれに対する批判に関する本書の姿勢が第三グループの立場を代表しているとわかるであろう。本書は合理的アクター・モデルとこのモデルを採用した文献を『非現実的』として批判するだけで終わっていたかもしれない。国家という単位の決定と行動は一枚岩のアクターが選ぶわけではなく、むしろ国家を構成する異なった個人の集合体によるものだと指摘できる。さらに、これらの個人は一貫した戦略目標の優先順位で選ぶのではなく、むしろ多種多様で広範な個人的価値観に基づく優先順位に基づいて選んでいる。この第一グループの主張はハンス・モーゲンソーの国際政治論に対する批判によく似ている。あるいは、本書は第二グループの主張に沿って、政治学では有力になりつつあるフリードマンの立場に立っていたかもしれない。このように、本書では第一グループの合理的モデル批判を示し、その後、フリードマンの非現実主義原則を強調してその批判を和らげるような内容になっていたかもしれない。モデルの役割は予測することであるが、どのモデルが正しいのかは議論が絶えない。かくして、予測力はモデルの妥当性を判断する唯一の基準となる。（フリードマンによれば）予測力には非現実的なモデルが必要である。したがって、第一グループの『非現実的』という攻撃は合理的モデルの適性を批判したことにならず、むしろ支持していることになる。幸いなことに、本書ではこれら二つの立場から論ずることはなかった。だが、これらの立場を選ばなかったことは、本書の議論を理解するうえで重要なヒントを伝えている。要するに、われわれは実質的に第三グループの立場なのである」

「批判者の第三グループは最も重大な反論を加えている。すなわち、概念的に考えれば、『すべての選択肢を検討し、すべての結果を評価せよ』というこのモデルの前提条件は、見かけほど明確なものではないということだ。選択の主体がネズミで観察者が人間ならば（特に、この観察者が実験環境を設計した場合）、ペイオフ関数、選択肢、結果は、実際の選択肢、結果、効用が存在する客観的状況の属性であるという典型的な前提は理解可能である。このような典型的な例ならば、迷路の選択肢と各迷路の結果（ネズミがチーズを入手できるか否か）は明確かつ決定的である。このように、人為的に組み立てられたゲームならば、すべての選択肢とすべての結果に対するイメージに基づいて判断できる。だが、現実問題として行動が求められる状況では、すべての選択肢に対するイメージ、あるいは（無制限の時間が与えられたとして）可能性のある選択肢すべてを洗い出すルールさえも、まったくわからない場合がほとんどである。すなわち、実社会におけるごく普通の状況では、どのような客観的状況であれば可能性のある結果すべてのイメージやその価値を理解できるのか。たとえば、外国援助の場合はどうか」

「これらの反論には鋭いものがある。だが、その反論が合理的行動の有効な概念にとって意味するものは、一部の批判者が想定していた以上にわかりにくい。完全合理性モデルの有効性が人為的状況に限定されていることは、（サイモンとは逆に）自然界における状況に適用できるのは行動科学的合理性モデルだけであるということを意味しない。確かに、完全合理性モデルを微調整すれば適用性が十分に高くなり、行動科学的合理性モデルの有効性に相当近くなる。微調整後モデルは、『すべての』選択肢と『すべての』結果を求める完全合理性モデルの前提条件が緩和されただけであり、このモデルの核心――検討対象の膨大な選択肢と結果のなかから価値を最大化する選択肢を選ぶこと――を強調する。数学的計算のことを考えれば、このモデルは許容範囲を超えた不確定性を取り入れてしまう。だが、典型的な行動を説明する際には、行動の合目的的な特徴を明らかにするという必要条件としては十分かもしれない」（本書の初版第一章注九三）。この論争に刺激を与えている最近の議論としては、Thomas Mayer, *Truth Versus Precision in Economics* (Aldershot, England: Edward Elgar, 1993) を参照されたい。

最近の政治学では合理的選択の考え方が優勢な状況にあることに照らせば、「完全合理性」と「限定合理性」の間の論争は従来よりも望ましい方向に展開している。サイモンの説く「完全合理性」を用いた説明に際しての「補足的」な前提と証拠が必要であるからには、（一）エージェントがすでに選んだか、あるいはこれから選ぶ無数の合理的条件と（二）これらの調査で用いる証拠採用ルールの両方を特定するために、マクロとミクロ両レベルの実証研究に注目すべきである。

的国家（「国家は……を要求した」）である。より具体的で情報が多く、事情が詳細にわかるほど「信頼性」が高まれば、エージェントは一般的国家（民主主義国家のような政治体制に分類される）または特定国家（「アメリカ合衆国は……を要求した」）に近づく。おそらく、場所と時代がかなり特定された場合で、特に指導者の個人的価値観や考え方が支配的になるほど、エージェントは人格的国家（「クリントン政権は……を要求した」）に近づく。これらの関係については、図1を参照されたい。

最も狭義のケースでは、アクターは国家であり、概念的国家のA国とする。A国が直面する客観的状況に応じた行動は、合理的行動に関する四種類の要因（目標、選択肢、結果、選択）の組み合わせだけで説明または予測することができる。たとえば、研究者がA国の隣国による最初の核実験実施などの事件を想像する（または、事件に遭遇する）と仮定する。問題は、A国がどのように反応するか（または、反応したか）である。選択肢を「消極的」と「積極的」の間から選ぶ場合、研究者にはA国の目標（生存を最優先するか、生存とパワーの両方か）に関する情報が多少増えるだけで十分である。研究者はインドの核実験のような現実世界の出来事に遭遇すると、情報や前提をもう一つ積み重ねるだけで、安全保障などの国家目標、いつの間にか巻き込まれてしまった客観的状況（中国や核兵器保有が技術的に可能と思われるパキスタンから

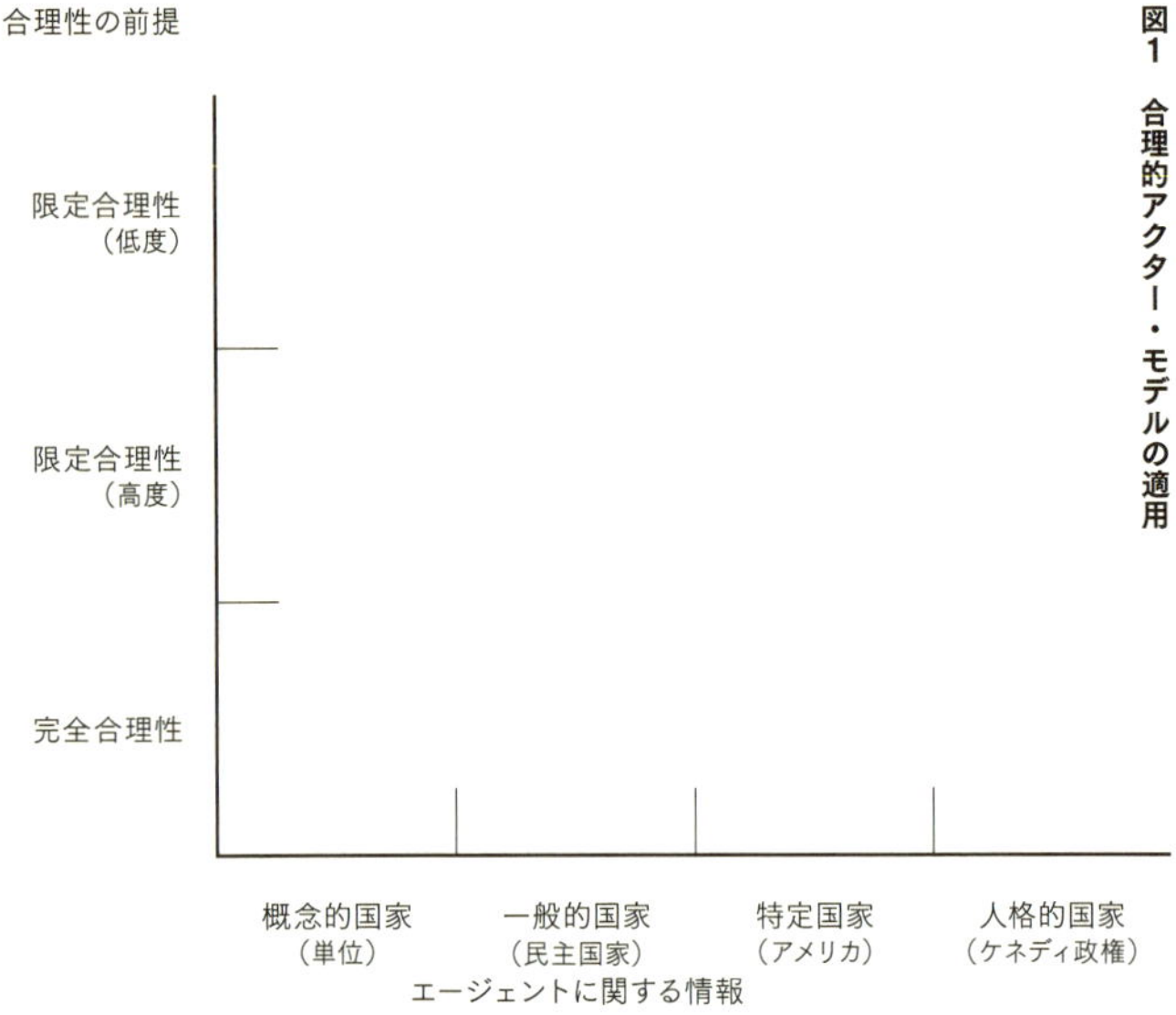


**図1　合理的アクター・モデルの適用**

の潜在的脅威に直面した状況など）、および実行可能な選択肢からの選択法という三つの観点からの説明を提示する。単純かつ説得力のある「目的関数（たとえば、国家は安全保障とパワーを求める）」を前提に置き、国家が直面する状況を分析し、国家がどのように反応するか、または反応したかを考えてみるだけで、かなりのことができるのは素晴らしいことだ。たとえば、一九六二年春、アメリカの研究者がこのように考えていたとしたら、次のようなことを予測していたであろう。すなわち、アメリカの戦略核戦力増強を受け、ソ連は「脆弱性の窓」が開いた事態に直面した。当時のソ連の技術的可能性を考えれば、ソ連は自ら大陸間弾道ミサイル（ＩＣＢＭ）増強によってその脅威を減殺するのに数年を要したであろう。アメリカにはソ連の基地からは届かないが、キューバ基地からは届く短距離ミサイルは十分すぎるほどあった。したがって、アメリカが海上封鎖に踏み切らなければ、容認しがたい危険な事態に陥った可能性がさらに高まっていたと思われる。

各重要モデルの基本的概念は前提または証拠によって具体性を増すので、このモデルは民主主義国家のような一般的国家を動かす原動力の役目を果たす。要するに、このような国家は（他の民主国家との平和的関係などの）具体的な目標を持っているか、（他の民主国家との協調関係などの）選択肢を好む傾向が強いということだ。さらに情報が得られるならば、研究者は特定国家をモデルにするが、その国の政治風土や歴史による偏見や誤解は選択肢（たとえば、攻撃的か防衛的か）や結果の予測（たとえば「行動基準」）に影響を及ぼすことがある。さらに他のケースでは、特に外交史家が他のモデルを採用する場合、国家の特定状況があまりに詳細すぎるために、ＹよりもＸを説明する際の最重要な要因を見極めることが非常に難しくなる。それでも、フルシチョフ政権やクリントン政権のような人格的国家は、この分野でさらに一歩前進を見せている。

この基本モデルは、（一）不確実性（二）戦略的相互作用、を導入することで複雑性をさらに高めることができる。選択肢を選んだ後の予測される結果が不確実な世界において、合理的アクターによる選択を特徴付けるには、危機に対するアクターの態度に関する情報や前提がさらに必要になる。エージェントは慎重居士か、それともリスクを取ることも辞さない勝負師か。さらに、A国の最善の選択はB国の選択に左右されることが多い。この事実を認識すれば、B国の情報と選択に影響を与えるうえで、A国の意思疎通、情報伝達、言質、交渉の重要性が際立つ。戦略的相互作用をゲーム理論の用語に置き換え、「囚人のジレンマ」か「チキンゲーム」のような定型的なゲームとして考えてみると、これらの意思決定問題の側面がわかりやすくなる。残念ながら、後述の通り、ゲーム理論家が分析した主要な知見によれば、複雑な選択の結果は予測できないのである。

## 合理的アクターのパラダイム

より厳密な行動モデルの諸概念を用いれば、文献の検証を通じて浮かび上がった第一モデルの一般的な特徴を明らかにできる。アメリカの社会学者ロバート・K・マートンが社会学的分析のために考えた専門用語「分析パラダイム」を用いて第一モデルを公式化すれば、この種類の分析特有の目的がはっきりとわかる。[*20] マートンによれば、パラダイムとは、学派が採用している基本的前提、諸概念、命題に関する体系的な考え方である。本書で説明するパラダイムの構成要素には、分析の基本単位、整理概念、有力な推測パターンなどがあり、さらには、解説のために、このパラダイムが示唆する命題もいくつか含まれる。他の完成度の高い理論モデルよりは貧弱であるが、それでもこれらのパラダイムは比較的緩やかな暗黙の概念モデルを高度な理論モデルへと発展させるための重要な一歩となる。暗黙の枠組みに近いものを明示的なパラダイムとして表現すると、どうしても諷刺的になるのは避けられない。だが、諷刺には有益なところもある。

*20 Robert Merton, *Social Theory and Social Structure*, enlarged ed. (New York: Free Press, 1968), pp. 69-72.（邦訳はロバート・マートン『社会理論と社会構造』森東吾他訳、みすず書房）マートンが用いる「パラダイム」とは、ウェブスター辞典に示された現在の一般的用法に合致している。すなわち、「理論、法則、一般化およびこれらを裏付ける実験結果を定式化するときの学派や学問分野の哲学的理論的枠組み」である。これと同じ基本的概念は、アメリカの科学史家トマス・クーンやハンガリーの科学哲学者ラカトシュ・イムレが自らの主張をさらに進展させるために用いている。次の文献を参照されたい。Kuhn, "Reflections on My Critics" and Lakatos, "Falsification and the Methodology of Scientific Research Programmes" in Lakatos and Musgrave, eds., *Criticism and the Growth of Knowledge* (Cambridge: Cambridge University Press, 1970).

**1** 分析の基本単位——選択としての政府の行動。

外交問題の出来事は国家または中央政府が選択した行動と考えられる。政府は戦略的な目標と目的を最大限に実現させる行動を選択する。戦略的問題に対するこれらの「解決策」は、研究者が説明の必要性を認めるものに関する基本的分類である。

**2** 整理概念

**A** 単一国家としてのアクター。合理的で単一の政策決定者として想定される国家または政府がエージェントである。このエージェントは、一群の優先順位（一貫性のある効用関数）および一群の認知された選択肢を持ち、各選択肢に伴う結果に関してそれぞれの評価を下す個人であるかのように人格化されている。

**B** 問題。行動はアクターが直面する戦略的状況に対応して選択される。国際戦略の「場」において発生する脅威と機会は国家に行動を促す。

**C** 合理的選択としての行動。その構成要素は次の通りである。

①目的。戦略的目標を検討する際の主要な分野は国家の安全保障と国益である。研究者が戦略的な優先順位を明確な効用関数で説明することはほとんどない

が、その代わりに、主要な目的に注目し、直感的にそれらを組み合わせる。

②選択肢。選択肢は目的を達成するための行動で構成される。

③結果。行動の各選択肢を実行すれば、一連の結果が生まれる。関連する結果には戦略的な目標と目的に関する利益と費用を伴う。

④選択。合理的選択とは価値の最大化を目指すものだ。合理的エージェントは自らの目標と目的の観点から最優先となる選択肢を選ぶ。

### 3 有力な推測パターン

国家またはその代表者が特定の行動を起こした場合、その行動はアクターの目的を達成するために最も価値ある手段として選ばれたものに違いない。合理的アクター・モデルの説明力はこの推測パターンを根拠とする。難題は行動がもたらす成果によって解決される。

### 4 一般的命題

研究者が分析作業に用いる分類のわかりやすさを論じるときには、本書では説明の論理について真剣に取り組むことの重要性を強調する。そこで、説明の根拠となる命題を明確に定めておくことが必要になる。

合理的アクター・モデルによる説明の中心となる単純な命題は、優先順位を最大限に生かす行動の基本的前提から生まれることが多い。一般的原則は以下の通り説明できる。すなわち、国家がある特定の行動を起こす可能性は、（一）関連する価値と目的、（二）認知されている行動の選択肢、（三）（各選択肢に伴う）結果の評価、（四）各結果の最終的な意義という四点を組み合わせた結果に左右される。以上から直感的には明らかであるが、有力な命題が二つ生まれる。

**A** ある選択肢を理解するためのコスト（認知コスト）が増大すれば（行動に伴う結果の価値が減少するか、確定した結果を得る確率が小さくなれば）、その選択肢を選んで行動に移す可能性は小さくなる。

**B** ある選択肢の認知コストが減少すれば（行動に伴う結果の価値が増大するか、確定した結果を得る確率が大きくなれば）、その選択肢を選んで行動に移す可能性は大きくなる。

## 5 証拠

合理的アクター分析に用いられる基本的方法は、シェリングのいう「代理体験的問題解決法」である。政府の不可解な行動に直面すると、研究者は自らを国家や政府の立場に置いて考える。問題の戦略的特徴を検証する場合、研究者は政府の作為と不作為を見極めるために合理的行動の原則を利用できる。政府の行動の詳細に関する証拠、政府高官の発言、政府の公文書は、（エージェントにとっての）価値の最大化を実現する選択を理路整然と説明するような形で整理される。

だが、想像力の豊かな研究者なら、政府が取る単発行動または一連の行動はすべて価値最大化を目指した選択であると説明できることに留意しなければならない。多少滑稽に思えるかもしれないが、より形式的な表現をすれば、これは「合理性定理」といえよう。要するに、どのような行動パターンもその効用を最大化するためにあるとすれば、想像力に富んだ研究者は目的関数をいくつでも設定できる。したがって、一流の第一モデル研究者にとっての課題は、価値最大化のための選択について説明できる目的を見つけることだけではない。それよりも、さまざまな説明が可能な政府の目的、選択肢、結果を論ずるための証拠ルールを強く求めなければならない。

図2は、第一モデル研究者が政府の行動を説明するための答えか、行動の可能性を推定す

るための答えを求める核心的質問をまとめたものである。

**図2　第一モデル――簡略化した核心的質問**

現象X（一九六二年一〇月に発覚したソ連ミサイルのキューバ配備など）を説明（または予測）するための質問。

前提

- Xは国家的行動である。
- 国家は統一されたアクターである。
- 国家は整合的な効用関数を持つ。
- 国家は脅威や機会に関連して行動する。
- 国家は価値最大化に向けて（または価値最大化を期待して）行動する。

質問

**1** アクターが反応する脅威と機会は何か(一九六二年当時の戦略核戦力バランスなど)。
**2** アクターは誰か(一九六二年当時のソ連、その指導者ニキータ・フルシチョフなど)。
**3** アクターの効用関数とは何か(生き残り、パワーの最大化、脅威の最小化など)。
**4** 特定条件下のアクターの目的を最大化する最善の選択肢は何か(ソ連による核ミサイルのキューバ配備など)。

# 古典モデルの解説

合理的アクター・モデルは、政府の行動や国際関係を考える際に広く用いられている。今では、このモデルの利用をはっきりと認め、そのように発言している学者もいる。だが、他の研究者は依然として同モデルの分類と前提に依存していることをはっきりと認めていない。確かに、この分野で学術論文を書く研究者の課題の一つは、学者がモデル利用を認めないために判断を誤ることではなく、学者の主張を検証することである。本節の目的は、さまざまな学者が歴史または現代の出来事を説明するときに用いるモデルの利用法（明示的な場合もあれば、暗示的な場合もある）を解説することである。

## 古典的現実主義

ほぼ二五〇〇年前に書かれた古代ギリシャの歴史家トゥキュディデスの著作から今日に至るまで、国際関係を分析する有力な立場は——現代の擁護者が「現実主義者」と自称しているように——「現実主義」学派である。第二次世界大戦以降、この学派は学界と政界の双方で有力な存在になった。主たる論者にはジョージ・ケナンやハンス・モーゲンソーなどがおり、「理想主義」、「法治主義」あるいは「夢想主義」とも呼んでいる他の学派に異議を唱えてきた。現実主義者は人間性の邪悪な面を強調し、アメリカ人の甘い考えや無邪気な楽観主義を批判することに努めている。また、自然の流れとして、人間は他者に対する支配欲に駆られ、各国は権力闘争のための対外政策に走ると考え、生き残るために必要な処方箋として武力外交の婉曲的表現である現実政治（リアル・ポリティーク）の政策を説いている。

すなわち、

合理的アクター・モデルによれば、古典的現実主義の本質は二つの基本理念から始まる。

1　単一の国家は国際情勢における主要アクターである。

2　国家は、各選択肢である一連の行動のコストと効果を比較計算し、国益の最大化をもたらす行動を選択するように合理的に行動する。

この二点よりもさらに現実主義者の特徴的な前提として、

3　国際的環境はイギリスの哲学者トマス・ホッブズが説く「ジャングル」であり、共通の権力（秩序や正義の例外を定めるが、掟は定めない）が存在しない状況では、「万人が万人に対して狼」のように攻撃的な行動に出るのは自然なことである。

4　国家が政治生命を追求する際の主たる目標は安全保障とパワーである。

紀元前五世紀に勃発したペロポネソス戦争以降も無数の戦争が打ち続いた現象を説明するために、現実主義者は古代ギリシャ諸国の意志、恐怖、認識をもたらした要因を探り出す。トゥキュディデスがこの戦争について説明している通り、「わたしが考えている現実的要因は外見的には目に見えないものがほとんどであった。アテネの支配力増大に伴い、スパルタに生じた警戒心が戦争を避けられないものにしたのである」。*21

過去数十年を見ると、この考え方の有力な擁護者としては、ジョージ・ケナンの右に出る者はまずいない。このベテラン外交官は歴史家と評論家という第二の人生を歩み始めるために公職を辞する直前、シカゴ大学で歴史的な一連の講義を行った。[*22] アメリカの現代外交史をごく簡潔に要約した講義は、そのときに用いた薄い教科書と同じように強烈な影響力があった。要するに、ケナンによれば、一定の基本的な現実は常にアメリカの安全保障を左右してきたのであり、今後ともそれは変わらないであろうが、アメリカ人は危険を覚悟でこの不変の現実を軽んじてきた、という。ケナンの見方によれば、この現実という概念には、アメリカがイギリスや以前の大英帝国という立場に依存してきたこと、さらに後年にはユーラシア大陸を支配する勢力を阻止するためにヨーロッパにおける安定的な勢力均衡に依存してきたことも含まれる。

かくして、アメリカは国益保護のために、当然ながらヨーロッパで第二次世界大戦に参戦し、戦後はマーシャル・プランを通じてヨーロッパの安定化に貢献した。有力な論客であるプロテスタント神学者ラインホルド・ニーバー、地政学者ニコラス・スパイクマン、政府顧問だったこともあるコラムニストのウォルター・リップマンなども同様の見解を表明し、参戦を支持した。[*23]

数十年後、ケナンはシカゴ大学での講義を十分に再検討し、自分の分析を特徴づけた合理的行動というパラダイムを明確に主張した。彼は「政府はエージェントであり、プリンシパルではない。政府の主たる義務は、政府が代理する国民社会の利益を追求することである……」

＊21 Thucydides, *The Peloponnesian War,* trans. Richard Crawley (various editions), chapter 1, paragraph 24.（邦訳はトゥキュディデス『戦史』中公クラシックス）トゥキュディデスによる説明の価値とこれが本当に戦争要因と考えた理由かどうかの論点に関する検証については、Donald Kagan, *The Outbreak of the Peloponnesian War* (Ithaca: Cornell University Press, 1969), pp. 345-56を参照のこと。現代の学者のなかには古典的現実主義者によるトゥキュディデスの流用に反対する向きもあるが、これは注目する価値がある。たとえば、次の文献を参照されたい。Daniel Garst, "Thucydides and Neorealism," *International Studies Quarterly 33,* no.1 (March 1989).

＊22 George F. Kennan, *American Diplomacy 1900-1950* (Chicago: University of Chicago Press, 1951), pp. 3-4.（邦訳はジョージ・ケナン『アメリカ外交50年』近藤晋一他訳、岩波現代文庫）

＊23 第二次大戦中と終戦直後においてニーバー、スパイクマン、リップマンの読者に影響を与えた主要な見解の例に関しては、以下を参照されたい。Reinhold Niebuhr, *Moral Man and Immoral Society: A Study in Ethics and Politics* (New York: Scribner's , 1932)（邦訳はラインホールド・ニーバー『道徳的人間と非道徳的社会』大木英夫訳、白水社）and *The Irony of American History* (New York: Scribner's , 1952)（邦訳はニーバー『アメリカ史のアイロニー』大木英夫他訳、聖学院大学出版会）; Nicholas J. Spykman, *America's Strategy in World Politics: The United States and the Balance of Power* (New York: Harcourt Brace and Company, 1942); and Walter Lippmann, *U.S. Foreign Policy: Shield of the Republic* (Boston: Little, Brown, 1943); Ronald Steel, *Walter Lippmann and the American Century* (Boston: Little, Brown, 1980).pp. 404-08. この当時、知識人の間で極めて有力な現実主義の議論を展開した著作は以下の通りである。E. H. Carr's *The Twenty Years' Crisis, 1919-1939: An Introduction to the Study of International Relations,* 2nd ed. (London: Macmillan, 1981; first published in 1940).（邦訳はE・H・カー『危機の二十年――理想と現実』原彬久訳、岩波文庫）また、次の文献も参照されたい。Michael Joseph Smith, *Realist Thought from Weber to Kissinger* (Baton Rouge: Louisiana State University Press, 1986).

ケナンの思想については、アメリカの歴史学者ジョン・ルイス・ギャディスが執筆する伝記の刊行を待っている。それまでは、最高の文献は以下の通りである。John Lewis Gaddis, *Strategies of Containment: A Critical Appraisal of Postwar American National Security Policy* (New York: Oxford University Press, 1982), pp. 25-53; Anders Stephanson, *Kennan and the Art of Foreign Policy* (Cambridge: Harvard University Press, 1989); Smith, *Realist Thought from Weber to Kissinger pp. 165-91.* また、ケナンの国務省時代の活躍については、*Wilson D. Miscamble, George F. Kennan and the Making of American Foreign Policy, 1947-1950* (Princeton: Princeton University Press, 1992)を参照のこと。

と指摘している。この利益とは、「基本的には、国民社会の軍事的安全保障と政治生命の保全、および国民の幸福である」。政府はこれらの義務を合理的に確認し、「国際環境に従って行動する現実的な可能性に基づき、政府の責任と約束を合理的な国際関係に」反映させなければならない。*24

ハンス・モーゲンソーはケナンと同時期に国際関係を研究した政治学者の一人であり、古典的現実主義学派の代表的論客であった。モーゲンソーの主要著作は『国際政治――権力と平和』（岩波文庫）であり、外交政策を研究する際には構想を立てることの必要性を強調している。彼は、「外交政策の事実に関する材料を意味づけするには、合理的概要のようなもの（外交政策的に可能性のある意味を示唆する地図）で政治情勢を分析しなければならない」と明確に説いている。特定の状況における国家の行動を説明するためには、研究者は国家の問題を再考し、指導者が行動を選択した経緯を再現しなければならない。実際、モーゲンソーは以下の通り明確な指示を与えている。

特定の条件下における外交政策の特定の問題に対処する政治家の立場になって考え、次の点について自問してみることだ。すなわち、（常に合理的に行動するという前提の）政治家に選択する権限があり、当該条件下の当該問題に対処しなければならないとき、合理的な選択肢にはどのようなものがあるか、当該条件下で行動した当該政治家が選択する可能性があった合理的選択肢はこれらのうちのどれか。*25

かくして、モーゲンソーは第一次世界大戦の原因に関する大いなる議論に興味を覚え、本章の冒頭で述べている通り、相当の自信をもって自説を展開したのである。

*24 George F. Kennan, "Morality and Foreign Policy," (1985) in Kennan, *At a Century's Ending: Reflections, 1982-1995* (New York: W. W. Norton, 1996), pp. 270, 279.

*25 Morgenthau, *Politics among Nations*, pp. 5-6（傍点は筆者）. モーゲンソーの著作に対する評論については、Smith, *Realist Thought from Weber to Kissinger* pp. 134-64 を参照のこと。国際政治学者アーノルド・ウォルファーズは、"The Actors in International Politics," と題する著名な評論のなかで、「国際政治における『唯一のアクターとしての国家』という考え方はつい最近まですっかり定着していたので、伝統的立場と呼ばれているのかもしれない」と指摘する（*Theoretical Aspects of International Relations*, William Fox, ed., Notre Dame, 1959, p.83）。ウォルファーズは文献のなかからそれに続く「人間精神」論と「意思決定」論という考え方を検証し、この二つの新たな視点は伝統的立場から多少なりとも発展したものであると説いている。しかしながら、これらの視点による貢献を認めながらも、ウォルファーズは伝統的な「アクターとしての国家」モデルを「国家の行動や偏向に関する予測の基礎を形成する基準」であると擁護している（前掲書 p.98）。また、このモデルは「さまざまな国際的状況における国家の『通常の』行動や反応」を明らかにしているという（前掲書）。

モーゲンソーのような「古典的現実主義者」にとって、国益とは政治的文化的な背景による影響を受けるが、最終的には国家のパワーという客観的現実を基礎とするものであった。モーゲンソーはケナンと同じ意見であり、経験豊かで合理的な政治家はそのような客観的現実を理解できると考えていた。プロイセンのフリードリヒ大王からアメリカのジョージ・ワシントンに至るまで、立派な政治家は後世のために自らが学んだ永遠の真理をまとめた政治的遺言を書き残している。*26

今日では、アメリカの政治家ヘンリー・キッシンジャーのベストセラー『外交』（日本経済新聞社刊）がこの伝統を受け継いでいる。元国家安全保障問題担当大統領補佐官であり、元国務長官でもあるキッシンジャーは、国家（および政治家）が世界に与える影響力の大きさを強調しており、その逆ではない。ただし、国家の選択には自国「特有の状況」とその歴史という制約要因があり、アメリカの歴史については「経験よりも信仰」という輝かしい道程として記述している。*27 キッシンジャーは政策形成の複雑さを熟知しているが、国家の行動を説明する際には国家目標を追求する単一のアクターとして表現している。実際、政争に邪魔されなければ、政治は「人々の経験と（政治家の）先見性の間にある溝を埋める」ことができると評価している。*28

ヨーロッパの伝統として、フランスの政治学者レイモン・アロン著『平和と戦争——国際関係理論』（未邦訳）が相当広範囲な論件を扱っており、極めて多様な関心事が示されているので、実例として用いることに迷うところだ。だが、アロンの理論はほとんどが合理的な単一国家をアクターとする前提に依存している点には留意しておきたい。

「国際関係理論は、複数の不特定の政策決定中枢（複数の中央政府）間の関係、すなわち、戦争の危険性の話からスタートし、この危険性から想定される手段の必要性を推測するものである」[*29]

モーゲンソーなどの専門家は一つの目標に言及して国家の行動を説明しようとするが、ア

*26 Felix Gilbert, *To the Farewell Address: Ideas in Early American Foreign Policy* (Princeton: Princeton University Press, 1961).

*27 Henry Kissinger, *Diplomacy* (New York: Simon and Schuster, 1994), p.18.（邦訳はヘンリー・キャッシンジャー『外交』上下、岡崎久彦監訳、日本経済新聞社）

*28 Henry Kissinger, *A World Restored: Metternich, Castlereagh, and the Problems of Peace, 1812-1822* (Boston: Houghton Mifflin, 1957), p. 329. からの引用である。また、Smith, *Realist Thought from Weber to Kissinger*, pp. 192-217 も参照のこと。

*29 Raymond Aron, *Peace and War: A Theory of International Relations* (New York: Doubleday, 1966), p.16（傍点は原著）。また、Stanley Hoffmann, *The State of War: Essay on the Theory and Practice of International Relations* (New York: Praeger, 1965), pp. 22-53 も参照のこと。

ロンはこれを批判するために、政府は「（政府が）武力や他の手段の検討を余儀なくされる戦争の危険性」を勘案した多種多様な目標を追求している、と主張する。彼の理論では、（一）「国家間対立の危険度、（および）関係国が選択する目標」に対する社会学的な影響、（二）国家がこれらの目標を追求する際の国際体制または外交関係、（三）現在の国際体制に関する歴史的特徴の三項目を検証している。一方、目標は社会学的に決定されるが、特定の国際体制下で行動しなければならないアクターとは、合理的かつ計算高い中央政府のことである。したがって、国家の行動を説明する場合、アロンはこのアクターの損得勘定と「国際関係的行動の論理」に焦点を当てている。[*30]

## 新現実主義（構造的現実主義）

過去二〇年間、アメリカの学界で古典的現実主義に代わる最も有力な理論は、「新現実主義」または「構造的現実主義」と自称している。[*31] この学派は、自らを従来の現実主義学派と二つの面で区別しようとしている。第一に「科学性」志向が強いことであり、第二に体系レベルの変種を重視していることである。トマス・ホッブズの洞察によれば、最高権力が存在しなければ「無政府状態」である。新現実主義者は、国家の外交政策の内容と国際的立場に及ぼす重大な結果を推察しようとする。国際政治学者キース・シムコの適切な要約によれば、「新現実主義者の間では、無政府状態がまさにもたらすものについては議論百出であるが、無政府状態が新現実主義を生み出したことについては異論がない」[*32]。古典的現実主義者は国家の動機や選好に左右される論理を採用する。悪いことが起きるのは悪い国家や政治家が原因であるという考え方である。これとは対照的に、新現実主義者は状況の論理を強調する。立派な国家でも不利な立場に陥ると、悪いことが起きるという考え方である。新現実主義者が説く物語の主筋は悪ではなく、悲劇にある。たとえば、アメリカの国際政治学者ロバート・ジャーヴィスが「安全保障のジレンマ」という表現で説明する通り、たとえ国家には侵略的野心がなくても、自国の防

*30 Aron, *Peace and War*, pp. 16, 17, 177, pp.177-83.

*31 興味深いことに、国際関係論の下位分野において、接頭辞の「新―」は当該著作の批判者がその主要部分を説明するときに添えていることが多い。たとえば、新現実主義については、Richard K. Ashley, "The Poverty of Neorealism," in *Neorealism and Its Critics*, ed., Robert O. Keohane (New York: Columbia University Press, 1986), p.257を参照されたい。ネオリベラル制度論については、Joseph M. Grieco, "Anarchy and the Limits of Cooperation: A Realist Critique of the Newest Liberal Institutionalism," in *Neorealism and Neoliberalism: The Contemporary Debate*, ed. David Baldwin (New York: Columbia University Press, 1993), p.117を参照されたい。また、Colin Elman, "Neocultural Progress? A Preliminary Discussion of Lakatos' Methodology of Scientific Research Programs," paper for the American Political Science Association Annual Meeting, August 1997も参照のこと。

*32 Keith Shimco, "Realism, Neorealism, and American Liberalism," *Review of Politics* 54 No.2 (Spring 1992), p.299.

衛力を強化しようとするだけで、隣国との間に緊張感を生み出してしまう恐れがある。[*33] 特に、一般的な技術では（ICBMや最新鋭戦闘機など）防衛力と攻撃力のいずれとも事実上区別できない状況においては、ある国の悪意なき行動が隣国の軍事力増強という反応を引き起こすかもしれない。したがって、当初はどの当事国も敵意を持っていなかったとしても、他国の予期せぬ反応を次々と誘発する一連の行動が戦争を引き起こす可能性がある。

新現実主義の有力な論者にはアメリカの国際政治学者ケネス・ウォルツがいる。自著『国際政治の理論』（勁草書房刊）では、モーゲンソーの政治的現実主義をより厳密で体系的な国際政治論に変えようとして堂々たる議論を展開している。ウォルツの説く「構造的現実主義」の本質とは、国民国家が生存できる国際的条件を適切に識別することである。無政府状態はそのような国際的状況の重要な特徴である。ウォルツは前述の「概念的」国家という不明確な表現を用いている。彼の理論によれば、国家とは、ただ一点を除けば、見分けのつかないビリヤード球のようなものである。その一点とは国家の相対的な総合力である。国民総生産（GNP）や軍事力のような客観的に評価できる国家の総力は決定的な変数である。無政府状態の一般的な状況から、ウォルツは「国際体制には勢力均衡を強く求める傾向が存在する。勢力均衡に期待されているのは、均衡が一旦成立すれば持続していくことではなく、一旦崩れてもどうにかして修復していくことである」と予測している。冷戦時代にはアメリカとソ連が全体的にほぼ勢力均衡していたという事実を踏まえ、ウォルツは米ソの行動に見出した重要な類似性を説明している。*34

国家がより強大な国または覇権主義的な動きをする新興国を見ると、「対抗策」を打ち出すようになるのはなぜか。この「対抗策」としては、自国の戦力増強策や相手国の対立勢力との同盟関係構築などが挙げられる。ウォルツは勢力均衡について無政府状態や勢力の格差という観点だけから説き起こしていく。要するに、国家とは「単一のアクターであり、野望が小さければ自国の生存を追求するだけであるが、野望が大きければ世界の覇者を目指す」*35という前提を追加する必要があると考えている。ウォルツは外交上の政治行動の理論ではなく、国際関係の理論を構築したいので、価値最大化を目指す合理的国家を前提とする著作はできるだけ書かないようにしている。実際、評論家との対談の機会を（何度も）断ろうとし、（それ以外の機

*33 Robert Jervis, *Perception and Misperception in International Relations* (Princeton: Princeton University Press, 1976), pp. 62-113.
*34 Kenneth Waltz, *Theory of International Politics* (Reading: Addison-Wesley, 1979), p.129. 以下を参照のこと。（邦訳はケネス・ウォルツ『国際政治の理論』河野勝他訳、勁草書房）原著から四つの章を多少改訂した版も含め、この文脈に関するウォルツの要約として参照すべき最高の文献は、Keohane, ed., *Neorealism and Its Critics* である。

会でも）自分が提唱する国家行動論の説明や予測される影響についてできるだけ発言しないようにしている。それにもかかわらず、彼の原著や後日の注釈で展開している理論から、国家は他国の勢力に反応する手段に関する重要な含意を得ることを認めざるを得ない。[*36]

　ウォルツの理論に従うなら、国家がより強大な国家または国家群と対立するときにはどのような行動に出ると予測するだろうか。第一に、国家は自国の能力増強につながるなら何でもすると推測する。可能であれば、核兵器も手に入れるであろう。たとえば、ウォルツは一九九三年当時、ドイツと日本が核保有国になるのは意外に「早い時期」であろうと予測した。第二

*35 Waltz, *Theory of International Politics*, p.15 および Waltz, "Anarchic Orders and Balance of Power," in *Neorealism and Its Critics*, p. 117. また、ウォルツは国家の選択について合理的選択モデルよりも進化論的モデルを用いることがある。「この理論では、ある国が比較的うまく立ち回ると、他国はこれに対抗する動きを見せるか、途中で挫折すると端的に論じている」。この考え方によれば、諸国家は勢力構造に反応する際、程度の差はあるが、実質的な選択行動を伴わずに機械的に行動するので、勢力均衡は事実上自動的に実現する。また、一八世紀の思想家も機械論的世界観を好み、政治世界に類似したものを自然界の科学的秩序の熱心な探求に提供した。Edward Gulick, *Europe's Classical Balance of Power* (New York: W.W. Norton, 1955) を参照されたい。マルクス主義理論も進化論的モデルに陥ることが多く、国家の行動を合理的かつ合目的的決定の観点から説明するよりも、自然（または歴史）の法則に従っているように見えると説く。旧世代の学者は、Inis Claude, *Power and International Relations* (New York: Random House, 1962) のなかで展開された勢力均衡の実現に関する「自動的」と「手作業的」の議論を思い起こすかもしれない。だが、ウォルツや現代のマルクス主義論者などの「新現実主義者」にとって、国際体制の構造がもたらすのは、国家

が目標と選択を決定する際に重大な影響力を及ぼす制約と機会だけである。これらの条件下で、ウォルツは合理的アクター・モデルに基づいて国家の行動を説明している。アメリカの国際政治学者ロバート・コヘインが指摘しているように、「当初の主張とは異なるが、ウォルツは合理的な前提を本当に頼りにしている」。Robert O. Keohane, "Theory of World Politics," in *Neorealism and Its Critics,* p. 173.

進化論的モデルは合理性パラダイムの適用を放棄し、その代わりに国家の行動を自然生物の進化論的適応になぞらえて説明し、ときには生態学的構造の決定論的力または経済構造や権力構造の説明力に関する議論の形を取る。たとえば、Jared Diamond, *Guns, Germs, and Steel: The Fates of Human Societies* (New York: W.W. Norton, 1997)（邦訳はジャレド・ダイアモンド『銃・病原菌・鉄』倉骨彰訳、草思社文庫）を参照のこと。だが、自然淘汰の進化論パラダイムには少なくとも三つの欠点がある。第一に、種の偶発的な生存、消滅、増殖は支配的システムに対する「適応度」や最適適応によって適切に説明できる、という考え方から科学者は距離を置きつつある。この問題に関する議論や自然淘汰の比喩に対する批判は大衆文化や科学文化のなかでよく見かける。たとえば、Stephan Jay Gould, *Wonderful Life: The Burgess Shale and the Nature of History* (New York: W.W. Norton & Company, 1989)（邦訳はスティーヴン・ジェイ・グールド『ワンダフル・ライフ――バージェス頁岩と生物進化の物語』渡辺政隆訳、ハヤカワ文庫ＮＦ）を参照のこと。また、複雑系と「適応度地形」に対する活発な議論については、Murray Gell-Mann, *The Quark and the Jaguar: Adventures in the Simple and the Complex* (New York: W.H. Freeman and Company, 1994), pp. 235-60（邦訳はマレイ・ゲルマン『クォークとジャガー――たゆみなく進化する複雑系』野本陽代訳、草思社）を参照されたい。第二に、この理論は人間の認識や意識の重要性を軽視する立場を前提とする傾向があるので、冷静な態度で擁護することは難しい。Barry Schwartz, *The Battle for Human Nature: Science, Morality and Modern Life* (New York: Norton, 1986) を参照のこと。だが、合理性と認識を強調する生態学的観点に関しては、Harold Sprout and Margaret Sprout, *The Ecological Perspective on Human Affairs with Special Reference to International Politics* (Princeton: Princeton University Press, 1965) を参照のこと。第三に、このような進化論は、相当長期間を経てようやく明らかになる結果を説明することに重点を置き、人間（または生命体の多く）の寿命ほどに短い期間で出現する単一レベルの結果の説明に対して真剣に取り組むことをどうしても避けようとするものだ。この点については、人間精神の進化に関する一般理論を批判するものとして、Steve Jones, "The Set within the Skull," *New York Review of Books,* November 6, 1997, pp. 13-16 を参照のこと。

に、彼の構造的現実主義によれば、勢力均衡の状態を取り戻すために、国家はそれと拮抗するような同盟関係を他の数カ国と締結する方向に動くと予測する。このような考え方から、ソ連崩壊の結果として、北大西洋条約機構（NATO）は解体するが、アメリカの覇権を阻止するための一つ以上の同盟関係が立ち上がるという予測も立てた。[*37]

新現実主義の同僚や支持者の多くは、主要な合理的アクター・モデルなどの中核的諸前提に関してウォルツと同意見である。たとえば、主たるアクターを単一の国家とし、その国家の行動は費用と便益を考慮し、期待値最大化のために選択するという意味で合理的であるという前提である。また、体制的変種の重要性に関する彼の主張にも同意する。特に、国際政治における環境の特徴を識別するものとして、無政府状態と実質的な権力の違いを重視している。さらに、体制における合理的アクターの目標と目的の内容に関する前提——他のものよりもはっきりと自己認識できるもの——にも同意する。すなわち、最も重要な国家目標は生存することであり、（他国すべてでなくても）一部の国家はそれ以外の国家を支配しようとする。また、国家は生存と安全保障を求めることに関して本質的に利己的で自己中心的であり、自国に極めて重要な国益に関して他国に依存することを避け、他国の安全保障や安寧を高めるために自国の安全保障面で譲歩することに抵抗する。ドイツ生まれの国際政治学者アレクサンダー・ウェントが「無政府状態とは国家の意識が作り出すもの」という論文で新現実主義を鋭く批判しているように、新現実主義者の多くが無政府状態と単一の合理的アクターという最も貧弱な前提から国際政治と外交政策に関する重要な結論を推測しても役に立たないということだ。手品で帽子から取り出すウサギは事前に帽子のなかに仕込まれているが、手品師はそれを認めようとしないものだ。[*38] 同じように、ほとんどの新現実主義者は要因分析のために状況の特徴に焦点を当てているが、ウェントは説明に大きく役立っているのは目的として認めていない前提（たとえ

*36 ウォルツも勢力均衡論では理解できない他の一般的現象を説明しようとしている。たとえば、戦争は多極体制のほうが起きやすく、両国の相互依存関係が深まるほどその可能性は高くなると説く。ウォルツと外交政策の説明に対する新現実主義の適用については、Colin Elman, "Horses for Courses: Why *Not* Neorealist Theories of Foreign Policy," *Security Studies 6* (Autumn 1996): 7, 9-15 およびウォルツの反論 "International Politics Is Not Foreign Policy," *Security Studies 6* (Autumn 1996): 54-57 を参照されたい。以下は、ウォルツが自分の理論を適用して構造的体系的要因から外交政策を説明した実例を Elman が挙げたものである。強国アテナイに対抗するための古代ギリシャの弱小都市国家群による弱国スパルタとの同盟締結。イギリス海軍に対抗したドイツ海軍大臣ティルピッツによる海軍力増強。これに反応したイギリスの海軍軍拡競争。ヨーロッパ主要国によるプロイセン参謀本部という軍事組織の模倣。（海軍軍拡競争の勝者になろうとした）アメリカの協力で実現したワシントン海軍軍縮条約の採択。第一次世界大戦前におけるフランスとロシアの同盟外交。第二次世界大戦前におけるフランスの責任転嫁。

*37 Kenneth N. Waltz, "The Emerging Structure of International Politics," *International Security 18* (Fall 1993): 44-79

*38 Alexander Wendt, "Anarchy is What States Make of It: The Social Construction of Power Politics," *International Organization 46* (Spring 1992).

ば、国家は現状維持よりも侵略を好む傾向がある）のほうであると指摘している。[39]

新現実主義者の大半は、よく見受けられる国家の行動を説明するにはウォルツの狭量な理論では不十分であると見ている。したがって、新現実主義者は国家がいつの間にか置かれている自国の国際的状況とそれに対する措置の両方を複雑に考えているのは明らかである。たとえば、ウォルツは戦争の可能性を国家や国家群の間に存在する勢力格差という観点から説明しようとする。一方、他の学者は、そのような危険性は技術上の変化次第で大きく影響を受けると指摘する。一般的な技術は「攻撃」に有利に働くこともあれば、「防御」に役立つこともあるからだ。[40]さらに、アメリカの国際政治学者スティーヴン・ウォルトは一段と踏み込んだ主張を展開し、同盟関係の相手国やその期間の分析に際しては、単に国家の総合力だけでなく、国家の行動も考慮したうえで説明しなければならないと説く。また、同盟は勢力不均衡に対応した結果ではなく、脅威の不均衡に対応して形成されるという。脅威は、客観的軍事力、地理的近接性、攻撃または防御の姿勢だけでなく、国家の意図と行動によって認識される。すなわち、ウォルトは脅威に対して客観的観点と主観的観点の両方から解釈し、冷戦中の中東における同盟関係の変遷のような出来事は前者よりも後者に重点を置いて説明している。[41]

他の学者も新現実主義者が唱える理論の限界を超えて果敢に突き進んでおり、同盟の類型や戦争のような相互作用の説明や予測を行うには、国家とその指導者の認識と信念も考慮する必要があると主張している。アメリカの国際政治学者ロバート・ジャーヴィスは多くの学者に対し、国際政治における認識や誤解の重要性を決して軽んじてはならないと説いている。国家がこれまでに定着していた印象のなかに新たな情報を取り入れるときには、そこに見たいものを見ようとする傾向がある。たとえば、当面の関心事に関連のある情報だけに注目する。「歴史の教訓」を誤用する。他国の行動が非現実的なほど中央集権化され、計画化され、統合され

*39 また、Randall Schweller, "Neorealism's Status-Quo Bias: What Security Dilemma?," *Security Studies 5* (Spring 1996) を参照のこと。

*40 たとえば、Stephen Van Evera, "The Cult of the Offensive and the Origins of the First World War," *International Security 9* (Summer 1984): 58-107 および Jack Snyder, "Civil-Military Relations and the Cult of the Offensive, 1914 and 1984," *International Security* (Summer 1984): 108-60 を参照のこと。

*41 Stephen Walt, *The Origin of Alliances* (Ithaca: Cornell University Press, 1987). Thomas J. Christensen, "Perceptions and Alliances in Europe, 1865-1940," *International Organization 51* (Winter 1997) を参照のこと。アメリカの国際政治学者トーマス・クリステンセンは、特に多極体制の場合、指導者は潜在的同盟国の「最前線」国について認識している国力に注目するが、体制内の勢力分布および攻撃政策や防御政策の有効性について誤解している場合が多いと説く。このことが同盟政策の選択につながるが、後日この政策は直観に反するものに思えるか、ときには危機を招来する恐れがあると判明することもある。たとえば、ナポレオン三世がオーストリア帝国とプロイセン王国の戦いにおいて傍観を決め込んだり、あるいは一九三八年当時のチェコスロバキアの危機に際し、イギリスとソ連が極めて重大な責任をフランスに転嫁する事態を招いたりしている。

ているものと想像する。自国が考えている重要性を過大評価する。希望的観測に影響を受けすぎる。[42] アメリカの国際政治学者スティーヴン・ヴァン・エヴェラが第一次世界大戦の勃発を分析したところによれば、ヨーロッパの主要国は各国で攻撃的な軍事戦略が支配的になった（ヴァン・エヴェラとアメリカの政治学者ジャック・スナイダーが「攻撃至上主義」と名づけたもの）と勘違いし、このことが七月危機（オーストリア皇太子暗殺から第一次世界大戦勃発まで）の間に各国で動員計画が急速に動き出す決定的な要因となった。[43] これは大変な誤解であったことがわかっている。流血の塹壕戦《ざんごうせん》で判明した通り、実際には技術的な変化が防御を優位に立たせている状況をそれほど考慮していなかったからである。だが、ヴァン・エヴェラが指摘するように、「たとえ現実性を伴っていなくても、攻撃優位の考え方はこれらと同じような……危険性を高める。国家が攻撃のほうが優位であると考えているならば、それを前提にして行動するであろう」[44]。構造的現実主義の変種、関連する研究方法、さらに関係の薄い学派についても、アメリカの国際政治学者コリン・エルマンが洞察に満ちた論文『餅は餅屋』のなかで図式化して分析しており、これを脚注45に修正を施して転載している。[45]

## 国際制度学派

国際制度学派は新現実主義からさらに一歩踏み込み、特に国家間の協調体制を説明する際の重要な要因として体制全体の制度と相互作用に焦点を当てている。彼らは、第二次世界大戦以降、国際通貨基金（IMF）や国際エネルギー機関（IEA）のような国際機関についてその重要性と急増した状況、経済的交流と他の国際的交流の点で重みを増しているという指摘から始めている。[*46] ドイツ出身の政治学者エルンスト・ハースが議論を止めたところから始めると、ロバート・コヘイン、ジョセフ・ナイ、スティーヴン・クラズナー、リサ・マーティンなどのアメリカの国際政治学者や他の学者は、これらの国際機関の設立経緯と理由が重要であること

*42 ジャーヴィスの直近の仕事をまとめたものとしては、彼の自著である *System Effect: Complexity in Political and Social Life* (Princeton: Princeton University Press, 1997) を参照のこと。本文のこの部分に関するものとしては、特に Thomas J. Christensen and Jack Snyder, "Chain Gangs and Passing Bucks: Predicting Alliance Patterns in Multipolarity," *International Organization 44* (Spring 1990)：137-67 を参照のこと。

*43 Stephen Van Evera, "The Cult of the Offensive and the Origins of the First World War," および Jack Snyder, "Civil-Military Relations and the Cult of the Offensive, 1914 and 1984" を参照のこと。

*44 Stephen Van Evera, "Offense, Defense, and Causes of War," *International Organization 22* (Spring 1998): 5-43.

*45 Elman, "Horses for Courses" の図1に多少修正を加え、図3として以下に転載する。

*46 Robert Keohane, *After Hegemony: Cooperation and Discord in the World Political Economy* (Princeton: Princeton University Press, 1984). また、Keohane, "Institutionalist Theory and the Realist Challenge After the Cold War," in Baldwin, ed., *Neorealism and Neoliberalism* も参照のこと。コヘインは同論文二八五ページにおいて、国際機関数が一九四五年から一九八〇年までに六倍も増加したと指摘している。

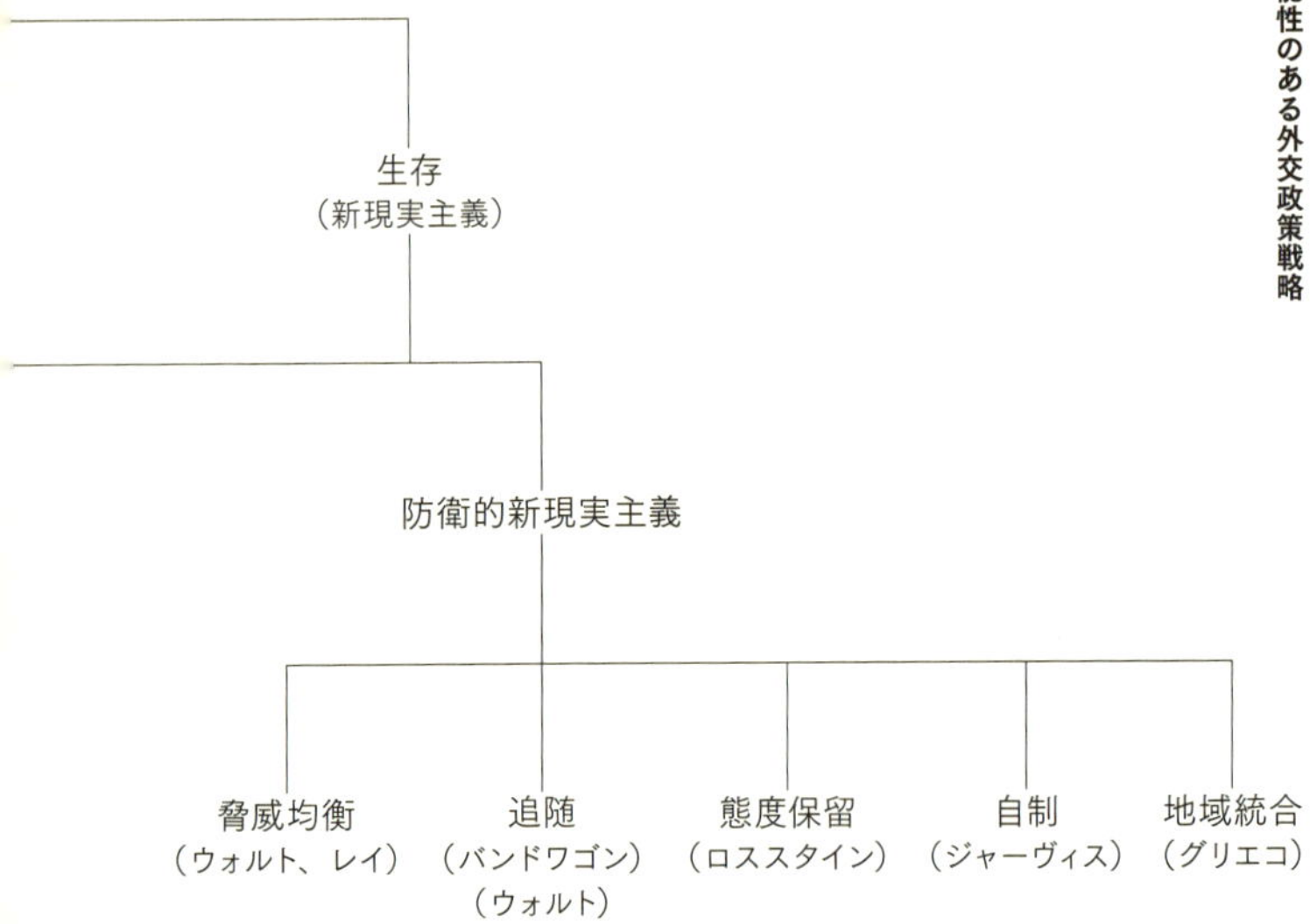


図3　無政府状態——前提および可能性のある外交政策戦略

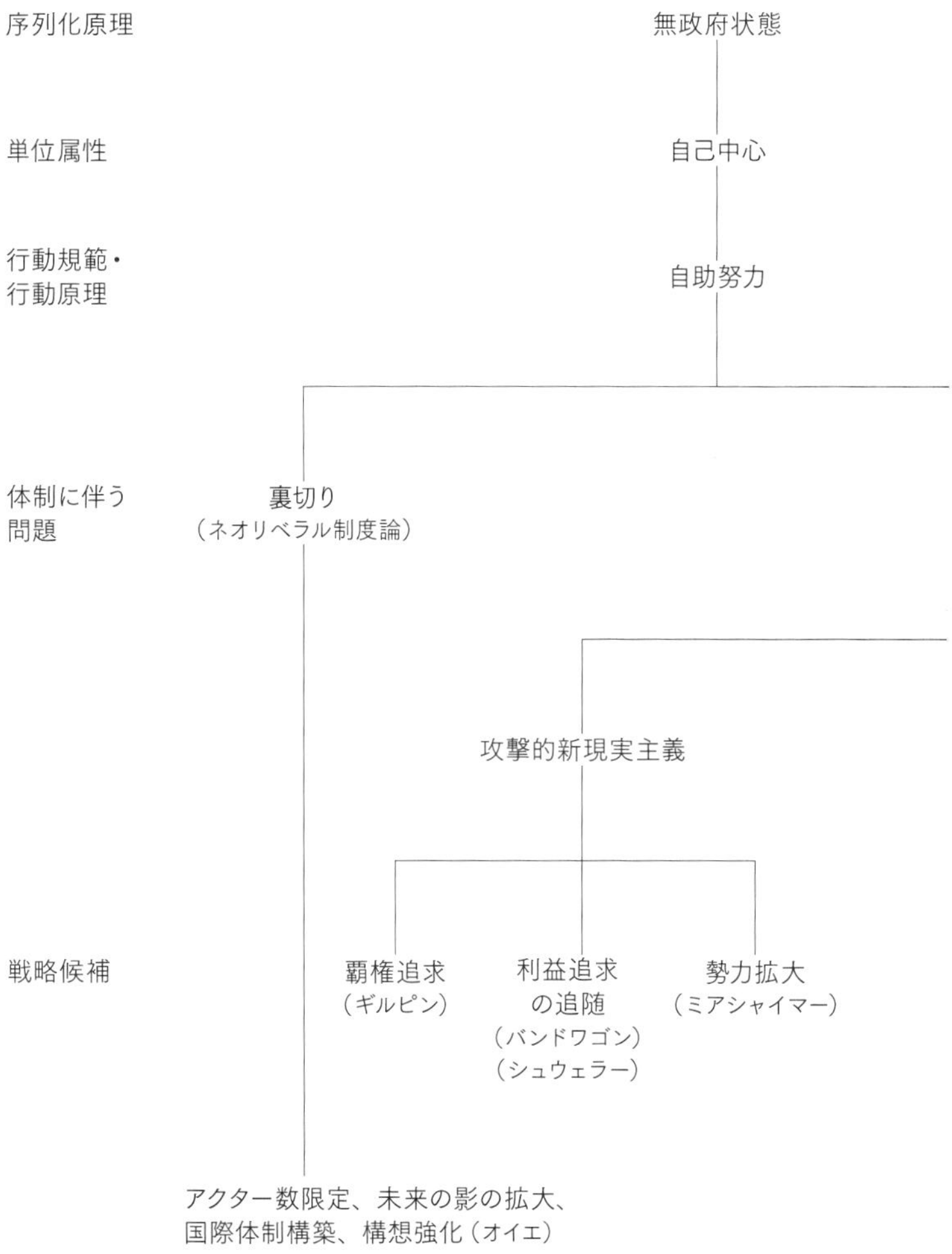
序列化原理
無政府状態
単位属性
自己中心
行動規範・
行動原理
自助努力
体制に伴う
問題
裏切り
（ネオリベラル制度論）
攻撃的新現実主義
戦略候補
覇権追求
（ギルピン）
利益追求
の追随
（バンドワゴン）
（シュウェラー）
勢力拡大
（ミアシャイマー）
アクター数限定、未来の影の拡大、
国際体制構築、構想強化（オイエ）

を論証することに努めてきた。[*47] 特に、制度学派によれば、国際機関は、（一）アクターとしての国家が利用可能な情報と（二）国家間の協調に要する取引費用に影響を及ぼすという意味で重要である。

たとえば、ボスニアにおけるアメリカ主導の多国籍平和維持活動に関する問題を考えてみよう。このボスニア向けの軍隊（当初は平和安定化部隊［ＳＦＯＲ］、後に和平履行部隊［ＩＦＯＲ］）が創設される前に、ＮＡＴＯ加盟国は、部隊への物資供給や保護の役割を果たす中欧の飛行場や陸軍基地と同じく、この部隊、装備、訓練に必要な固定費をすでに支払っていた。すなわち、彼らには断固たる行動を起こす能力があることは明らかであった。したがって、ボスニアに介入可能な軍隊の創設には、金銭面と人員面において戦闘の際の限界費用を負担するだけでよかった。これで軍事介入は容易になったのであり、さもなければほとんど不可能であった。

次に、これとは対照的な場合を考えてみたい。ボスニアでの平和維持活動のために、これらの国家が組織をゼロから立ち上げること、自国内では設立されたこともない単位を招集して組織を組成すること、あるいはＮＡＴＯ関係では共同作業の経験がないことを要求されたとする。以上の場合、国際機関が存在せず、ボスニアで軍事介入がなかったとしたら、少なくともこの状況では前述の組織が国家の行動を説明する際に決定的な原因変数となる。これらの組織が当初想定していた目的（すなわち、ソ連牽制）とまったく異なる目的で設立されたのは偶然にすぎない。*48

国際制度学派的分析法の主たる提唱者であるロバート・コヘインは、この分析法の前提、

*47 Ernst B. Haas, *The Uniting of Europe* (Stanford: Stanford University Press, 1958) を参照されたい。また、クラズナーは著作の大半において、国際機関を本質的に国家権力に付随するものと考える現実主義者を支持する傾向にあるが、（たとえば、"Global Communications and National Power: Life on the Pareto Frontier," in Baldwin, ed., *Neorealism and Neoliberalism* を参照せよ）、Krasner, ed., *International Regimes* (Ithaca: Cornell University Press, 1983) における自立的な変種としてのレジームの説明も参照されたい。

*48 国際制度学派の論者はあまり指摘しないが、このような組織の独立した影響を明確に主張することは、「実際に巨額の固定費を事前に支払う能力があり、わずかな限界費用で可能な行動を起こす組織を立ち上げることは、そのような行動を起こす可能性を高める」と説くようなものである。Graham Allison and Hisashi Owada, "Democracy and Deadly Conflict: Reflections on the Responsibilities of Democracies in Preventing Deadly Conflict," paper for the Carnegie Commission on Preventing Deadly Conflict (forthcoming) を参照されたい。アリソンと日本の外交官小和田恆が説くように、「国家の行動する意思は、作業実施能力が確実にあり、より少額な増分費用で人員派遣可能な設立済組織の存在に大きく影響を受ける」。この主張と論法は本質的には第3章の第二モデルの議論から得られたものであり、国際制度学派と第二モデル研究者との間に相互理解の機会が生まれたことを示唆する。これに関する初期の議論については、Graham Allison, "Military Capabilities and American Foreign Policy," *Annals of the American Academy*, March 1973, pp. 17-37 にある「アメリカ人は移動や実行に苦労しないとわかれば、いつでもどこへでも行き、何かを実行するだろう」を参照のこと。

研究対象とする変種、この理論の範囲を超えたところにある方法やものについて賞賛に値するほど明確に説明している。国際制度学派は、「制度学派の理論は、国家が世界政治の主要なアクターであり、自らの国益という概念に基づいて行動するという前提を置いている」[*49]というように、重要概念である合理的アクター・モデル（価値最大化を状況に応じて合理的に目指す単一の国家的アクター）から着手する。国際制度学派は新現実主義派が用いる構造的要因（無政府状態と権力の配分）[*50]の重要性を認めている。だが、国家の行動を説明するためには、より具体的な体制レベルの要因（国際機関など）が必要であると説いている。[*51]コヘインは、この国際制度学派の理論が国家の追求する利益を理論の対象外または外因性としているのは中途半端であり、十分な説明を提供していないとはっきり認めている。[*52]したがって、国際制度学派（および新現実主義も同じく）は国家の理論をさらに補足説明する必要があると結論付けている。すなわち、国益、特定の目標、信念、認識のそれぞれの起源を説明する理論が求められているのである。[*53]

国際制度学派による議論の簡単な分析論としては、ロバート・アクセルロッドとロバート・コヘインの共同論文『無政府状態における協調関係の実現』[*54]がおそらく最も明快であろう。この論文の核心は、合意事項を強制的に履行させる上位機関が存在しない無政府状態の国際環境分析において、そのような環境にもかかわらず、国益最大化を合理的に追求する国家はどのような場合に協調関係を構築するのか（国家はどのような場合に合意可能な他の選択肢よりも互いに大きな見返りが約束される協調的行動を起こすのか）ということである。当初、アクセルロッドは協調関係の消長に影響を及ぼす状況についてアクターが気付く特徴を三つ挙げてい

＊49 Keohane, "Institutionalist Theory and the Realist Challenge After the Cold War," in Baldwin, ed., *Neorealism and Neoliberalism*, p. 271. コヘインはネオリベラルに分類されることに対する反感を２９８ページ脚注３に書いている（彼は「制度学派」または「合理的制度学派」と呼ばれるほうを好む）。世界政治における有力な要因としての国際機関と協調（これは友好的な協力関係と同じものではない）に関しては、Robert O. Keohane and Joseph S. Nye, Jr., *Power and Interdependence: World Politics in Transition* (Boston: Little, Brown, 1977); Robert Axelrod and Robert O. Keohane, "Achieving Cooperation under Anarchy: Strategies and Institutions," *World Politics* 38 (October 1985): 226-54; Lisa L. Martin, "Institutions and Cooperation: Sanctions during the Falkland Islands Conflict," *International Security* 16 (Spring 1992): 143-78; Richard Rosecrance, *The Rise of the Trading State* (New York: Basic Books, 1986), and Robert O. Keohane, *International Institutions and State Power: Essays in International Relations Theory* (Boulder: Westview, 1989) を参照のこと。レジームの性質や定義、国際制度学派と重複する部分に関する一連の説明については、Stephen D. Krasner, "Structural Causes and Regime Consequences: Regimes as Intervening Variables," in Krasner, ed., *International Regimes*, pp. 1-22 を参照のこと。

＊50 Keohane, *After Hegemony*, Part II を参照のこと。

＊51 前掲書一五〜二六ページ。また、Keohane, "Institutionalist Theory and the Realist Challenge,"p.294「*After Hegemony* では、当初体制レベルの理論はどれも完全だとは思えないと強調した」も参照されたい。

＊52 Ibid., p.285

た。第一に「利益の相互関係」(各アクターが競合的に行動するよりも協調的に行動するほうが自らの利益を実現できる場合)、第二に「将来の影」(アクターが長期的な相互関係から将来的なペイオフを期待できる場合)、第三にプレイヤーの数(プレイヤーの数が多いほど、協調関係の維持は難しくなる)である。*55

このようなことを背景にして、コヘインとアクセルロッドは、国家の相互交流的制度が各国のペイオフにどのような影響を与え、「将来の影」をどのように長くし、当事者多数のゲームを少数の下位ゲームに分解できることを説明する。一九八二年に勃発したフォークランド紛争の際に実施されたアルゼンチンに対する経済制裁措置に関してリサ・マーティンが分析したように、イギリスは欧州共同体(EC)の加盟国であったことから、他の問題(特に、イギリスのEC予算分担金納付)と関連付けることにより、経済制裁措置の延長について他の加盟国に協調するように促すことができた。これらの問題を関連付けることにより、イギリスは共同決定の際に当事者が共有する利益を増やし、裏切られる不安を少なくした(裏切り者が相応に罰せられることは確実だったからである)。制度的な環境を整備したおかげで、さまざまな問題に関する交渉は円滑に進んだ。それがなければ、この交渉は困難を極めていたことであろう。*56

コヘインは「説得力のない理論に従うと、曖昧な予測を立てることになる」と指摘する。*57
だが、たとえ説得力に乏しく、あるいは前提条件付きとしても、何も予測しないよりはましである。コヘインは、自説に基づく予測可能な結果をはっきりと認めることから逃げない。たとえば、国際制度学派と現実主義者が予測するヨーロッパ、特に欧州連合（EU、旧欧州共同体）

*53 前掲書二九四～九五ページ。「国内政策の分析を必要とする国益の理論がなければ、国際関係の理論として必ずしも十分とはいえない……。総じて国際体制のことよりも、むしろ国家レベルの研究に一層力点を置くべきであろう」。また、最初の結論として、「認識の重要性」を強調している Axelrod and Keohane, "Achieving Cooperation under Anarchy" では、「*Cooperation under Anarchy* の著者は意思決定における認識の役割について研究結果を具体的に説明しているわけではないが、認識の重要性は当初から自ら明らかであった」。コヘインの著作は現実の世界に対する彼の根本的な興味を反映し、現在の国際制度学派が説く意見の範囲を超えたところまで言及する折衷主義を唱えている。かくして、「国益という観念には柔軟性がある」という点に注目すれば、彼の国際制度学派的な理論は国際機関が国益の概念を変える可能性のある考え方を研究するものである。「限定合理性に基づいて動くアクターはレジームがもたらす経験則を重んじる。政府が後継者によって選好に変化が生じることを恐れる場合、将来の政権を制約するためにレジームへの参加を検討するかもしれない。結局、政府による国益の定義が（他国の幸福のためという観点から）共感を得るならば、他国との共有利益も大きくなるので、そうでないときよりも国際体制を構築できる可能性が高くなるであろう」(Keohane, *After Hegemony*, pp. 131-32)。

*54 Axelrod and Keohane, "Achieving Cooperation under Anarchy."

*55 Robert Axelrod, Conflicts of Interest: An Axiomatic Approach," *Journal of Conflict Resolution* 11 (March 1967): 87-99 および Robert Axelrod, *Conflict of Interest: A Theory of Divergent Goals with Applications to Politics* (Chicago: Markum, 1970) を参照のこと。

とNATOの将来像はまったく異なる。アメリカの政治学者であり、現実主義の立場から国際制度学派を批判するジョン・ミアシャイマーは、一九九〇年に次のように予測している。「冷戦はECに繁栄をもたらす温室のような環境を提供した。もしも冷戦が終結し、冷戦が生み出していた安定的な秩序が崩れるならば、ECの経済は徐々に上昇局面から後退の時代を迎えることになりそうである[*58]」

同年、彼は「NATOを団結させているのはソ連の脅威である。この攻撃的な脅威が除去されるならば、アメリカはヨーロッパ大陸を見捨てる可能性があり、設立四〇周年を迎えようとするこの防衛同盟もたちまち崩壊する恐れがある[*59]」とも書いている。

コヘインはこのミアシャイマーの予測に対して真正面から論戦を挑み、国際制度学派の理論に基づけば「正反対」の予想に至るであろうと説いている。一九九五年、『国際制度学派理論の約束』という議論において、コヘインとマーティンは「NATOやEC（現EU）が加盟国を増やすことはあっても、衰退に向かうことはまず考えられない[*60]」と論じている。一九九三年のコヘインの論文ではもっと明確に説明している。

「ECは拡大する一方であり、加盟国の政策に対するその影響度はベルリンの壁が崩壊した一九八九年一一月よりも二〇〇〇年のほうが大きくなっている、と予測してもよい[*61]」

## リベラリズム（※）

（※）本節における「リベラル」という用語は、アメリカで政治的立場を示す「コンサーバティブ（保守的）」の対義

＊56 Lisa Martin, *Coercive Cooperation: Explaining Multilateral Economic Sanctions* (Princeton: Princeton University Press, 1992) を参照のこと。また、第二次世界大戦後のヨーロッパにおける「long peace（長い平和）」に対する北大西洋条約機構（NATO）の貢献に関するジョン・ダフィールドの分析も参照されたい。この分析によれば、この国際機関あるいは「国際レジーム」はヨーロッパにおける戦争抑止と安心供与の面で寄与しており、五〇年間も戦争のない時代を創出したことに多大なる功績があったという（John Dufield, "Explaining the Long Peace in Europe: The Contribution of Regional Security Regimes," *Review of International Studies* 20 (1994): 369-88）。NATOを単なる機関ではなく、「レジーム」として評価しているダフィールドは、Oran R. Young, *International Cooperation: Building Regimes for Natural Resources and Environment* (Ithaca: Cornell University Press, 1989) および Keohane, *International Institutions and State Power* に基づくレジームの定義を採用している。この定義は、Steve F. Krasner, "Structural Causes and Regime Consequences: Regimes as Intervening Variables," in Krasner, ed., *International Regimes* で説明されている概念よりも多少広義の内容になっている。

＊57 Keohane, "Institutionalist Theory and the Realist Challenge,"p.287.

＊58 John Mearsheimer, "Correspondence: Back to the Future, Part II," *International Security* 15 (Fall 1990), p. 199.

＊59 John Mearsheimer, "Back to the Future: Instability in Europe after the Cold War," *International Security* 15 (Summer 1990), p. 52. 柔軟な解釈や循環論法によって必ず「理論を守る」ことができる独創的な方法の例としては、アメリカの政治学者ジョゼフ・グリエコによる強化されたEUの新現実主義的説明や予測を書いた "The Maastricht Treaty, Economic and Monetary Union and the Neo-realist Research Programme," *Review of International Studies* 21 (January 1995): 21-40 を参照のこと。

＊60 Robert O. Keohane and Lisa Martin, "The Promise of Institutionalist Theory," *International Security* 20 (Summer 1995), p.40.

語としての慣習的用法とは別物である。ここでは、法の支配と個人の人権尊重を強調する特殊な多元的民主主義と同じように、国際関係論の理論体系を指している。

最近特に著しい発展を遂げている国際関係論としては、民主国家は他の民主国家に対して絶対に（または滅多に）戦争を仕掛けてこないという経験的一般化のリベラリズム的再評価が挙げられる。定義に関する議論はともかく、この理論は説得力のある重要な研究成果である。国際関係論の大御所の一人ジャック・レヴィは、「民主国家間に戦争がない状態は、国際関係における経験的法則に最も近いものがある」[*62]と指摘している。リベラルな民主主義の特徴に焦点を当てている学者は大抵「リベラリズム」に属するものと思われているが、この秩序が保たれる理由を説明しようとする人々の最前線に立っている。

第一モデルにリベラルな考え方を認めるのは意外なことのように聞こえるかもしれない。前述のリベラリズムの学者は主にリベラルな民主主義を重視しているので、国内政治における多元性を認めているのは明らかである。国家の行動に関する目標、信念、選好は、その国の政治体制（民主制、独裁制など）によって決まる。そこで、この考え方を用いて単一のアクターである国家を分析する。すなわち、戦争または平和のいずれかを選択する合理的なアクターは単なる国家ではなく、むしろ特定の性格を帯びた国家と見る。リベラリズムの論客であるジーヴ・マオツが指摘する通り、「民主国家間の戦争を防止する効果があると考えられる仕組みは、現実主義の理論的枠組みの中核的前提に対する異議申し立てである。この仕組みとは、民主国

＊61 Keohane, "Institutionalist Theory and the Realist Challenge," p.291. 興味深いことに、コヘインが一九九三年に行ったEUに関する予測は、NATOに関しては同じ予測を避けた以下の脚注を含んでいる。「NATOに関しては同じ予測を立てようとは思わない。なぜならば、アメリカとヨーロッパの双方はNATOの存続が利益になると考えているのか否か明らかではないからだ」

＊62 Jack S. Levy, "Domestic Politics and War," in *The Origin and Prevention of Major Wars*, ed., Robert I. Rotberg and Theodore K. Rabb (Cambridge: Cambridge University Press, 1988), p.88. 現在、民主的平和論の擁護者は、民主的平和論の研究成果とは選好と可能性に関するものと説くだけであり、歴史の普遍的法則として議論を先に進めている向きが大半を占める。たとえば、ブルース・ラセットとジェームズ・リー・レイによれば、「民主的平和論では……民主国家は互いに今まで戦争をしたことがなかった、あるいは戦争をしないであろうとは述べておらず……。民主的平和論者の誰ひとりとして、民主国家間では低レベルの対立が（比較的珍しい、とはまったく異なり）存在しないとは論じていない。ある反論では、比較的低い可能性という意見に対して異議を唱えていない」(Bruce Russett and James Lee Ray, "Why the Democratic-Peace Proposition Lives," *Review of International Studies* 21 (1995): 319-25, From p.322, note 2)。また、「……研究者の大半は、決定論的な法則（民主国家は他の民主国家に対して絶対に戦争を仕掛けない）よりも、可能性の議論（平均的な状況や体制では軍事力を用いる可能性は小さくなる）を提案し、検証している」(David L. Rousseau, Christopher Gelpi, Dan Reiter, and Paul Huth, "Assessing the Dyadic Nature of the Democratic Peace, 1918-88," *American Political Science Review* 20 (September 1996): 512-533, 516, note 8）も参照のこと。さらに、Bruce Russett, "Counterfactuals about War and Its Absense," in *Counterfactual Thought Experiments in World Politics: Logical, Methodological, and Psychological Perspectives*, ed., Philip E. Tetlock and Aaron Belkin (Princeton: Princeton University Press), p.171 も参照されたい。

家の指導者に圧力をかける構造的制約であり、民主的平和論（民主国家は他の民主国家に対する戦争を回避する傾向があるという主張）の構造モデルによって強調される。または平和的紛争解決の規範を具体化する民主国家の傾向のことであり、民主的平和論の規範的説明によって強調される」[*63]。リベラリズム論者の多くは、個人の人権や政治的経済的多元性、その政治体制内での政治的経済的協調を重視している国家ならば、対外的行動もこれらの価値観が反映される可能性が高いと考えている。すなわち、そのような国家は国民の権利を重んじ、国際法に敬意を払い、対立よりも協調に対する心構えができていると主張する。一方、独裁国家や革命政府であれば、その政策には独裁的、戦時体制的、修正主義的価値観が反映されるものと見ている。

二世紀前、ドイツの哲学者イマヌエル・カント著『永遠平和のために』（邦訳多数）の英訳では、国際社会が「絶えず拡大し続ける平和状態」に至ると思われる国際政治と国内政治の条件の概要を説明している[*64]。カントの分析は難解かつ複雑であるが、要するに、平和状態を実現するには条件が三つあるということだ。

第一かつ最重要な条件は国家の国内政治体制を定めることだ。すなわち、平和的な国家は「共和制」でなければならない。カントのいう共和制とは選挙民主主義という意味ではなく、むしろ国民は権利を有するが、政府の正当性は被統治者の同意に基づいている国家のことである。共和制の国家では、人々は軍事負担を引き受けたくないので、戦争に反対するであろう。カントは次のように主張している。

宣戦布告を行うことに国民の同意が必要ならば、国民がそのような不幸なゲームを始めるのに警戒心を高めるのはごく当たり前のことだ。自らに対して戦禍の引き受けを命ずることになるからだ。戦争を始めれば、兵役の義務を課せられ、軍事費負担のために自らの資産を投じ、戦後の荒廃から復興に至るまでの労苦などさまざまな辛酸をなめることになり、莫大な国家債務を背負い、平和の日々を辛いものにするであろう。

第二条件は経済面に焦点を当てたものである。共和国家は国民の生活向上を目指した市場

*63 Zeev Maoz, "The Controversy over Democratic Peace," *International Security* 22 (Summer 1997): 162, 173-74.

*64 英訳 "Perpetual Peace" は Hans Reiss, ed., *Kant's Political Writings*, 2nd ed., trans H.B. Nisbet (Cambridge: Cambridge University Press, 1991) に掲載されている。また、次の数段落は以下の著作から引用している。Joseph S. Nye, Jr., Graham T. Allison, and Albert Carnesale, eds., *Fateful Visions: Avoiding Nuclear Catastrophe* (Cambridge, Mass., Ballinger, 1988), pp. 215-16. さらに、カントの再評価については以下を参照のこと。Michael Doyle, "Kant, Liberal Legacies, and Foreign Affairs, Part 1 and 2," *Philosophy and Public Affairs* 12 (Summer and Fall 1983): 205-35; 323-53.

経済を持つべきだ。自由貿易を通じた国際分業を前提にすれば、経済的相互依存関係は深まるであろう。これらの関係から利益を得られるならば、国民は経済的関係が壊れるような行動を控えるようになるはずである。カントの見方によれば、貿易を通じて「諸国間で平和的な交流が営まれたので、最も遠くにいる人々との間でも、相互理解、協定、平和的関係が構築されたのである」。懐疑論者は、国際貿易がかつてないほど隆盛を極めていた状況にもかかわらず勃発した第一次世界大戦のような反証を持ち出して指摘するが、この議論はまだ続いている。[65]

第三条件に関し、カントは共和国家間の「平和連合」が拡大した結果が国際平和であろうと説いた。これは共和国家間の相互尊重と紛争の平和的解決から始まる。その後、平和連合は拡大していく。なぜなら、他国は共和国家が享受している利益を観察し、加盟を求めるようになるからだ。平和連合が徐々に拡大することで、平和状態は世界的な広がりを見せ、最終的には永遠なる平和状態が実現するであろう。

一七九五年、カントが『永遠平和のために』を執筆した頃、彼の条件を満たしている共和国家はごくわずかであった。だが、過去二〇〇年の歴史を踏まえると、彼の中心的な主張の予見性はさらに輝いているように見える。現代の学者が焦点を当てているのは、カントが考えていた共和国家ではなく、(指導者が自由で公正な選挙を通じて選ばれる)民主国家であり、国家と国民が他人の基本的人権を尊重する「自由主義的（リベラル）」な国家にも注目している。カントは共和政治、リベラルな諸権利の尊重、経済的相互依存性という三つの関係が自然な形で相互に強化されつつあると見ていた。この現象を研究する現在の学生は、カントとは逆にこれらの要因を分けて考えようとしており、用語の定義や一八九八年の米西戦争（アメリカは民主国家であったが、戦争を仕掛けたように見える）のようなどちらともいえない事例について議論を戦わせている。だが、証拠を検証した学者の大半は、民主国家間の戦争の不存在は統計的に有意であり、これは偶然の結果ではなく、民主主義という共通要因以外には考えられないという結論に達している。[*66]

民主的平和論という仮説に対する最近の研究は、基本的な問題をこれまでよりも詳細に論じている。第一に、アメリカの政治学者エドワード・マンスフィールドとジャック・スナイダーが論証したように、実際には民主化への移行過程にある国家は戦争を引き起こす可能性がより大きい。[*67] 選挙権が拡大し、大衆の政治関与が実現すると、指導者は他国に対して攻撃的に動くことで支持を訴えたくなるのかもしれない。第二に、アメリカの政治学者ジョン・オー

＊65 John R. Oneal and Bruce M. Russett, "The Classical Liberals were Right: Democracy, Interdependence, and Conflict, 1950-1985," *International Studies Quarterly* 41 (June 1997): 267-93 を参照のこと。

ウェンが主張する通り、民主的平和論が論じているのは民主的な選挙の手続きのことではなく、リベラルな政治的信条と制度のことがほとんどなのである。[*68] インド系ジャーナリストのファリード・ザカリアは、「民主主義」という言葉の用法に関し、欧米では混同されることの多い二つの異質な概念を区別しておくことが極めて重要であるという主張に賛同している。まず、民主主義とは政府を選ぶ手続きに関する用語である。政府が比較的自由かつ公正で候補者が何人もいる選挙で選ばれるならば、正に民主主義の名に値するであろう。一方、「立憲的リベラリズム」を特徴付けるものは政府を選ぶ方法ではなく、むしろ個人の基本的人権（生存権、財産権、言論の自由、信教の自由）と法の支配が保護される社会や体制である。ザカリアは、「民主的平和とは、実際にはリベラルな平和のことである」[*69] と挑発的に指摘する。すなわち、民主国家は互いに対して平和的な態度で臨むが、非民主国家は他国に対して攻撃的になりやすいように、非リベラルな民主国家も民主国家や非民主国家に対して攻撃的になりやすいと説いている。

カントの仮説を現代的に再評価したアメリカの国際政治学者マイケル・ドイルによれば、リベラリズムはその豊かな思想史の観点から理解されるべき哲学であり、世界観である。[*70] だが、外交政策と国際関係の理論として考えれば、リベラリズムの中心的命題は簡潔に述べることができる。すなわち、国家構造が重要であるということだ。国内政府の構造および国民の価値観と考え方が国際問題における国家の行動に影響を及ぼす。ドイルの言葉を借りるならば、「国家とは、国家と個人的人権との関係性に応じて分化した本質的に多種多様な『単位』である」。彼の説明によれば、リベラル派は「非リベラルな社会とリベラルな社会、独裁国家や全

*66 民主的平和の存在に関する賛否についての有力な議論については、Michael E. Brown, Sean M. Lynn-Jones, and Steven E. Miller, eds., *Debating the Democratic Peace,* (Cambridge, Mass.: MIT Press, 1996) を参照のこと。また、Miriam Fendius Elman, ed., *Path to Peace: Is Democracy the Answer?* (Cambridge, Mass.: MIT Press, 1997) も参照のこと。批判者の反論については、Maoz, "The Controversy over the Democratic Peace." を参照のこと。議論を概観するには、Steve Chan, "In Search of Democratic Peace: Problems and Promise," *Mershon International Studies Review* 41 (May 1997): 59-91 を参照されたい。さらに、Spencer Weart, *Never at War: Why Democracies Will Not Fight One Another* (New Haven: Yale University Press, 1998) も参照のこと。懐疑派は、民主的平和が存在しないこと、または民主主義では民主的平和の事例を説明できないことを説く。前者の論者は民主国家間の戦争の数が民主的国家論者の主張よりも多いと指摘する。後者の論者は戦争の総数には触れないが、民主国家間で見られる平和状態は共通する民主主義的な制度や価値観によるものであると考えることに異議を唱え、そのような平和的秩序は別の要因で説明できると説く。

*67 Edward D. Mansfield and Jack Snyder , "Democratization and the Danger of War," *International Security* 20 (Summer 1995): 5-38 を参照のこと。これに対する反論は、Michael D. Ward and Kristian S. Gleditsch, "Democratizing for Peace," *American Political Science Review* 92 (March 1998): 51-61 を参照のこと。

*68 前掲書と John M. Owen, *Liberal Peace, Liberal War: American Politics and International Society* (Ithaca: Cornell University Press, 1997).

*69 Fareed Zakaria,"The Rise of Illiberal Democracy," *Foreign Affairs,* November-December 1997, p.36 を参照のこと。

体主義国家と共和国家、共産主義経済やファシズム経済および協調組合主義（コーポラティズム）経済と資本主義経済」を区別しており、主に「これらの違いは結果として国際的行動の違いに反映される」ことを示唆している。彼が指摘する通り、「国家の行動のあり方はその国の価値観に影響される……権力と政治は合目的的行動である。たとえそれが望ましい結果になるのかどうかはわからなくても、政治家が実行したいことは結局具体的に実行に移すのである」[*71]

リベラル派の理論には注目すべき論点が三つある。第一に、イギリスの哲学者ジョン・ロックに関連するが、指導者の社会的価値観と（ザカリアが主張するように）他人の権利の尊重に焦点を当てていること。第二に、イギリスの経済学者アダム・スミスやオーストリアの経済学者ヨーゼフ・シュンペーターのように、経済的な協調と相互依存の効果を重視していること。第三に、カントの共和主義的リベラリズムである。[*72]理念（個人的人権、経済的自由、代議政治）の相対的重要性と国際的行動に及ぼす具体的な影響についての予想は、リベラル派、現実主義者、国際制度主義者それぞれ異なる。だが、国内統治の制度や手続きに与える優先順位の考え方を見れば、リベラル派は他の二者と容易に区別される。

アメリカの国際政治学者アンドリュー・モラフチークは現実主義や国際制度主義に対する一貫した論敵として、パラダイム的な表現でリベラリズムを明確に説明する重要な一歩を踏み出した。[73] この説明に際し、「リベラル派の国際関係論は、国家と社会の関係が……国家行動と世界政治に根本的な影響を与えるという洞察を詳述している」。その中心的な内容は以下の通りである。

「社会的考え方、社会的利益、社会的制度は、国家の選好を形成することを通じて国家行動に影響を与える。すなわち、政府の戦略的計算の根底には基本的な社会目的がある[74]」

モラフチークは、国際関係の理論に基づく「国家社会」または「社会目的」として一般化を試みたものを説明する際には、一連の非リベラル的体制（専制体制、寡頭体制、独裁体制、全

*70 Michael W. Doyle, *Ways of War and Peace: Realism, Liberalism, and Socialism* (New York: W.W. Norton, 1997) を参照のこと。守備範囲の広いドイルは、世界政治の現代的概念を形成している主要な三大世界観として、現実主義、リベラリズム、社会主義を識別し、これらの世界観を現実に適用するとともに、哲学的基盤に留意した示唆に富む思想史も提供している。

*71 前掲書二一一、三八三－四二〇ページ。

*72 前掲書とAndrew Moravcsik, "Taking Preferences Seriously: A Liberal Theory of International Politics," *International Organizations* 51 (Autumn 1997): 513, 515. また、John Herz, *Political Realism and Political Idealism* (Chicago: University of Chicago, 1951) という現実主義者からの批判で指摘されたリベラル派理論の三つの論点についても参照されたい。

*73 Andrew Moravcsik, "Taking Preferences Seriously: A Liberal Theory of International Politics."

*74 前掲書五一三ページ。調は引用者による。

体主義体制）の体系的な分析を含むべきであると理解している。[*75] また、ひとたび国家の選好が形成されると、それが政府指導者による合理的かつ価値最大化的計算の根拠となるので、国際問題における国家行動を左右することになると明言している。[*76]

後にアメリカ大統領となった大学教授ウッドロー・ウィルソンは、リベラル派の最有力な理論家になった。彼は現実主義者からその甘い世界観を冷笑されることが多い。アメリカの政治家ヘンリー・キッシンジャーはウィルソンが「力ではなく、原則」を重視し、「利害ではなく、法」を強調していることを公然と批判している。というのも、ウィルソンはあらゆる国家が「侵略行為、不正義、そして、おそらくは過度の利己主義に対して団結する」であろうという希望的観測を前提に集団安全保障体制を支持していたからである。[*77] それでもなお、ウィルソンが力説するには、英米の理想は影響力の大きさゆえに拡大し、従来から競合関係にある欧州列強は生き残るかもしれないが、衰退の一途をたどり、無意味な存在と化していくという。[*78] ウィルソンによれば、世界の安全保障に希望を与えるのは、民主主義、民族自決、自由貿易と紛争の平和的解決という国際的規範であるという。今世紀最後の数十年間において、ロナルド・レーガン、ジョージ・ブッシュ、ビル・クリントンの各大統領は、世界の政治的局面を分析する現実的政治指導者というよりも、はるかにウッドロー・ウィルソンのように思われた

（そして、そのように行動することが多かった）[79]。

## 戦略、戦争、合理的選択

ロバート・コヘインが指摘する通り、「国際関係と外交政策の両分野における現代の学者の間では、『シェリングが口火を切った』という表現が口癖のように繰り返されている」[80]。外交史家は、一般人よりも消息通であり、理路整然かつ一貫性のある考え方をするが、やはり門外漢の教養人的な直観と期待感を反映した見方をする[81]。戦略理論家は歴史の本質を抽出し、そこに内

*75 革命派や急進派の民族主義者の一連の思想によって煽られる修正主義政府の独特な行動に関しては、Stephen Van Evera, "Primed for Peace," *International Security* 15 (1991): 23-25, 30-31 および Stephen Walt, *Revolution and War* (Ithaca: Cornell University Press, 1996) を参照のこと。

*76 モラフチークの「国家社会」というパラダイムの説明は、外交政策に多元主義を基本的に適用している点で、広義の第三モデル（第5章の論題）に近いところまで解説したものになっているかもしれない。上述の通り、彼の第一前提は「政治の基本的アクターは個人と民間団体であり……」、国家という単一のアクターを超え、半自立的外交政策を実行する分散化されたアクターのことまで説明しているのは確かである（Moravcsik, "Taking Preferences Seriously," pp. 516, 519）。だが、アクターの行動の説明または将来の行動予測に関する系統的な説明に際しては、彼が想定しているアクターのほとんどは単一の政府になっており、その指導者は合理的な判断に基づく安定的な選好を持つ代表として行動しているのである。

*77 Kissinger, *Diplomacy*, p. 227.

在する根本的な論理を明らかにしようとする。このように、戦略に関する文献は、特に合理的アクター・モデルの信頼性に関する説明に役立つのである。

シェリング著『紛争の戦略』（勁草書房刊）は現代の戦略理論の原則を最も洗練された形で説明した名著として揺るぎない地位を保ち続けている。*[82] シェリングによれば、戦略では、国家の行動や対応の複雑さを相互依存的な紛争ゲームにおける多少有利な動きと見なして分析し、説明する。たとえば、イラクにクウェート侵攻を、アメリカにイラク攻撃を思いとどまらせる

*78 Frank Ninkovich, *Modernity and Power: A History of the Domino Theory in the Twentieth Century* (Chicago: University of Chicago Press, 1994), pp. 41-42 のなかで、ウィルソンの思想に関する説得力のある要約において引用されたウィルソンの一九〇六年と一九〇八年の著作に基づく。だが、外交史家フランク・ニンコヴィッチは第三代アメリカ大統領トーマス・ジェファーソンの重要な知的遺産については詳説していない。民主党のウィルソン世代にとって、ジェファーソンはアメリカの政治における前述のリベラルな世界政治論の先駆者と見なされていた。ジェファーソンの信条が及ぼした影響については、Merrill Peterson, *The Jefferson Image in the American Mind* (New York: Oxford University Press, 1960) を参照せよ。また、ジェファーソンがフランクリン・ルーズヴェルトに与えた影響については、John Lamberton Harper, *American Visions of Europe* (Cambridge: Cambridge University Press, 1994), pp. 43-47 を参照のこと。
ウィルソンの理論は、国家というアクターが合理的に選択するという前提に立っていた。彼の場合、「社会的倫理は実利的倫理であり、絶対的倫理ではない。それが実現可能とすれば合意によるのであり、善悪という抽象的な観念によるものではない」。このように、コヘインなど現代の論客がまとめた分析そのものを正に予見していたのである。また、民主国家と「自ら利己的な選択をなす少数グループ」に率いられた国家の対立は試金石であるとし、他の国々

に示される新しい規範が尊重されて広範に受け入れられるかどうかが明らかになるであろうと主張した。したがって、この試金石はウィルソン（と彼の後継者の大半）にとって本来の意義をはるかに超えた重要な意味を持つものとなった。なぜなら、ウィルソンによれば、不安定な状況下にある世界の大多数の人々に影響を及ぼすからであり、彼らが世界的な勢力均衡を最終的に左右するからである。ウィルソンのことは Ninkovich, *Modernity and Power* pp. 45, 60-61, pp. 56-68 で引用されている。また、Arthur Link, *Woodrow Wilson: Revolution, War, and Peace* (Arlington Heights, Ill.: Harlan, Davidson, 1979) および Thomas K. Knock, *To End All Wars: Woodrow Wilson and the Quest for a New World Order* (Princeton: Princeton University Press, 1992) を参照されたい。さらに、ウィルソンの挑戦的なリベラリズムの遺産に対する否定的な評価については、Lloyd Gardner, *A Covenant with Power: America and World Order from Wilson to Reagan* (New York: Macmillan, 1984) を参照のこと。典型的な対立例の考え方は依然として極めて説得力がある。一九九五年、クリントン大統領はボスニア政策の失敗に苛立ち、「(ボスニアでは) われわれの立場を維持できないために、世界におけるアメリカの強い立場は危ういものになりつつある」と声を荒げた (Bob Woodward, *The Choice: How Clinton Won* (New York: Simon and Schuster, 1996), p. 261)。

＊79 レーガン大統領は「われわれの時代を回顧する歴史家は民主国家の一貫した自制と平和的意図に注目するであろうし」、民主国家の使命は「平和だけでなく自由も守ること」であったと説いた (*The New York Times*, June 9, 1982 に掲載された一九八二年六月八日のイギリス議会でのレーガン演説)。一九九一年九月二三日、ブッシュ大統領は国連総会で「万国による平和 (Pax Universalis)」と題した演説を行い、「民主主義が隆盛を極めているので、第三の歴史的進展としての国際協調の機会も増大する」と唱えた (Dolye, *Ways of War and Peace*, p. 205)。クリントン大統領は政権の国家安全保障戦略を「関与と拡大」と命名し、「われわれの国家安全保障戦略は市場民主主義の共同体を拡大することに基づいている」と述べた (William Clinton, "A National Security Strategy of Engagement and Enlargement" (Washington, DC: U.S. Government Printing Office, July 1994))。

＊80 アメリカ政治学会一九九六年度年次総会における紛争と協調に関する円卓会議（出席者：ロバート・コヘイン、ブルース・ブエノ・デ・メスキータ、トーマス・C・シェリング）。

＊81 このような意見に関する著作については、John Passmore, "Explanation in Everyday Life, in Science, and in History, *History and Theory* 2, No. 2 (1962) を参照のこと。

＊82 Schelling, *The Strategy of Conflict*.

には、両国は敵意を抑えた不安定な相互関係の状況下で動くことになる。アメリカやイラクは相手国が起こす行動を予測し、これに基づいて最善の選択を行う。戦略的行動とは、自らの行動に関する相手の予測を研究し、相手の選択肢に影響を与えようとするものである。

シェリングの抑止力分析を要約すると、前述の通りである。本質的核心である合理的アクター・モデル（明示的かつ国内的に一致した価値体系に基づいた……利益に関する意識的な予測）に対する相互作用を分析することにより、シェリングは（一）（相手の行動に基づく）情報および（二）（自らの最善の選択は相手の選択に基づくという）相互依存関係の決定的な重要性を明らかにしている。たとえば、イラク北部におけるイラク政府によるクルド人攻撃の中止を要請する場合、あるいはロシアを国際通貨基金（ＩＭＦ）の経済計画に従うように要請する場合、課題となるのは、対象国に対する自らの行動、関与、威嚇、約束、警告を適宜調整することである。これらはいずれも、対象国による状況評価だけでなく、当該要請の諾否から予想される結果の評価にも影響を及ぼす。[*83] 続いて、より標準型ゲーム理論に近い形での抑止力の議論では、シェリングの分析を改めて説明しているが、新たな知見や判断はほとんど加味されていない。[*84] これらの知見や判断を軽んじた分析に対し、シェリングの洞察を厳密に適用すれば、情報と相互依存関係が作り出す違いの大きさがよくわかる。[*85]

シェリングが取り組んでいる現代戦略に関する多くの問題のなかでも、限定的紛争と情報伝達に関する検証結果には彼の考え方が明確に説明されており、その内容は以下の通りである。

第一に、あらゆる種類の限定戦争が国家間で勃発する可能性が高まるのは、全面的な奇襲攻撃の非現実性が明らかになるからだ。第二に、限定戦争には制限が必要である。要するに、

＊83 基本的議論の展開については、Thomas Schelling, *Arms and Influence* (New Haven: Yale University Press, 1966) を参照のこと。

＊84 その後の抑止に関する議論は何度も繰り返された。*World Politics* 41 (January 1989) の特集号を参照のこと。直近の合理的選択と議論のゲーム理論的再説に関しては、James D. Fearon, "Rationalists' Explanations for War," *International Organization* 49 (Summer 1995): 379-414; Robert Powell, *Nuclear Deterrence Theory: The Problem of Credibility* (Cambridge: Cambridge University Press, 1990); R. Harrison Wagner, "Peace, War, and the Balance of Power," *American Political Science Review* Vol. 88 (September 1994): 593-607 を参照のこと。政治学者ロバート・ハリソン・ワグナーは以下の著書でキューバ・ミサイル危機に対する思慮に富んだゲーム理論的解釈を論じている ("Uncertainty, Rational Learning, and Bargaining in the Cuban Missile Crisis" in *Models of Strategic Choice in Politics*, ed. Peter Ordeshook (Ann Arbor: University of Michigan Press, 1989), pp. 177-205)。

＊85 この好例としては、政治学者のクリストファー・アチェンとダンカン・スナイダルによる戦略的相互作用に関する洞察を適用したものがあり、アメリカの国際政治学者リチャード・ルボウとカナダの政治学者ジャニス・スタインの抑止力分析が抑止を必要としなかったケースを無視したことを論証している (Christopher Achen and Duncan Snidal, "Rational Deterrence Theory and Comparative Case Studies," *World Politics* 41 (January 1989): 143-69)。

抑制の相互認識のことである。この暗黙の合意は部分的な折衝や場当たり的な交渉を通じて到達するものだが、それには目玉となる論点を必要とする。この論点は他の選択肢と質的に区別可能であり、決して程度の問題ではない。たとえば、核兵器の不使用はそのような論点の一つである。第三に、国家の明示的な声明や行動は戦略的意思表示に等しい。すなわち、対立関係にある国家同士は互いの行動を観察して解釈し、互いに自らの行動が相手から解釈されていると認識し、互いに相手が予測するものを意識して行動する。このように、こちらは相手の考えをもとに考え、相手はこちらの考えをもとに考え、こちらはその相手の考えをもとにさらに考えるなど、奇妙な関係が生じるのである。

このような意見を支持する証拠は何か。第一の意見に関しては、戦略的勢力均衡状態が極めて安定的なために敵国が事態の激化を恐れなくなるなら、限定戦争が勃発する可能性が高くなることは論理の鎖によって裏付けられる。戦略的な意味では、合理的な敵国は第一撃によって相手を武装解除に追い込めるので、限定戦争における損失を受け入れるよりも、第一撃を仕掛けるほうが望ましく思える。この考え方によれば、インドやパキスタンの不安定かつ不確かな核兵器取得は、カシミールでの挑発行動に走ろうとする野心を抑える役割を果たすはずである。そのような挑発行動は両国間の第四次通常戦争勃発につながるからだ[86]。だが、第一撃だけでなく、第二撃も可能とすればどうだろうか。この両国が相互の全滅に至る確実な第二撃能力を手に入れると、破滅的な報復を招く戦線拡大を恐れなくなり、今まで以上に野心を持つようになり、場合によっては限定戦争も辞さなくなるだろう。

　第二の意見（限定戦争は明らかな争点がある場合に限られる）に対する確信は、歴史上の限定戦争を慎重に検証することから生まれるのではなく、さまざまな交渉状況下で合理的な敵国が他の論点では合意できないことを考えることから生まれる。第三の意見（「本質的交渉状況」としての国際政治の概念であり、用心深く、合理的で統一的な国家は、言葉と行動を通じ、他国の期待ペイオフを変化させることで他国に影響を与える）は、基本的な合理的アクター・モデルのことを高度に洗練した表現で明確に述べたものである。*87

　一九六一年、ベルリン危機（第2章で詳述する事件）で緊張が高まっていた頃、シェリングは理論の世界から離れ、現実的な政策の世界へ足を踏み入れた。具体的には、ケネディ大統領のために簡潔かつ重要な文書を作成した。その内容とはアメリカの核兵器先制使用計画を再解釈するために戦略的意思表示の概念を用いることであった。ＮＡＴＯが承認した計画では当

*86 当該事例に関する最近の研究については、Devin T. Hagerty, *The Consequences of Nuclear Proliferation: Lessons from South Asia* (Cambridge: MIT Press, 1998) を参照のこと。

初通常戦力によるベルリン防衛策から始まったが、これでは決死の覚悟で臨む敵国ソ連に敗北する恐れがあると考えた。そこで、NATOはソ連の攻撃軍と最重要兵站部隊に大規模な核攻撃を仕掛ける計画を定めたが、ソ連国内の目標設定については先送りすることにした。その代わり、シェリングは、大統領が核兵器を使用するのであれば、「主として戦術目標を破壊するだけでなく、ソ連の指揮に対しても重大な影響を与え……ソ連の指導者に対して全面戦争に突入する危険性があることを明確に認識させる」場合に限るべきであると強く進言した。当初の核の撃ち合いにおける最重要目標は「ソ連指導者」の意識とすべきである、と指摘している。[*88]

冷戦下の戦略家の重鎮ハーマン・カーンは、傾聴する世代のアメリカ人に核時代を紹介したベストセラー『考えられないことを考える』（ぺりかん社刊）[*89]を書いた。限定戦争、特にベトナム戦争のことを論ずるに際し、カーンはシェリングが説く威圧的で危険な争いという概念を議論の出発点とした。その目的は「激化が懸念される紛争、不本意な前例を避けるための交渉、望ましい抑制力の弱体化を阻止するための交渉、そのいずれの場合にも見られる相互作用にほぼ適合する一般原則」を明確に説明することであった。[*90]たとえば、紛争拡大を六段階、その背景を四四段階に区分けし、さまざまなシナリオにおける行動と反応を説明している。だが、あるシナリオから次のシナリオへの移行を決める要因は何か。価値最大化を求める単一アクターが行動するときの説明が妥当なら、各状況における分析が進展する。

カーンの思考過程の特徴は、国家が実際に戦争——通常兵器だけでなく、核兵器を使用する戦争も含め——に突入する状況を議論する際に最も明らかになる。すなわち、研究者のなか

＊87 シェリングが自分の主著を発表している頃、アメリカの政治学者グレン・スナイダーも基本的モデルの正確な説明を示していた（Glenn Snyder, *Deterrence and Defense* (Princeton: Princeton University Press, 1961)）。抑止の問題に対処する際、スナイダーは「侵略国による特定の攻撃の可能性は、基本的に侵略国の『意識』のなかに存在する四つの要因に左右される。これら四つの要因をすべてまとめて侵略国の『リスク計算』と呼んでもいいかもしれない。すなわち、（一）戦争目的の評価、（二）防御国によるさまざまな対抗措置の結果として被る予想コスト、（三）『無反応』も含めたさまざまな反応の可能性、（四）予想される各反応を考慮した目的達成の可能性である」と指摘した（p.12）。また、スナイダーがゲーム理論モデルを精緻に拡大解釈し、主にパワーに関する利益を考慮した合理性仮定に基づき、ポール・ディージングと九件の危機事例に関して共同研究した文献も参照のこと（Glenn H. Snyder and Paul Diesing, *Conflict among Nations: Bargaining, Decision Making, and System Structure in International Crises* (Princeton: Princeton University Press, 1977)）。

＊88 T. C. Schelling, "Nuclear Strategy in the Berlin Crisis," 5 July 1961, in JFKL, NCF Files, Box 81, Germany-Berlin-General, 7/1/61-7/6/61. 当該文書は以下に転載されている。*The Development of American Strategic Thought 1945-1969: Writing on Strategy, 1961-1969, and Retrospectives*, ed. Marc Trachtenberg (New York: Garland Publishing, 1988), pp. 9-13. 当該文書に対する編集者の序文では、その影響力の大きさを論じている。

＊89 Herman Kahn, *Thinking about the Unthinkable* (New York: Horizon Press, 1962)

＊90 Herman Kahn, *On Escalation: Metaphors and Scenarios* (New York: Praeger, 1965) p. 25.

には、「戦雲」が立ち込める状況において、敵国本土への核攻撃の可能性もあると威嚇すれば、相互の誤算や官僚主義的な鈍い動きによって大混乱を招くと考える人がいる。だが、カーンは「中央の軍事行動に影響を及ぼすに違いない、いわゆる『戦場の霧（先行きの不透明感、誤報、混乱、あるいは組織の機能停止も避けられない状況）』の重大性は、意図的に過大評価されてきた」と主張している。[*91] 中央を舞台とする戦争に関する彼の予測は、「推測航法」に対する信頼に基づいている。この「推測航法」とは、航海術の用語から拝借し、水先案内人や船長の能力に注目するものであり、船舶の出発地点と周囲の状況を知り、測程儀や羅針盤などを読み、数値計算だけで自分の位置を推測する方法である。

指揮官や意思決定者は戦争の始まり方や勃発時点に存在していた基本条件について多くのことを知っているかもしれない。あるいは、戦争勃発前には知られていなかった情報でも、適切に特定すれば、後日入手できるようになるかもしれない。戦争勃発以降、指揮官や意思決定者は、自分の所属する組織や軍隊の外部からすべての情報を完全に遮断され、おそらくそれ以上に深刻な状況に陥るとしても、少なくとも出来事の内容や予定表の概略は頭に入っているであろうし、また相手側が推測航法を用い、和戦両様の構えを取るために（自国の兵站、軍隊、政策、その他の制約事項の情報を通じて）成し遂げようとすることへの十分な判断力を持っているかもしれない。[92]

カーンが指摘している通り、この推進航法の考え方は応用範囲が相当広い。彼は軍事的意思決定の様子を大半の民間研究者よりも詳しく観察してきた経験をもとに、「私が正面から論じているのは、軍司令部における意思決定の基本的様相の一つ——おそらく唯、一、の、基、本、的、様、相、——のことである」と主張している。少なくとも、これはカーンに思考を促す原動力になっている。

「シナリオ」と「戦争ゲーム（軍事シミュレーション）」は現代の戦略的思考を説明する概念であるが、外交政策だけでなく、ビジネス上の意思決定や政治運動などにも利用できる分析ツールの一部になっている。[93] また、合理的アクター・モデルも要約している。冷戦下の著名な戦略家アルバート・ウォルステッターは著名な（ランド）研究所が用いたゲーム理論の手段と

＊91　前掲書二一一ページ。
＊92　前掲書二一二ページ。
＊93　Kees van der Heijden, *Scenarios: The Art of Strategic Conversation* (New York: J. Wiley and Sons, 1996)

応用範囲の特徴を明らかにしている。

ランド研究所の研究者が代替防衛の実効性を測定する図上演習を実施する場合、一般的には防衛戦術をいくつか試し、敵側が当該戦術に反撃するのに利用可能な最適手段を推測する。さらに、別の戦術も試し、敵側が採用する可能性のある対抗手段も検証する。このような作業を何度も繰り返す。*[94]

この方法にはどのような特徴があるのか。ウォルステッターの言葉によれば、「わが軍に対して最悪の作戦を用いることが得策であると敵軍に思い込ませ、次に敵軍の最善の作戦に対して最も効果的に反撃できるのはわが軍のどの部隊かを見極める」ことである。敵軍がどういう行動に出るかという質問には、合理的な考え方をする相手がどういう行動に出るかを考えれば答えが得られる（政治運動の政敵、敵対的買収の標的、交渉の相手などを対象とする類似の分析作業でも、同じことが当てはまる）。*[95]

現在の戦略家が採用している洗練された標準的枠組みは、為政者に対して大いに訴えるものがある。なぜなら、為政者は不確実な情報を十分に理解できないままに決定を下さねばならないからだ。合理的アクター・モデルは、聞き慣れた日常的な言葉で問題と関係のある側面を簡潔に要約することを認めている。キューバ・ミサイル危機当時の国防長官ロバート・マクナマラは、同危機のちょうど四カ月前にミシガン大学の卒業式で演説した。その目的は、「アメリカが核作戦を計画してきた経緯を聴衆に示すことで、他国の核攻撃能力の存在が提起する問題を説明するとともに、戦略核戦力が果たす抑止力の重要性と限定的役割を強調すること」であった。マクナマラは間違った考え方を何度も述べた後、奇襲攻撃と紛争拡大の問題に話題を転じた。

「今日（一九六二年）の状況を見ておこう。第一に、現在の核戦力の均衡状態に鑑み、この状態は今後数年間維持されるであろうと確信しているが、核兵器による奇襲攻撃はどの敵国にとっても絶対に合理的行動ではない。さらに、ヨーロッパまたは他の地域における限定的戦闘が拡大した結果としての核兵器の先制使用も、敵国にとって合理的ではない。したがって、わ

*94 Albert Wohlstetter, "Analysis and Design of Conflict Systems," in *Analysis for Military Decision*, ed. E.S. Quade (Santa Monica: RAND Corporation, 1964), p.131.

*95 Howard Raiffa, *Decision and Analysis: Introductory Lectures on Choices under Uncertainty* (New York: Random House, 1968).

れわれはこれらのどの行動も極めて起こりにくくなっていると結論づけてよいと思う」[*96]

マクナマラは何を根拠にして、奇襲攻撃や戦闘拡大から核戦争に至る可能性が低いことをこれほど自信満々に発言していたのか。彼の議論には三つの段階がある。第一に、現実の世界――アメリカはソ連よりも戦略的に有利な立場にある――に関する事実を主張する。第二に、モデルに基づく理論的主張に移行する。すなわち、一般的に合理的に考えれば、敵国はアメリカの核戦力的優位性を認識しているので、奇襲攻撃や戦闘拡大によって核戦争を望む敵国はほとんど存在しないというのが主要な論点である。第三に、彼の議論の根底には、この世界で敵国の弾頭がアメリカやヨーロッパの領土内で爆発する確率はほとんどないという推測結果がある。

三〇年後、国防長官ウィリアム・ペリーの一九九六年度『大統領および議会に対する報告書』においても、冷戦後の抑止力に関する議論で同一の理論が用いられた。世界的紛争の脅威の減退を指摘しながらも、「地域的な紛争を抑止するために、われわれは前方展開戦力を有し、通常兵力を備えた強大かつ準備万端な軍隊を維持し、その存在感を知らしめ、その戦力を使用する意思を示す必要がある」と説いている。[*97] 文章はさらに続く。「交戦し、勝利する能力は必要不可欠であるが、その能力だけで紛争を抑止することはできない。抑止力は政治的意図と一体化した軍事力から生じるが、現実的な存在としてだけでなく、相手からも認識されていなければならない。信憑性は軍事力と同じように抑止力として重要なのである」。ペリーはこの点を抑止力の失敗例で説明した。たとえば、一九五〇年の朝鮮戦争直前には北朝鮮がアメリカの意図を疑い、一九九〇年にはイラクがアメリカの反発を誘発することなくクウェートとサウジアラビアに侵攻できるものと思い込んでしまった例がある。さらに、これらの事例と対照的な成功例として挙げたのは、一九九四年一〇月にイラクが再びクウェートとの国境に進軍したときのことであり、「今回はアメリカがペルシャ湾に向けて軍隊を緊急に追加配備し、政治的意図を明らかにした」と説明する。その結果、イラクの指導者サダム・フセインは軍隊を退却させた。「アメリカ軍の存在感と砂漠の嵐作戦（一九九一年の対イラク戦争で展開された多国籍軍による作戦）の教訓に鑑み、サダム・フセインは軍隊を帰陣させた。われわれは、高度な戦力を

＊96　一九六二年六月一六日、ミシガン州アナーバー市のミシガン大学の卒業式におけるマクナマラ国防長官演説。傍点は著者。マクナマラに対して公平を期すために追記するならば、この発言の後も、「どの国家も核戦争に至る方向へ一歩踏み出すことは合理的にはあり得ないということだけで、核戦争が起きるはずはないとはいえない」として、核戦争を引き起こす他の可能性について検証を続けていることは指摘しておくべきであろう。

＊97　Secretaty of Defense William Perry, *Report of the Secretary of Defense to the President and the Congress* (Washington, D.C.: U.S. Government Printing Office, 1996), p. x.

擁する軍隊を迅速に編成できる能力とこの戦力を行使する政治的意図の信憑性によって抑止力を発揮できたのである[98]」。

このような主題に関する最近の合理的選択理論の対応について、さらに明確かつ的確に表現するために、ゲーム理論の用語で質疑応答をまとめてみよう。モデラーの多くは中核となる合理的アクター・モデルを最小限に抑えたものを用いて興味深い新たな知見を提示しようとするが、彼らよりも事情通の専門家はハーバート・サイモンの指摘を認めている。すなわち、彼らの説明や予測に関する現実の作業の大半は、当該モデルとは無縁の補足的な前提が担っているということだ。さらに、悲しい事実であるが、標準形ゲーム理論をもって情報不足の現実世界の問題に深く取り組むほど、ゲームはゼロサム（参加者の得点と失点の合計がゼロになる）ではなくなり、相互の関係にも多くのアクターが参加するようになり、その理論が生み出す成果にも見るべきところはほとんどないという状況である[99]。シェリングやハワード・ラフィアなども失望感を認めており、後年この方法論を採用するようになった政治学などの分野でもこの現実に対する理解を次第に深めている。

ブルース・ブエノ・デ・メスキータとデービッド・ラルマンの共著『戦争と理性』（未邦訳）では、複数国間における競合的相互関係（特に、戦争が選択肢として考慮されている相互関係）の分析を試みている。*100 この著作は技術的に精緻なゲーム理論モデルの構築に向けた意欲の成果をまとめたものであり、重要な推測結果を得るだけでなく、演繹的仮説も統計的に検証している。具体的には、仮説を検証する証拠として、一八一五年から一九七〇年までのヨーロッパ諸国における約七〇〇件の相互関係をコード化している。このモデルを説明する際、前提を明確に定めている。すなわち、国家は単一の合理的アクターであること（「交渉や武力行使の決定が合理的に下される限り……、われわれのモデルでは、その決定を下すアクターが単独または集団

*98 前掲書。

*99 James D. Morrow, *Game Theory for Political Scientists* (Princeton: Princeton University Press, 1994) を参照のこと。また、Drew Fudenberg and Eric Maskin, "The Folk Theorem in Repeated Games with Discounting or Incomplete Information," *Econometrica* 54 (1988) も参照されたい。複数のナッシュ均衡（他のプレイヤーの戦略を所与とした場合、どのプレイヤーも自分の戦略を変更しても期待利得が改善できない状況）が存在するのかもしれない。ノンゼロサム・ゲーム（参加者の利益や損失の合計がゼロにならないゲーム）の場合、ナッシュ均衡戦略は必ずしも各プレイヤーの利得が同じになるとは限らず、「男女の争い（最終的には協調して同じ行動をとることを前提とするが、協調方法では異なる選択があり、複数のナッシュ均衡が存在するゲーム）」が説明する通り、これらのナッシュ均衡には互換性もないのである。安全保障研究に対する合理的選択理論に関する思慮深くも批判的な批評については、Stephen Walt, "Formal Theory and Security Studies," *International Security*, 23 (Spring 1999) を参照のこと。

*100 Bruce Bueno de Mesquita and David Lalman, *War and Reason*. (New Haven: Yale University Press, 1992). 彼らの主要モデルは二国（AとB）を前提とし、八通りの起こり得る結果を考えている。要するに、現状維持、交渉、A国の降伏、B国の降伏、A国が戦端を開く、B国が戦端を開く、A国の黙諾、B国の黙諾である。

のいずれであるかは重要な問題ではない」)。また、国家は「自分たちの期待効用を最大化すると国家が考える選択肢を選ぶことにより」[*101]、主観的期待効用の最大化を目指すことを前提としている。中核となる合理的選択モデルのゲームの決定的解決策から推論すると、彼らの分析ではこのモデルが制約条件をさらに必要とすることを認めている。たとえば、本件において、武力行使は、デモ、選挙での敗北、クーデター、戦争遂行資金の調達難など国内的代償を伴うという前提を考慮しなければならない。[*102] このような前提を追加しないのであれば、二国間モデルは何の意味もなくなる。

この著作の最大の成果は、彼らが報告する知見には注目すべき内容がほとんどないという点である。彼らの言葉を拝借すれば、「大雑把に申し上げると、戦争による期待利得から期待費用を差し引いたものが他の選択肢の期待結果を上回る場合、国家の指導者は戦端を開く」。換言すれば、戦争しても割に合うと国家が思うならば、国家は戦争を仕掛ける。彼らのモデルの当初挙げた前提が「プレイヤーは期待効用の最大化を伴う戦略を選択する」だったので、当初の結論は同語反復に終始している。彼らの結論は戦争が起きる筋道についてさらにいくつか指摘する。「戦争は一方の国家が相手国の意図をあまりにも楽観的に判断した場合に起きてしまうことがある。また、先制的武力行使に伴う優位性を譲ってしまうことに不安を覚えると、戦争は十分な情報を入手している状況下でも起きることがある。あるいは、戦争で期待される純利得が実物資産や有形資産として取得できる見込みがある場合、または期待される将来利得が戦争による期待利得よりも下回ることを避けようとする場合、戦争に走るかもしれない」[*103]。

中核となる合理的アクター・モデルの主観的期待効用の応用型も、最近の抑止力分析において幅広く利用されている。[*104] すなわち、二つの単一で合理的な国家の存在を前提とし、いずれか一国は軍事攻撃を開始するか否かを検討している。また、いずれの国家も自国の期待効用を戦争の期待費用、勝利の可能性、防御側による報復の可能性という観点で判断する。これらの前提をもとに、クリストファー・アチェンとダンカン・スナイダルは、報復の脅威が「戦争で獲得する利得よりも大したことはない」[*105] 場合を除き、その脅威の可能性が抑止力になるという仮説を立てている。予想される処罰が期待利得を上回るならば、敵国は戦争を思いとどまるで

＊101　前掲書二七、三五－三六ページ。（傍点は筆者）。ブルース・ブエノ・デ・メスキータとデービッド・ラルマンは単一アクターと選択肢の前提について論じている（p.41）。さらに、現実的政治と国内政治はアクターの目的関数のソースの違いをもとに定義されている（p.46）

＊102　前掲書四五ページ。

＊103　前掲書二五〇、四〇－五〇ページ。

＊104　ロバート・ジャーヴィスによれば、この「第二波」抑止力論は「最も有名かつ最も発展した」内容になっている。Jervis, "Rational Deterrence: Theory and Evidence," *World Politics* 41 (January 1989): 190 を参照のこと。

あろう。だが、防御側の報復の可能性、期待費用、勝利の成果など（要するに、防御側に抑止力が働く可能性）に関する潜在的攻撃側の判断について、研究者はどのように評価するのであろうか。ロバート・ジャーヴィスが適切に述べているように、「主観的期待効用が多くのことを教えてくれる前に、われわれのほうが多くの前提を設定しなければならない。たとえば、アクターはどのような状況に直面していると考えているのか、その目標はどの程度の優先順位なのか、検討対象の選択肢には何があるのか、相手はどのように反応する可能性があると考えているのか、などを事前に設定しなくてはならない[106]」

また、ジャーヴィスは合理的抑止理論が「合理性とは関係のない前提を数多く置いている」点にも言及している。たとえば、戦争を仕掛けてくる側は「危険を厭わず、機会の最大化を狙う国家」であり、主にその国家の外的状況が動機付けとなっている。[107]同じ状況に直面したときの期待効用について、各国が異なった考え方を持つ背景を説明するには、合理的アクター・モデルの守備範囲外の要因を注視する必要がある。加えて、抑止力理論の批判者は、一九四一年に日本がアメリカ攻撃を決定したことや一九七三年にエジプトがイスラエル攻撃を決定した事例などを証拠として示し、軍事的に優位な立場に立っていても、あるいは報復の脅威が相当大きい場合でも、抑止力が役立つとは限らないと指摘している。[108]リチャード・ルボウとジャニス・スタインが論じているように、日本とエジプトは抑止力理論が説いたことをすべて計算できたはずであるが、両国の期待効用がマイナス（国内政治的な不安を招来することや将来的損失を避けたいと願っていた）であったとしても、それでも攻撃することを選んだのである。前述の「合理性定理」の説明にある通り、合理的アクター・モデルの定義はかなり柔軟なので、これらの例外（またはそれ以外のもの）を事後的に拡大解釈して組み入れることは可能である。だが、ジャーヴィスが適切に結論を下しているように、「実証的事実に合致する主観的期待効用において、主観的要素は大きな位置を占める。これは価値観や効用だけでなく、手段と目的に関する極めて重要な考え方、相手側に対する認識、他の代替策の予想結果に対する評

*105 Christopher Achen and Duncan Snidal, "Rational Deterrence Theory and Comparative Case Studies," p. 152. この二人の共著者が指摘する通り、この理論は報復の脅威が存在しないか信憑性に乏しい場合には抑止が失敗に終わることも予測している。

*106 Jervis, "Rational Deterence: Theory and Evidence," p. 184.

*107 前掲書, p. 190（傍点は筆者）。リスク傾向に関する合理的抑止理論の前提に関しては、Richard Ned Lebow and Janice Gross Stein, "Rational Deterrence Theory: I Think, Therefore I Deter," *World Politics* 41 (January 1989) を参照のこと。

*108 前掲書 Robert Jervis, Janice Gross Stein and Richard Ned Lebow, eds., *Psychology and Deterrence* (Baltimore: Johns Hopkins University Press, 1985); Richard Ned Lebow, *Between Peace and War: The Nature of International Crisis* (Baltimore: Johns Hopkins University Press, 1981) も参照されたい。

価についても当てはまるものだ」[109]。

他の学者は基本的な合理的アクター・モデルを用い、国家が他国の攻撃を抑止することに成功した例や失敗した例から帰納的に一般論を導き出している[110]。アメリカの政治学者であるアレキサンダー・ジョージやロバート・ジャーヴィスはこの手法の有力な論者である。ジョージはアメリカの歴史・政治学者リチャード・スモークとともに一九四八年六月のベルリン封鎖を研究し、抑止力はどのような「段階を経て」失敗することがあるかを示した。ソ連がアメリカの不意を突いて完全封鎖を実行できたのは——ソ連が封鎖に踏み切ろうとする兆しがなかったからではなく、四月以降その前兆は何度も見えていたのに無視されてきたからだ、と彼らは主張している。アメリカは六月の封鎖を抑止する機会をその都度見逃してきた。ソ連が何度動きを見せてもまともに反応せず、その度に決定的な行動の機会を逸し続けたのである[111]。

アメリカの政治学者ジェームズ・フィアロンは「戦争に対する合理主義者の説明」に関する論文において、新現実主義者や期待効用理論なども含め、戦争が最も合理的な選択肢であるとする説明では理解も解決もできない中心的難問から始めている。すなわち、フィアロンは「戦争には少なからぬ代償が伴うのに、合理的な国家が取引よりも戦争を選ぶ理由は何か」という問いから着手している。合理性の理論に従うならば、両当事者が好む選択肢が存在するのであれば、彼らはそれを選ぶであろう。それならば、生命や財産を失わずにすみ、しかも実質的に戦争の結果に等しい成果を得られる交渉による取引のほうを選べばよいのに、なぜそうしないのか。そこで、フィアロンは全般的に理性的な国家（図1の「概念的国家」）の間で交渉が失敗するのはいずれも次の二つのうちの一つであると推論する。一つは、国際間には合意を強制履行させる上位権限者が存在しないので、国家は戦争よりも望ましい交渉を差し控える可能性がある。もう一つは、国家はより優位な立場で交渉しようと考えるので、自国の意思や国力に関する事実を意図的に不正確に伝える（自国の軍事力に関する情報を隠し続けるか、歪曲し続ける）場合である。他には誤算や誤解がないのに、国家意思や国力に関する合理的な誤算によっ

*109 Jervis, "Rational Deterrence: Theory and Evidence," p. 207.

*110 たとえば、Alexander L. George and Richard Smoke, *Deterrence in American Foreign Policy* (New York: Columbia University Press, 1974); George, *Forceful Persuasion: Coercive Diplomacy as an Alternative to War* (Washington, D.C.: U.S. Institute of Peace Press, 1991); George, "The Causal Nexus between Cognitive Beliefs in Decision Making Behavior: The Operational Code Belief System," in *Psychological Models of International Relations*, ed. Lawrence S. Falkowski (Boulder: Westview, 1979); Robert Jervis, *The Logic of Images in International Relations* (Princeton: Princeton University Press, 1970); Jervis, *Perception and Misperception in International Politics* を参照のこと。

*111 George and Smoke, *Deterrence in American Foreign Policy*, p.128. ジョージとスモークは前提を明確に述べている。すなわち、「抑止関係にある双方は単一で合目的なアクター（合理的アクター）であり」、そして「抑止関係のアクターによる報復や選択は、ただ一つの一般合理性を前提に置くことによって推定できる」（p.504）。

て戦争になる可能性のある理路を詳述することに関し、フィアロンは多大なる貢献を果たしている。フィアロンが「合理主義者が時に非合理的に設定する前提[*112]」と命名したものの多くを排除することにより、当初の合理的選択のモデルは相当改良されている。しかしながら、フィアロンも率直に認めている通り、「要するに、戦争のことを説明するために、合理性の前提が真に意味することへの理解が深まれば、個別の非合理的な……要素の重要性に対するわれわれの評価も意外に高くなるかもしれない。たとえば、その特徴が明らかになれば、相対的国力に関する論争の原因としては、限定合理性のほうが軍事力に関する機密情報よりも重要に思えるかもしれない[*113]」。

## 古典モデルの変種と適用

本章の図1で示した通り、基本的な合理的アクター・モデルは変種の一群に共通した特徴を抽出したものである。縦軸は完全合理性という前提から始まり、特定の主体が持つ限定的な認識と推測に移行する。横軸は概念的国家に始まり、統治形態の種類、特定国家、そして特定された指導者へと伸びていく。両軸に沿った相違点は、前述において再検証された国際関係に関する最近の理論的方法のなかで説明されている。

最も単純な形態では、合理的アクター・モデルは目的と行動を結びつけて考える。たとえば、アクターの目的を知っていれば、相手が起こしそうな行動に関する重要なヒントが得られる。アクターの行動を観察してその目的の内容を考えることにより、相手が行動を起こす前に目的をうまく特定できれば、その行動がどのようなものであっても、その行動の理由について説得力のある仮説を立てることができる。だが、このあまりにも単純な例では、同語反復の恐れがあることは明らかである。子どもが自分の行動を弁解するときの言葉を思い出してみよう。

「やりたかったから、やったんだよ」

相手が欲していたことを裏付ける証拠が行動だけならば、この二つのことは経験的に同じことである。

本格的な合理的アクター・モデルには目的だけでなく、アクター自身が認識している状況についての評価も含まれている。このモデルでは、エージェントが賛否両論を選択肢として脅威と機会を提示する。アクターは自分の利得を最大化するような選択肢を選ぶ。このように、

＊112 Fearon, "Rationalists' Explanations for War."
＊113 前掲書四〇九ページ。

エージェントが起こした行動を説明するとき、またはエージェントが起こしそうな行動を予想するとき、研究者が検討すべき対象としては、アクターの目的のほかに、アクターが確認している選択肢、各選択肢に伴うものと推定する費用と便益、リスクを引き受ける覚悟の程度などがある。読者がアクターの起こす行動――たとえば、通学先として選んだ大学――を推定するならば、アクターがY大学よりもX大学を選んだ事実は、アクターの目的という要因でどれほど説明できるだろうか。実際の例では、学生が下す選択肢の評価、費用と便益の見積もり、リスク負担の心構えも重要な要因であることがほとんどであった。

シェリングが指摘するように、合理的アクター・モデルの最大の長所の一つは、「自分に冷静な判断力があればどのように行動するかを考えてみると、実際の経験がなくても、人々の行動を予測できる。無償で多くの行動を身代わり体験的に理解できる」[*114]ということだ。だが、この長所は重大なリスクを伴う。研究者のなかには、このモデルの使い勝手が良すぎるために、机上の空論を振り回し、アクターの目的、選択肢、評価が実際にはどうであったのかという証拠もなく、論理的な推論だけに頼って結論を下す向きもある。これでは、陰謀論者の誤った議論に対して無防備な状態に置かれてしまうのである。想像力豊かな研究者ならば、(意図的でなければ、無関係の)結果から想像的な(ただし、現実離れした)目的に至るまでを論理的に組み立て、アクターが「持っていたに違いない」目的（ただし、信じがたい）を創作できる。さらに、研究者に選択肢、評価、リスクに対する姿勢に関する前提も認めてしまうと、整合性のある合理的アクター・モデルは無数に作れるようになる。

最も根拠薄弱なモデルであるホモ・エコノミクス（経済人、経済的合理性のみに基づいて個人主義的に行動する人間）は、ポリス・ストラテジコス（戦略的国家）として再登場する。一般的な推論結果を導くには、地政学的状況（国力の分布、地形、脅威均衡、技術利用に向けた既存のハードウェアとソフトウェアなど）に国家の最低限の目的を加味して分析することだ。

たとえば、一九三〇年代後半、ヨーロッパの中央部に位置するドイツは第一次世界大戦直後の懲罰的な和平条約に従っていたが、潜在的な敵国に東西双方から挟まれ、不況と超インフレにも見舞われていた。このようなドイツが怒りっぽく、自己主張が強く、既存の価値観を修正しようとするだろうと説明（または予測）するには、前述のような分析で十分であった。さらに、ヒトラーがドイツの首相に就任した時、イギリス政府はヒトラーの存在が火に油を注ぐことになる恐れがあると危惧していた。だが、一九三八年、ヒトラーは世界に対し、ドイツが

*114 Schelling in Archbald, *The Strategy Interaction and Conflict*, p.150.

チェコスロバキアのドイツ系住民保護のために同国との些細な領土問題の解決策を提示すると告げたが、イギリス政府は「ヒトラーが本当に欲しているものは何か？」という問題を見極める必要があった。ヒトラーの野望は平和的に満たされるものなのか。イギリスの首相ネヴィル・チェンバレンは、チェコスロバキアに暮らすドイツ語圏の人々が抱える当然の懸念も含め、ドイツが迫害されていると感じることに正当な理由があると考えた。また、大ドイツにチェコスロバキアの一部を平和的に割譲すれば、第一次世界大戦後にドイツがヴェルサイユ条約で負った精神的苦痛を和らげ、第二次ヨーロッパ戦争を防ぐことにもつながるので、妥当な要求であろうと思ったのである。[*115] 加えて、ヒトラーとの面談を通じ、その人物を「彼の表情に無慈悲と冷酷さを見たように思ったが、約束したことには信頼が置けそうな人物という印象を受けた」と評価していた。[*116]

だが、それは間違っていた。ヒトラーを（急進的ではあっても）正常で正当な不満を感じながら限られた目的しか持たないドイツ民族主義者と思い込んでいたために、チェンバレンは注目すべき特異な目的の詳細な検証を怠り、重要なヒントを見逃してしまった。ヒトラーは自分の野望を著書で詳細に書いており、ドイツ膨張主義（生存圏またはレーベンスラウム）とドイツ人を支配者民族とする独特な民族理論を明確に説明していたのである。[*117]

イギリスの首相ウィンストン・チャーチルは、波乱万丈の日々のなかで権力の座から離れていた頃、ヒトラー著『わが闘争』（角川文庫刊）を熟読し、彼の権力掌握に至るまでの戦略を注視した。実際、早くも一九三三年にはヒトラーの凄まじい「悪意」に警鐘を鳴らしていたのである。*118 一九三六年、ドイツがヴェルサイユ条約の取り決めを一方的に破棄してラインラントに進駐し、その後オーストリアを併合（アンシュルス）すると、チャーチルはチェンバレン政権が敵国を理解していないと激しく非難した。*119 かくして、チェンバレンはヒトラーが不戦の覚書に署名したミュンヘン会談から帰国し、「私が思うわれわれの時代の平和……それは名誉ある平和」を取り戻したと宣言した。だが、チャーチルは「違う」と言った。彼の著書によれ

*115 イギリスの歴史家ロバート・アレキサンダー・クラーク・パーカーは、*Chamberlain and Appeasement: British Policy and the Coming of the Second World War* (New York: St. Martin's Press, 1993) という大著を見事にまとめている。チェンバレンの証言によれば、ヒトラーはベルヒテスガーデンにおける英独首脳会談までにズデーテン地方のドイツへの平和的段階的編入で妥協するという (pp. 151-67)。
*116 Keith Feiling, *Life of Neville Chamberlain* (London: MacMillan and Co., 1946), p. 367.
*117 ヒトラーの初期の意見については、Gerhard L. Weinberg, *Germany, Hitler, and World War II: Essays in Modern German and World History* (Cambridge: Cambridge University Press, 1995), pp. 30-56 の優れた要約を参照のこと。
*118 Martin Gilbert, *Churchill,: A Life* (London: Heinemann, 1991), p.513.
*119 前掲書五五二ページ。

ば、「イギリスとフランスがチェコスロバキアに圧力をかけて領土の一部を割譲させることは、西欧民主主義国がナチスの軍事的脅威に対して完全に降伏するということだ。このような弱腰はイギリスにもフランスにも平和をもたらさず、安全保障にもならない。それどころか、この英仏両国をかつてないほど脆弱で危険な状況に追いやることになる……小国を貪欲な敵国に投げ与えれば安全保障が得られるという考え方は致命的な妄想である[*120]」

ドイツ出身のアメリカの歴史学者ガーハード・ワインバーグは、今思い返すと、ヒトラーの目的には一貫性があっただけでなく、極めて珍しいものでもあった、と断じている。

「確かに、ドイツの他の指導者ならば思い切った決断が本当にできたかといえば疑わしい。また、ヒトラーは何人もの顧問から真摯な諫言を受けたが、彼の信念を強めたにすぎなかった。すなわち、自分は有能で意欲的な一人の男であり、ドイツを導き、世界を戦争に引きずり込むのが自分の役割であるとの確信が強まるだけであった[*121]」

もう一つの例を挙げよう。一九九〇年夏、イラクがクウェートとの国境近くに大軍を集結させたとき、西側諸国の指導者は新たな独裁者の目的と計画について推測した。アメリカ政府高官にとっての難題は、「イラクは何を得たいのか、この動きは何を目的とした可能性があるのか」を把握することであった[*122]。そこで、まずはイラクという「特定国家」のことから着手し、イラクが直面した具体的な状況下における近代史を勘案しながら検討を始めた。当時のイラクは、大きな犠牲を払いながら一〇年近く続けたイランとの戦争を終結させてからまだ何年も経っていなかった。巨額の国内財政負担と軍事費の無駄遣いにより、イラクは対外債務の重

*120 Winston S. Churchill, *The Gathering Storm* (Boston: Houghton Mifflin, 1948), pp. 303-04.（抄訳はウィンストン・チャーチル『第二次世界大戦1』河出文庫）その後の数ヶ月において、チャーチルはチェンバレン首相と自分の意見が相当異なることを次のようにさらに明確に強調した。「首相は最も断固たる性格を帯びた極めて重要な政策を追求している、と誰もが考えているに違いない。彼はなすべきことや今後起こりそうなことについて確固たる自らの見解を持つ……ヒトラー氏（Herr Hitler）からヨーロッパ大陸での領土拡張はこれが最後であると聞き、首相はこれに納得している。要するに、チェコスロバキア共和国併合により、ナチス・ドイツ政権の野望は十分に満たされた……ドイツの旧領回復はイギリスとドイツの間に長期的で良好な信頼関係をもたらすであろうと首相は見ている……チェンバレン氏はこれらのすべてが一般協定への契機となり、不満を抱く国家に対する宥和政策となり、そして永続的平和に至ると確信している。だが、すべては期待と憶測に基づいたものであり、逆の可能性もすべて考慮に入れる必要がある。「来年の今頃までには、ヒトラー氏とドイツのナチス党に対する首相の評価の当否もわかるであろう。同じ頃には、宥和政策によってヒトラー氏の野望は満たされたのか、あるいは貪欲の炎に油を注いだだけに終わったのかもわかるであろう」（前掲書三三三〜三四ページ）

*121 Gerhard L. Weinberg, *A World at Arms: A Global History of World War II* (Cambridge: Cambridge University Press, 1994), pp. 29-30.

*122 State 236637, "Iraqi Letter to Arab League Threatening Kuwait," 19 July 1990, quoted in Michael R. Gordon and General Bernard E. Trainor, *The Generals' War: The Inside Story of the Conflict in the Gulf* (Boston: Little, Brown, 1995), p. 15. 総合的な参照文献としては次のものがある。Zachary Karabell and Philip Zelikow, "Prelude to War,: U.S. Policy toward Iraq, 1988-1990," Kennedy School of Government Case C16-94-1245.0 (Cambridge: Harvard Unversity Press, 1994).

圧に苦しんでいた。イラクはこの戦争で唯一の海への出口であるシャットゥルアラブ川を失ったので、新たな港湾施設が早急に必要となり、そのためにはクウェートから海岸のごく一部を併合できればよかった。独立系の観測筋はクウェートとの国境紛争に関するイラクの要求に利点——特に、国境の両側から掘削できる地下油田について——を認めた。これで、ブッシュ大統領はイラクが富裕な弱小隣国クウェートに対して金銭の要求だけでなく、多少の領土的調整も求めてくると思ったのかもしれない。

「人格的国家」とサダム・フセインの独特な性格に焦点を絞ると、西側諸国の指導者には彼の行動が冷酷なイラクの暴君の振る舞いとして納得できるように思えた。さらに、イラクとフセインを西側諸国以上に知り尽くしているはずの近隣諸国も同じ意見であった。たとえば、クウェートは、イラクに対して若干の妥協は必要であろうが、サダム・フセインは単に駆け引きをしているだけである、と考えていた。駆け引きの目的に関しては、エジプトもクウェートと同じ見解であった。ブッシュ大統領はヨルダンのフセイン国王と相談し、「状況は想定の範囲を超えることはないでしょう」と期待感を示した。フセイン国王も、「その可能性はないでしょうし、想定内で収まると思います」と応じた。アメリカの国務長官ジェイムズ・ベーカーはソ連の外務大臣エドゥアルド・シェワルナゼと協議した。ソ連はイラクにとって長年にわたる最も重要な擁護者だったからだ。ベイカー国務長官によれば、シェワルナゼ外相は「あの男は悪党みたいな奴かもしれないが、分別がないわけではない。今回の行動は理不尽であるが、これで何かが起きるとは思えない」と打ち明けている。[*123]

このように、イラクの軍事行動はクウェートとの国境に隣接した紛争中の油田に限定したものであろうというのが衆目の一致した見方であった。だが、八月二日にイラクの攻撃が開始されると、この見方は崩れた。イラクの戦車はクウェート全土を我が物顔で制圧し、しかもその勢いは止まることを知らず、サウジアラビアまでも威嚇しかねないほどであった。

以上の二つの例——ヒトラーとサダム・フセイン——において、西側諸国の指導者は合理的アクター・モデルをもとに不可解な国家行動を説明し、予測しようとした。まずはごく限られた中心人物と最低限の対象から始め、特有の価値観や考え方を持つ特定の指導者に焦点を当

*123 一九九〇年八月初、ベイカー国務長官はシェワルナゼ外相とイルクーツクで会談していた。ベイカーの回想は次の文献から引用したものである。Freedman and Karsh, *The Gulf Conflict*, p.77. イラク侵攻後、モスクワ会議でこの論評や類似の意見が出たという指摘については、次の文献におけるこの点に対する簡潔な言及を参照のこと。James A. Baker III with Thomas M. DeFrank, *The Politics of Diplomacy: Revolution, War and Peace*, 1989-1992 (New York: G. P. Putnam's Sons, 1995), p. 274.（邦訳はジェームズ・ベイカー他『シャトル外交激動の四年』仙名紀訳、新潮文庫）

てることで分析を高度化した。だが、この二人を典型的な民族主義者として考えるだけでは、かなり特異な価値観や考え方その他の要素の説明には如何にも不十分であり、詳しい手掛かりが更に求められるところである。しかしながら、二人とも極めて独特な価値観や考え方を反映した行動を取っているので、個別の性格や認識を徹底的に分析しない限り、彼らを理解することは難しいであろう。実際、ヒトラーは相当変わった世界観と個人的な使命感を持っていた。フセインはアラブ世界における彼自身の歴史的運命に対して極めて個人的なイメージを思い描いていた。また、特にアメリカに対して侮蔑的なイメージを抱いていたのは、一九七〇年代と一九八〇年代に起きた中東問題の影響もあったと思われる。

　指導者のことを詳細に調べるならば、三種類の主要な判断を下すために、さらに多くの情報を必要とする。システム科学者のジェフリー・ヴィッカース卿が指摘する通り、重要な問題は、アクターが「『体制の状態』に関する情報を選択し、入手し、表現する方法はどのようなものか。すなわち、この情報の価値を判断する基準はどのように得られたのか。その基準はどのように選択され、どのように対応するのか」ということである。さまざまな意見の三角地帯のなかで、これら三種類の判断項目――価値観、現実性、有用性――を同時に検討することができる。[*124] 別々の項目ではあるが、これら三つの判断はすべて合理的アクター・モデルの枠組みのなかに収束する。価値判断（国家が重視するもの）は目標と目的に影響を与えるだけでなく、国家が注視しようとする現実性の側面にも響いてくる。価値観と現実性の判断は深く結びついている。「なぜなら、事実は価値判断に関連するときだけに意味があり、価値判断は事実の内容に関連するときだけに働くからである」[*125]。次に、価値判断は有用性の評価によって影響を受けることがある。国家が必要とするものは、国家が入手可能と考えるものによって左右されることが多いからだ。ヴィッカース卿によれば、これらの判断は混じり合いながら、状況に対するエージェントの「評価」を形成するという。加えて、「このような判断とは、うまく表現すれば、当該状況のある側面を他よりも際立たせるとともに、その状況を分類し、価値判断を加えるうえで他よりも優れた方法を明らかにする一連の基準のことである」。要するに、評価システムはこれらの基準で構成されるのである[*126]。

このような複雑な意見を徹底的に掘り下げて研究する分析の貢献に関し、政治学者アーロ

*124 Vickers, *The Art of judgment*, pp. 51-52.（ヴィッカース卿の有益な判断項目の代わりに）評価、情報、動機で構成される類似の「戦略的選択に関する黄金の三角地帯」に関しては、次の論文を参照されたい。Richard J. Zeckhauser, "The Strategy of Choice," in *Strategy and Choice*, ed. Richard J. Zeckhauser (Cambridge: MIT Press, 1991), p.2 and Figure 1.1.

*125 Vickers, *The Art of Judgment*, p. 54.

ン・フリードバーグはイギリスが帝国主義勢力としての衰退を自ら認め、この状況に適応していく過程の研究のなかで説明している。フリードバーグは、国家の行動を説明するうえで、権力の特徴と地政学的立場に関する現実主義者の前提を評価している。だが、今度は特定できない高官について説明するという難題に取り組んでいる。彼らの一部は権力を誇示するものにほとんど目を向けないか、まったく関心を示さないし、一貫した国家戦略も選定していないのである。イギリスがこのような動きを見せた重要な要因は、「国家と中央政府内部で権力が集中している」国家とは対照的な同国の「無秩序な民主主義」にあった。フリードバーグは、「イギリスの衰退は徐々に広まる知的発展の結果として進行し、断続的な危機を経るたびにますます顕著になっていった」と断じている。*127 これほど複雑な問題を分析するに際し、本章の前半でまとめたさまざまな理論的洞察が利用され、しかも縦横に駆使されている。*128

ある国家の主観的な認識が同程度に詳細な他国の認識や選好と組み合わさると、状況を余計に複雑にしてしまう。このような方法で書かれた最近の著作のいくつかでは、英語とロシア語の情報源に基づき、米ソ対立が検証されている。アメリカの政治学者ウィリアム・ウォルフォースは重要な戦略的均衡に対する双方の主観的認識の揺れを説明するが、その認識は国力を示す客観的諸データと一致しないことが多い。ウォルフォースが指摘するように、その結果

*126 前掲書八二～八三ページ。ヴィッカース卿とハーバート・サイモンの間の見解に関する本文以外の相違点については、前掲書三六ページを参照のこと。また、Fred I. Green Stein, *Personality and Politics: Problems of Evidence, Inference, and Conceptualization* (Princeton: Princeton University Press, 1987) も参照されたい。他の一連の理論的著作は「構成主義」と呼ばれることが多いのは、その由来が国内外のいずれを問わず、社会集団を対象とし、国家の固有性と利益の社会的構成を検証することにより、アクターの評価システムを再構成するからだ。構成主義者が依然として国家を基本単位（合理的アクター・モデルと合致）としているのは、国家の行動において構成された固有性の表現を強調するためである。次の文献を参照のこと。Peter J. Katzenstein, ed., *The Culture of National Security: Norms and Identity in World Politics* (New York: Columbia University Press, 1996); Friedrich Kratochwil and John Gerald Ruggie, "International Organization: A State of the Art on an Art of the State," *International Organization* 40 (1986): 753-75; Friedrich Kratochwil, *Rules, Norms and Decisions: On the Conditions of Practical and Legal Reasoning in International Relations and Domestic Affairs* (Cambridge: Cambridge University Press, 1989); Richard Ned Lebow and Thomas Risse-Kappen, eds., *International Relations Theory and the End of the Cold War* (New York: Columbia University Press, 1995); Alexander Wendt, "The Agent-Structure Problem in International Relations Theory," *International Organization* 41 (1987): 335-70; Wendt, "Anarchy Is What States Make of It"; and the illustration in Daniel Friedheim and Alexander Wendt, "Hierarchy under Anarchy: Informal Empire and the East German State," *International Organization* 49 (1995): 689-721.

*127 Aaron L. Friedberg, *The Weary Titan: Britain and the Experience of Relative Decline, 1895-1905* (Princeton: Princeton University Press, 1988), pp. 288, 290.

*128 このような分析の好事例としては、次の文献も参照されたい。Fareed Zakaria, *From Wealth to Power: The Unusual Origins of America's World Role* (Princeton: Princeton University Press, 1998); Randall Schweller, *Deadly Imbalances: Tripolarity and Hitler's Strategy of World Conquest* (New York: Columbia University Press, 1998). また、たとえば、次の文献と比較してみること。G. John Ikenberry, "Creating Yesterday's New World Order: Keynesian 'New Thinking' and the Anglo-American Postwar Settlement," and Stephen D. Krasner, "Westphalia and All That," both in *Ideas and Foreign Policy: Beliefs, Institutions, and Political Change,* ed. Judith Goldstein and Robert O. Keohane (Ithaca: Cornell University Press, 1993), pp. 57-86, 235-64.

は国力が本当に重要な問題なのに、「国力、名声、安全保障の問題は、時に応じて、別の問題とともに、軽重さまざまに持ち上がる。厄介なことだ……勢力均衡に法則があるなら、超大国がすり抜けられるほど大きな抜け道のある法則である」[*129]

外交問題における国家と指導者のことを最も詳細に説明する場合でも、常に信頼を置いているのが基本的な合理的アクター・モデルの前提と論理であることはやはり明らかである。すなわち、特定の目的を持つ単一のアクターは、価値最大化を目指して行動するということである。欧州連合（ＥＵ）やＩＭＦなどの国際機関から赤十字のような非政府組織（ＮＧＯ）あるいは国際的企業など非国家的アクターの行動を説明する場合でも、このモデルと論理が最も有力である。このモデルがこれほど広まっている理由の一つは説得力が極めて高いことである。ただし、キューバ・ミサイル危機に関する重要な問題に目を転じれば、その説得力にも何らかの限界があることは明らかである。

*129 William Curti Wohlforth, *The Elusive Balance: Power and Perceptions during the Cold War* (Ithaca: Cornell University Press, 1993), pp. 299, 306; Ted Hopf, *Peripheral Visions: Deterrence Theory and Soviet Foreign Policy in the Third World*, 1965-1990 (Ann Arbor: University of Michigan Press, 1994). 米中間の相互作用に関し、次の文献では、両国の国力の認識と国内事情が同じように重視されている点を参照のこと。Thomas Christensen, *Useful Adversaries: Grand Strategy, Domestic Mobilization, and Sino-American Conflict* (Princeton: Princeton University Press, 1996).

第2章

# キューバ・ミサイル危機――第一モデルによる分析

The Cuban Missile Crisis: A First Cut

2

一九七四年に製作された米テレビ映画『十月のミサイル』で描かれたキューバ・ミサイル危機は、研究者にとって興味深い難問の宝庫である。[*1] 一九六二年一〇月、アメリカ合衆国とソビエト社会主義共和国連邦は戦争の瀬戸際に立っていた。一三日間にわたり、米ソ両国は互いに相手を壊滅できる戦力を備えながら「互いに譲らぬ」対決を続けた。両国政府の指導者は、戦端が開かれるとすぐに双方から熱核兵器が発射されて数百万人もの犠牲者が出ることを理解していた。キューバで戦争が始まっていたら、ソ連はすかさず西ベルリンを包囲したか、トルコに

*1 本章では第一モデルの研究者によるキューバ・ミサイル危機の重要な難題の説明を提示する。その目的は、説得力のある古典的な説明を示すことである。

あるミサイル基地を攻撃したであろう。その結果、戦火は各地に拡大し、ほどなく熱核戦争に突入していた恐れがあった。キューバをめぐる武力衝突が現実に起きていたら、世界の歴史はほとんど想像できないほどに様変わりしていたことだろう。

今となれば、このような理論的可能性はあまりにも突拍子もなく、あるいは恐ろしすぎることのように感じられ、あたかも夢物語やSF映画の話かと思ってしまうかもしれない。だが、それは現実だった。両国は戦争の瀬戸際にまで追い込まれていた。双方の指導者は想定内のリスクを受け入れたが、知らず知らずのうちに想定外のリスクを自ら招いてしまっていたのである。なぜなのか？　危機に直面した日々において、アメリカは揺るぎない態度を保ちつつ、自制心も働かせた。ソ連は強硬姿勢を見せながらも、二度戸惑いを見せ、最終的には撤退した。当時のことを振り返れば、改めて問いたくなる。なぜなのか？

思い返すと、このキューバ・ミサイル危機は冷戦における重要な分水嶺であったことがわかる。両国は核戦争の断崖絶壁の淵をのぞき込んだ後、緊張緩和（デタント）の方向へ退いていった。一九六二年一〇月の最後の二週間ほど、米ソ核戦争勃発の危機が高まったことはなかった。だからこそ、この危機の様相について理解を深めることは、外交問題を真剣に学ぶ人々にとって必要不可欠なことなのである。

ソ連の最高指導者ニキータ・フルシチョフ。（出所）AP通信社ワイドワールドフォトズ

この二つの超大国はどのようにして核戦争寸前まで進んでしまったのか、そして危機的状況に直面したとき、両国はどのようにしてそこから引き返すことができたのか。これらを理解するためには、次の三つの重要な問いに答える必要がある。第一に、ソ連が攻撃用ミサイルをキューバに配備しようとしたのはなぜか。第二に、ソ連のミサイル配備に対し、アメリカがキューバの海上封鎖で対応することを選んだのはなぜか。第三に、ソ連がミサイル撤去を決断したのはなぜか。幸いなことに、この危機に関しては、ホワイトハウス内部での議論のほとんどを録音したテープも含め、入手可

能な豊富な証拠が存在するので、自信を持って米ソ両国の思考過程を再現できる。

## ソ連がキューバに攻撃用ミサイル配備を決定した理由

一九六二年の夏が終わる頃には、ソ連が大量の武器とある程度の兵員を動かし、アメリカの脅威に対抗するためにキューバの防衛力を増強していることは周知の事実であった。そして、このソ連の積荷のなかには核兵器も含まれているかどうかという問題が浮上した。ちなみに、ソ連が戦略核兵器を国外に配備したことは過去に例がなかった――ソ連帝国の衛星国である東欧の共産主義諸国だけでなく、共産主義政権の親密な同盟国である中国にも配備されたことはなかった。[*2]

ソ連政府は駐米大使アナトリー・ドブルイニンに対し、どのような質問を受けても、キューバに配備されるのは「防御用兵器」だけであると断言するようにと指示した。九月四日、ドブルイニンはケネディ大統領の実弟であるロバート・ケネディ司法長官にその旨を個人的に伝えた。ホワイトハウスがこれに安心し、ソ連がキューバに基地を建設している、あるいは弾道ミサイルを持ち込もうとしていることを示す証拠はない、と強く主張する声明文をその日のうちに公表した。「もしもそれが事実でなければ、重大極まりない問題が生じるであろう」。ドブルイニンはケネディ大統領の信頼が厚いセオドア・ソレンセン大統領特別顧問にも重ねて請け合い、「新たなことや特別なこと」は何も起きていないと付け加えた。実は、フルシチョフからの特別指示に基づき、ドブルイニンはホワイトハウスに対し、「アメリカの議会選挙［一一月初旬］以前に、国際情勢を悪化させたり、両国関係の緊張の度合いを高めたりするようなことは起こさない」[*3]と伝えていたのである。

さらに一週間後の九月一一日、ソ連政府はキューバでの活動に関する長文かつ明確な公式声明を追加した。この声明において、ソ連はキューバへの深い関与を認め、キューバ本土ならびにキューバ向け物資輸送中のソ連船舶に対して攻撃を仕掛けないようにアメリカを牽制する

*2 この「世間一般の通念」――ソ連は国外に中長距離核ミサイルを配備していないということ――は、世論の動向形成に重要な役割を果たし、その結果、後に世界を驚かせることになった。Theodore Sorensen, *Kennedy* (New York: Harper & Row, 1965), pp. 670-71, 673 を参照のこと。（邦訳はシオドア・ソレンセン『ケネディの道――未来を拓いた大統領』大前正臣訳、サイマル出版会）

一方、第三国への核兵器移転に関する方針に関して次のように繰り返した。

> ソ連政府はタス通信に対し、武力侵略に対する反撃や報復攻撃のために、わが国がいずれの第三国（たとえばキューバ）に対しても武器を移転する必要はない、と報じることを許可した。わが国の核兵器は凄まじい破壊力を備えており、核弾頭を搭載できる強力なロケットも保有しているので、国外に核兵器の配備場所を求める必要はないのである。＊[4]

これほど改まった公式声明が発表されたからには、事態は沈静化するものと思われた。もちろん、この声明に続き、ソ連高官全員がアメリカの高官との会話のなかで同趣旨のことを請け合った。ソ連側の意図は明らかであった。

アメリカ側の警告も曖昧なものではなかった。すなわち、公私双方のルートを通じ、ホワイトハウスはソ連に対し、アメリカはキューバに攻撃用兵器が配備されることを許さないと警告していたのである。両国ともに、アメリカが弾道ミサイルを「攻撃用」兵器と定義していることを理解していた。この点については、公式ルートとしては九月四日に発表されたホワイトハウスの声明で明確にされており、私的ルートでも疑問の余地はなかった。アメリカは自らの威信をこの警告に賭けたのである。九月七日、議会は大統領に対し、予備役を随時追加招集できる権限を付与した。九月一三日、ケネディ大統領は記者会見を開いたが、キューバにおけるソ連の軍備増強についてアメリカ国民に直接説明したのはこれが初めてであった。事実上、ケネディ大統領はソ連が九月一一日に表明した確約を受け入れた。キューバがラテンアメリカの国々に脅威を与え、あるいはソ連の攻撃基地とならない限り、アメリカがキューバ侵攻を命じることはないと約束したのである。その一方、もしもキューバが「ソ連を利するために相当な攻撃力を備える軍事基地と化した場合、わが国は自国と同盟国の安全保障を守るために必要なあらゆる措置を講じるであろう」とも明言した。*5

*3 ドブルイニンの説明に関しては、Anatoly Dobrynin, *In Confidence* (New York: Harper & Row, 1995), pp. 69, 74を参照のこと。彼とロバート・ケネディとの会談に関しては、前掲書六八～六九ページおよびRobert F. Kennedy, *Thirteen Days: A Memoir of the Cuban Missile Crisis* (New York: W.W. Norton, 1968), pp. 24-27を参照のこと。九月四日の声明文に関しては、Department of State, *Bulletin*, 24 September 1962, p. 450を参照のこと。ドブルイニンとセオドア・ソレンセンとの会談に関しては、Sorensen to the Files, "Conversation with Ambassador Dobrynin," 6 September 1962, John F. Kennedy Library (JFKL), Sorensen Papers, Classified Subject Files, 1961-64, Cuba, General – 1962; and Dobrynin, *In Confidence*, p. 68を参照のこと。

*4 この声明文の英訳（全一一ページ）は以下の文献で閲覧できる。JFKL, National Security Files (NSF), Box 36, Cuba, General-9/62. 引用部分は公表された以下の声明文からの抜粋である。"Text of Soviet Statement Saying That Any U.S. Attack on Cuba Would Mean War," *New York Times*, 12 September 1962, p.16（傍点は筆者）。

この警告がフルシチョフの耳に届いたのは間違いない。その証拠に、フルシチョフは九月二八日付けのケネディ宛親書のなかで、「大統領閣下、率直に申し上げざるを得ませんが、キューバへの威嚇を含めた閣下のお言葉はまさに信じがたいことであります」と怒りをぶつけている。予備役の招集は「情勢を悪化させ」、「火に油を」注ぐことになる。キューバに向けたこのような脅しは中世の山賊まがいの行為である、とフルシチョフは批判した。*6

表現はともかく、これらの掛け合いの様子はまともな外交の教科書的実践例のように見える。アメリカは「この事態に反撃するためにどのような戦略的転換の用意ができているか」*7を明確に示す方針を立てた。一方、ソ連は重要な利害関係の存在を認め、アメリカと基本的対立を招かない戦略を公表した。これは二つの超大国間の意思疎通や意図伝達のモデルケースでもあると思われる。アメリカは親書と公式な声明文を通じ、ソ連が決定的な一線（キューバへの攻撃用ミサイル配備）を越えれば、必ず行動を起こすという決意を明らかにした。その後のソ連の反応はいずれもアメリカの意図を理解し、メッセージを受け入れたことを示していた。*8当時も今も、このような方針はこの分野の最高権威が信奉している抑止力という教義に従うものであった。*9

しかしながら、アメリカ政府はソ連の意図に対する懸念を捨て去ることができなかった。

ニューヨーク州選出上院議員ケネス・キーティングが率いる野党共和党は、来たる議会選挙の第一の争点としてキューバにおけるソ連の軍事行動に狙いを定めていた。キーティングは、敵国の核兵器がアメリカにほど近い島に配備されていることへの不安を繰り返し表明した。ケネディ政権内部にも、ソ連は本当の計画を隠しているのではないかと疑問視する強硬派がいた。アメリカ中央情報局（CIA）長官ジョン・マコーンである。マコーンは確実な証拠を持っているわけではなかったが、キューバへの対空ミサイル配備が判明したことにより、どうにも胸

*5 *Public Papers of the Presidents of the United States: John F. Kennedy*, 1962, pp. 674-75.

*6 Khrushchev to Kennedy, 28 September 1962, in JFKL, NSF, Countries Series, USSR, Subjects, Khrushchev Correspondence, Vol. III-B—9/15/62-10/24/62.

*7 当時の意思決定者にとって、この対処法は以下の文献から引用された一節を体現したものである。Henry Kissinger, *Nuclear Weapons and Foreign Policy* (New York: Harper and Bros., 1957), p. 5 ff.（邦訳はヘンリー・キッシンジャー『核兵器と外交戦略』日本外政学会）

*8 この対処法は当時のアメリカ政府高官も承知しており、以下の著作によって著しい進展を遂げたものである。Thomas C. Shelling, *The Strategy of Conflict* (Cambridge: Harvard University Press, 1960), chapter 3.（邦訳は前出『紛争の戦略』）

*9 抑止力が効果を発揮した直近の対処法に関する最高の要約については、以下の文献を参照のこと。Alexander L. George and Richard Smoke, *Deterrence in American Foreign Policy: Theory and Practice* (New York: Columbia University Press, 1974), pp. 519-86; Alexander L. George, "Theory and Practice,"in *The Limits of Coercive Diplomacy*, 2d ed., ed. Alexander L. George and William E. Simons (Boulder: Westview Press, 1994), pp.16-20.

騒ぎを抑えられなかった。マコーンから見れば、対空ミサイルの配備に意味があるとすれば、アメリカを狙う弾道ミサイル基地の防御目的以外には考えられなかったからだ。

これらの警告、約束、言質に基づき、アメリカの予想は国家評価室（政府部内の情報分析官の見方を統合して国家としての予測を作成する機関）が作成する評価にまとめられた。一〇年間にわたり、この国家評価室を率いていたのは「アメリカの情報活動に関してはおそらく史上最高の専門家」シャーマン・ケントであった。[10] 九月一九日、ケントによる予測分析結果が政府高官に配付された。これには「キューバにおける軍備増強」というタイトルがつけられ、ご想像の通り、キューバでの長距離弾道ミサイル配備、それよりさらに可能性が高いミサイル搭載型潜水艦基地の建設により、ソ連は相当な軍事的利益を手に入れるという結論であった。「だが、いずれの展開も、現在までのソ連の動きやわれわれが現在予測しているソ連の方針に矛盾することになる」。なぜか。それは、キューバへのミサイル配備が「米ソ関係の危機レベルを従来よりも大幅に悪化させたいという意思表示になるからだ[11]」。

一九六四年のＣＩＡ部内誌で発表されたこの危機の分析レポートにおいて、ケントは専門家がソ連政府独自の見地から事態を観察しようとしていたと指摘した。ケントによれば、これまでの多数の事例においてこの手法が通用したのは、「他者」がまともな判断力を保ち、気まぐれに独断で決定を下すことはできず、自国内の伝統的勢力の力量とその利害関係に関する通念を理解し、事情を熟知しているからだという。[12] ケントの説明によれば、「本当の問題が生じるのは、これらの要素が当てにならなくなったときである。相手が『まともな』行動から大きく外れると、理解できなくなる恐れがある」[13]。

一〇月一五日から一六日にかけて、キューバにソ連の弾道ミサイルが配備されていること

*10 一九五〇年、ケントと歴史学者ウィリアム・ランガーは国家評価室と呼ばれるようになる機関を率いていた。一九七〇年代、この機関は改称され、現在では国家情報会議という存在に生まれ変わっている。ケントに関する引用は以下の文献に基づいている。Donald P. Steury, "Introduction," in *Sherman Kent and the Board of National Estimates: Collected Essays*, ed. Donald P. Steury (Washington, DC: Central Intelligence Agency, 1994), p. ix.

*11 U.S. Intelligence Board, "The Military Buildup in Cuba,"Special National Intelligence Estimate 85-3-62, 19 September 1962, in CIA History Staff, *CIA Documents on the Cuban Missile Crisis 1962* (Washington, DC: CIA, 1992), pp. 92-93.

*12 Sherman Kent, "A Crucial Estimate Relived, は当初 *Studies in Intelligence*, Spring 1964 の機密論文として発表され、後に Steury, *Sherman Kent and the Board of National Estimates*, pp. 184-85 において公表された。評価手法に関するケントの見解についての広範な説明は以下の文献を参照のこと。Sherman Kent, *Strategic Intelligence for American World Policy*, rev. ed., (Princeton: Princeton University Press, 1966). ケントの後継者の一人による評価手法に関する簡潔ながらも洞察力に富んだ議論は以下を参照のこと。Joseph S. Nye, Jr., "Peering Into the Future," *Foreign Affairs* 77 (July/August 1994): 82-93.

*13 Kent, "A Crucial Estimate Relived," p. 185. 最悪の事態を評価するときの議論については、同書一八一〜一八二ページを参照のこと。

が判明したと知らされると、ケネディと側近のほとんどは衝撃を受けた。「私の記者声明では、このような状況下でも、またわれわれが行動を起こすべき状況下でも、われわれにはまったく何もできないことが明々白々だったようだ。フルシチョフはわれわれがいずれ真実を知るようになることを知っていたに違いない。だからこそ、彼はとにかく……」と言い終わることなく、ケネディの言葉は途切れた。[*14] ケネディの危機に関する声明のなかで「秘密裏かつ迅速に行われたこの驚くべき共産主義者のミサイル配備」と呼んだ事実は、本当に厄介な問題を突き付けてきた。そもそも、なぜソ連はこれほど無謀な行動に走ったのか。核対決に突入する恐れが極めて高い一連の行動を正当化できる目的をソ連が持っていたとすれば、それはどのようなものか。これらはケネディの上級顧問団が一〇月一六日火曜日午前一一時五〇分に招集されたとき、最初に議論が戦わされたとされる問題である。ケネディは、「フルシチョフがキューバで目論んでいたことについて、われわれの判断は間違っていた。このことに疑問の余地はない」と認めた。ケネディはこの最初の日に少なくとも四回、ソ連がこのような動きを見せた理由がわからないと疑問を口に出し、「何というか、私にはさっぱり見当もつかないよ」と肩をすくめた。[*15]

この会議とその後も続いた一連の会議では、四つの仮説が論じられた。ソ連の行動を慎重

キューバの指導者フィデル・カストロ。（出所）AP通信社ワイドワールドフォトズ

に吟味すれば、危機の渦中にいた政策決定者よりも、われわれのほうが各仮説の違いをより明確に見分けられるはずだ。

**仮説①——キューバの防衛**

ソ連が大国であり、その重要な同盟国キューバが強大で威嚇的な隣国による攻

*14 Ernest R. May and Philip D. Zelikow, *The Kennedy Tapes: Inside the White House During the Cuban Missile Crisis* (Cambridge: Harvard University Press, 1997), p. 88（一〇月一六日午後六時三〇分の会議から録音が開始された）。引用部分はすべて同書ハードカバー版の第二版（またはそれ以降の版）に基づく。この第二版以降では若干の微修正が施され、発言者の識別も追記されている。初版は緊急出版の予定だったので、アメリカの政治・歴史学者アーネスト・メイとゼリコウは第二版以降にテープ起こしに伴うさまざまな難題を解明することができた。

*15 前掲書八九、一〇七ページ。

撃を恐れているということ以外は何も知らない研究者なら、大国ソ連が弱小同盟国キューバを援助しに来たと推測したかもしれない。ミサイルがキューバで発見された直後に作成されたCIAの最初の覚書の一つには次のように説明されていた。「ソ連指導部がキューバへの弾道ミサイル配備を決定したことは、カストロ政権の弱体化や転覆を狙うアメリカのあらゆる干渉を阻止しようとする決意の表れである。ソ連は友好的なカストロ政権が切迫した状況にあると判断した模様である」[*16]。一九六一年、CIAの訓練を受けた在米亡命キューバ人部隊が試みたキューバ侵攻は惨めな失敗に終わったが、ソ連から見れば、アメリカは今度こそ成功させるかもしれないと確信するうえで十分な理由になった。すなわち、ピッグス湾事件はアメリカがキューバを攻撃する可能性があることを証明してしまったのである。

一九六二年、ソ連のフルシチョフや他の高官は正にこの観点からキューバへのミサイル配備の正当性を主張した。ケネディがソ連によるキューバへのミサイル配備を世界に公表すると、ソ連はこれに応酬する際、キューバに対する援助は「キューバの防衛力増強を目的としたものばかりである」と強調した。[*17] キューバ危機の間中、ソ連はこの立場を保ち続けた。フルシチョフは、「ブルガリアへの公式訪問の間（一九六二年五月一四日～二〇日）、ある懸念が頭から離れなかった。それは、われわれがキューバを失えばどうなるのかということであった」と回顧している。*[18]

ソ連にしてみれば、キューバの防衛は深刻な問題であった。社会主義国家を自称するキューバは、西側世界における唯一の共産主義のショーケースだったからだ。現在ではわかっていることだが、特にソ連の歴史家アレクサンドル・フルセンコとニクソン図書館・博物館代表ティモシー・ナフタリの共著である新刊本により、ソ連とキューバはアメリカが考えていたよりも深いだけでなく、はるかに複雑な関係にあったことが判明している。ソ連はカストロ政権に対して早くも一九五九年春には秘密裏に援助を開始し、同年秋には最初の武器売却を内々

*16 CIA, "Probable Soviet MRBM Sites in Cuba," 16 October 1962, in *CIA Documents on the Cuban Missile Crisis*, ed. Mary S. McAuliffe (Washington DC: CIA History Staff, 1992), p. 141.

*17 一九六二年一〇月二三日にソ連政府が発表した声明。David L. Larson, 2d ed., *The 'Cuban Crisis' of 1962: Selected Documents, Chronology and Bibliography* (Lanham: University Press of America, 1986), p. 72.

*18 失脚後、フルシチョフは回顧録を口述したが、これは西側諸国へ密かに持ち込まれた。この回顧録は以下の三部作として出版された。Nikita Khrushchev, *Khrushchev Remembers*, trans. and ed. Strobe Talbott (Boston: Little, Brown, 1970)（フルシチョフ『フルシチョフ回想録』タイムライフブックス編集部訳、ライム・ライフ・インターナショナル）; Nikita Khrushchev, *Khrushchev Remembers: The Last Testament*, trans. and ed. Strobe Talbott (Boston: Little, Brown, 1974)（フルシチョフ『フルシチョフ――最後の遺言』佐藤亮一訳、河出書房新社）; Nikita Khrushchev, *Khrushchev Remembers: The Glasnost Tapes*, trans. and ed. Jerrold Schecter with Vyacheslav Luchkov (Boston: Little, Brown, 1990). 当該引用文は Nikita Khrushchev, *Khrushchev Remembers*, [1970], p.493（フルシチョフ『フルシチョフ――封印されていた証言』福島正光訳、草思社）に基づく。

に決定した。当時のアメリカはまだカストロが敵味方のいずれなのかもわかっておらず、このような援助の事実もまったく感知していなかった。[19]

一九六〇年六月、(ソ連産原油の精製を拒否した) 米系石油精製所の国有化を決定したことで、カストロは今にもアメリカのキューバ侵攻が始まるに違いないと考えた (だが、アメリカにそのような計画はなかった)。フルシチョフは、アメリカがキューバ侵攻を選択すればアメリカに核攻撃を仕掛ける用意があることを示唆する演説をした。この演説はもともと存在しないアメリカの計画には何の影響も与えなかったが、ロシア人がアメリカの攻撃を阻止してくれたと思ったキューバの指導者たちは快哉を叫んだ。[20] 一九六〇年一〇月にも、キューバは侵攻される恐怖に震えた。グアテマラでCIAの訓練を受けた亡命キューバ人部隊が攻撃してくると思ったのだ。確かに、そのような訓練を実施していたのは事実であるが、キューバ侵攻の準備が整うまでにはまだ何ヶ月も必要であった。それにもかかわらず、ソ連とキューバの両政府はいずれもアメリカによる攻撃が差し迫っていると思い込んでいたのである。ソ連はまたしても核ミサイルによる攻撃の可能性をちらつかせた。アメリカが侵攻してこなかったので、キューバはまたもやソ連の脅しが功を奏したに違いないと信じ込んだ (実際には、キューバがソ連のおかげで食い止めたと考えていた侵攻計画は、CIAが策定に着手したところであった)。一九六〇年一一月初め、カストロはキューバ共産党員の内輪の席で演説した。自分は昔からのマルクス主義者であり、「モスクワはわれわれの頭脳かつ偉大なる指導者なのだから、その声には耳を傾けなければならない」と繰り返し発言した。[*21]

一九六一年四月、亡命キューバ人部隊が実際にピッグス湾から侵攻すると、キューバやソ連は肝をつぶした。フルシチョフはキューバに対して全面的に支援すると伝える一方、ケネディには「いわゆる『小競り合い』が世界各地で連鎖反応を引き起こすかもしれない」と警告した。[*22] 侵攻成功のために要請されていたはずの亡命キューバ人部隊に対するアメリカ軍の支援供与をケネディが思いとどまったのはソ連のおかげだ、とキューバは思い込んだ。だが、ソ連のミサイルのおかげでアメリカの攻撃が抑止されたのだとソ連やキューバが考えていたとは、アメリカはほとんどあるいはまったく思ってもいなかったのである。

*19 Aleksandr Fursenko and Timothy Naftali, "*One Hell of a Gamble; Khrushchev, Castro and Kennedy, 1958-1964* (New York: W.W. Norton, 1997), pp. 11-39.

*20 前掲書五一～五三ページ

*21 前掲書七一ページ

*22 一九六一年四月一八日付けのフルシチョフからケネディに宛てたメッセージ。Department of State, *Foreign Relations of the United States, 1961-1963* [*FRUS 1961-1963*], vol. 6, *Kennedy- Khrushchev Exchanges* (Washington, DC: Government Printing Office, 1996), p. 8.

フルシチョフとソ連政府は、自らの地位保全にはカストロの存在が不可欠であるとますます確信するようになった。キューバは、発展途上諸国の民族解放戦争を通じた資本主義弱体化のための新たな世界戦略における最高の成功例であった。キューバの運命はソ連の力量や世界における威信の試金石になっていた。キューバを「失ったら、マルクス・レーニン主義にとって大打撃となったであろう。そうなれば、全世界、なかでもラテンアメリカにおけるわれわれの地位もまことに危うくなるであろう」[23]とフルシチョフは述べた。ソ連軍の軍備削減や外交政策的に革命的立場を十分に示さなかったために、当時のフルシチョフは中国や自国政府内の有力者からすでに厳しい批判を受けていた。さらに、一九六二年二月にはカストロ自身が同じように批判の声をあげ、ラテンアメリカ全体での革命を訴えていたのである。[24]

ソ連とキューバがアメリカのキューバに向けた敵対的姿勢を確信したのは、アメリカの実際の行動との偶然の一致によるところが多かった。だが、両国の情報部は間違いなくそのような疑惑を持つに足る根拠を見出していたと思われる。一九六一年一一月、アメリカはマングース作戦を承認した。これはキューバでの政権転覆を扇動するCIA主導の秘密計画であった。この作戦はロバート・ケネディが精力的に率いた複数機関からなる合同グループが指揮していた。遅くとも一九六〇年以降、さまざまなカストロ暗殺計画が実行されたが、アメリカによる情報提供や支援を伴う場合もあれば、そうでない場合もあった。*25

しかしながら、マングース作戦はこのような秘密作戦の多くに共通する基本的な問題を抱えていた。キューバに工作員を送り込んで多少の破壊工作を仕掛けることはできたが、ＣＩＡ

*23 Khrushchev, *Khrushchev Remembers* [1970], p. 493.

*24 Robert E. Quirk, *Fidel Castro* (New York: W.W. Norton. 1993), pp. 400-01.

*25 マングース作戦の歴史は *FRUS 1961-1963*, vol. 10 に記録されている。カストロ暗殺計画の証拠は次の文献に詳細な調査結果が記載されている。Edwards to Robert Kennedy, "Arthur James Balletti et al,"14 May 1962 in ibid., pp. 807-08（編者による八〇七ページ注記一も参照のこと）; Senate Select Committee to Study Governmental Operations with Respect to Intelligence Activities（議長がフランク・チャーチ上院議員であったことからチャーチ委員会としても知られている）*Alleged Assassination Plots Involving Foreign Leaders*, 94th Cong., 1st sess., November 1975: and John Ranelagh, *The Agency: The Rise and Decline of the CIA*, rev. ed. (New York: Simon and Schuster, 1987), pp. 336-45, 355-58. 384-89. また、追加的な詳細については、ほとんど識別されていない状態で以下の文献にまとめられている。Seymour Hersh, *The Dark Side of Camelot* (Boston: Little, Brown, 1997), pp. 187-221, 268-93. 当然ながら、一九六一年以降、ＣＩＡ関係者ウィリアム・ハーヴェイがカストロを暗殺する人物を探すという漠然とした工作を継続するためにホワイトハウスが支援したという直接的な証拠はない。だが、アメリカの調査報道記者シーモア・ハーシュはロバート・ケネディがＣＩＡ職員チャールズ・フォードに仕事をさせたと指摘している。フォードの仕事とは、全国のマフィアのボスと面談し、有能な情報工作員がキューバ国内に残っていないかを調査することであった。これがあまりにも些末な仕事だったために、ＣＩＡ長官ジョン・マコーンは進捗状況を秘密のままにしておいた。また、あまりにも多くの（真偽のほども定かならぬ）作戦で騒然としているなかで、この仕事はほとんど目立たず、ソ連指導者が関心を寄せているソ連やキューバの既知の機密情報と実際にＣＩＡの支援している作戦が関係しているという証拠も無きに等しかった。

も含め、アメリカ政府高官の大半はキューバ国内の反乱分子だけで政権を転覆させることは絶対に不可能であると考えていた。反政府軍にはアメリカの侵攻による支援が不可欠であると見られていた。アメリカの軍部はこのような侵攻のための緊急計画を策定した。だが、一九六二年春の時点では、ケネディ側近（特に国務省とホワイトハウス）の多くがキューバ侵攻に反対しただけでなく、侵攻が避けられなくなるほど過激な反政府活動の扇動工作にも異論を唱えた。一九六二年四月、ケネディは亡命キューバ人指導者との密談において自らの意見を忌憚なく述べたが、先方が聞きたがったことは口にしなかった。すなわち、ケネディは一ヶ月前に聞いた国家安全保障担当大統領補佐官マクジョージ・バンディの意見を繰り返すかのように、反政府軍支援のためにアメリカ軍を派遣することは約束できないと非公式に伝えたのである。[*26]

　だが、マングース作戦が内々に進行する一方、作戦の提唱者はアメリカがキューバ革命の情熱に対して公然たる非難を発したことで勢いを得た。カストロに対する威嚇と孤立化を狙い、一九六二年一月、アメリカは米州機構（ＯＡＳ）の西半球諸国に対し、キューバとの貿易と外交関係を断交せよという説得工作を仕掛けた。同年二月、フルシチョフが受け取った情報機関の最新レポートでは、改めてアメリカによるキューバ侵攻の可能性に懸念を表明していた。ソ連は、アメリカによる小規模な秘密侵攻作戦と破壊工作が再び進行中であることに薄々気が付いていた。また、キューバ侵攻に備えたアメリカ軍の緊急計画に関する情報も入手していた。フルシチョフの娘婿という元プラウダ紙の主筆で当時イズベスチヤ紙編集長も、ケネディとの密談内容を長文で紹介し、ケネディがキューバ問題と一九五六年のソ連によるハンガ

*26 一九六二年三月から四月にかけて、ソ連やキューバのスパイが本当に亡命キューバ人グループに浸透していたとしたら、「ケネディには果たしてアメリカ軍を動員して反乱軍を支援する気があるのか」と疑う声を耳にしていたであろう。Nestor Carbonell, *And the Russians Stayed: The Sovietization of Cuba* (New York: William Morrow, 1989), pp. 208-09 を参照のこと。三月二九日、キューバ亡命政府指導者ホセ・ミロ・カルドナはホワイトハウスで国家安全保障担当大統領補佐官マクジョージ・バンディと会談している。亡命キューバ人グループはアメリカがキューバ侵攻とカストロ政権転覆のために十分な支援をしてくるものと喜んだ。だが、バンディは、もしアメリカがそのような支援活動を行うとすれば、決定的かつ徹底的に実行しなければならないが、それにはアメリカ軍の公的関与がなければ不可能である、と伝えた。「これはキューバに対して戦端を開くことを意味するが、アメリカは現在の国際情勢を勘案すれば賢明なものではないと判断する」。カルドナはこの判断が気に入らなかった。一九六二年三月二九日付けカルドナ・バンディ非公式会談メモを参照のこと。*FRUS 1961-1963*, vol. 10, *Cuba 1961-1962*, (Washington, DC: Government Printing Office, 1997, p. 778)。その後、四月一〇日、カルドナはケネディ大統領と面談したが、ケネディはバンディと同じく、キューバ侵攻を約束してほしいというカルドナの懇願を明確に拒絶した。Passavoy to Record, "Topics Discussed during Meeting of Dr. Miro Cardona with the President," 25 April 1962, and Goodwin to President Kennedy, both in JFKL, NSF, Box 45, Cuba: Subjects, Miro Cardona, Material Sent to Palm Beach. 四月一九日、国務省のキューバ担当高官は、「ケネディの言葉がカストロ政権の転覆に関する『消極性』と思われる」ことに対して亡命キューバ人社会に「強い不満と焦燥感」が生まれたと書き留めている。この亡命キューバ人指導者は「アメリカに軍事行動を促す説得工作に失敗したために、強烈な批判の的になった」。カルドナは指導者の地位を辞するかどうかを熟考した。Hurwitch to Martin, "The Cuban Exile Community, the Cuban Revolutionary Council, and Dr. Miro Cardona,"19 April 1962, in *FRUS 1961-1963*, vol. 10, p.797.

マクジョージ・バンディ国家安全保障担当大統領補佐官。（出所）UPI／コービス＝ベットマン

リー侵攻の類似性を語ったと報じた。*27

アメリカのキューバ侵攻に対し、フルシチョフはアメリカの政府高官が理解していた以上に、あるいは当然そうであろうと考えていた以上に深刻な恐怖感に襲われていた。一方、フルシチョフが侵攻の脅威を重大または切迫したものと考えていたことを示す証拠はなく、フルセンコとナフタリは、「アメリカが二度目の侵攻を準備していたという証拠文書を持っていると主張しているわけではない。そんなものは必要なかった。われわれはアメリカの階級的な関係や無分別さを知っていたので、最悪な事態を想定するにはそれだけで十分であった」と書いている。さらに、「ソ連の情報機関がアメリカによるキューバ侵攻の切迫を示す確証を得られなかったために、モスクワの外交方針は揺れ続けた」と指摘している。[*28]

その後、一九六二年三月後半、ソ連とキューバの関係は危機的状況に陥った。その理由はアメリカとはほとんど関係がないものであり、アメリカとしては漠然と推測するしかなかった。キューバの国内的理由としては、カストロがアニバル・エスカランテに対抗するようになったことだ。エスカランテとはキューバ共産党の野心的指導者であり、ソ連の忠実な信奉者であった。[*29] また、カストロは新たに中国からの経済援助受け入れに関する協議を始めた。その一方、同年四月初め、ソ連はさまざまな選択肢を検討した結果、カストロに対する援助を倍増することに決定した。

ソ連は何カ月もかけて軍事援助計画を慎重に策定した。一九六二年二月、フルシチョフの娘婿の報告を受け、指導部である最高会議幹部会は最終的に長年の懸案事項であった巨額の対

＊27 Fursenko and Naftali, "*One Hell of a Gamble*", pp. 149-60.
＊28 *Khrushchev, Last Testament*, p. 511; Fursenko and Naftali, "*One Hell of a Gamble*", p. 160.
＊29 一九六二年のエスカランテの党指導部解任後、ある地域では党員の八〇パーセントまでが与党の共産党から追放された。Jorge Dominguez, *Cuba: Order and Revolution* (Cambridge: Harvard University Press, 1978), pp. 210-18.

キューバ援助計画を承認した。国防省は、エジプトに配備の約束をしていたSA－2地対空ミサイルをキューバに向けて迅速に配備するという重大な政治決断を前倒しで行うように提言した。この要請は、エスカランテ問題の影響とカリブ海におけるアメリカの軍事演習実施という最新情報を受けて検討された。同年四月一二日、最高会議幹部会は指導教官とソ連の常備軍一連隊をキューバに派遣するとともに、SA－2地対空ミサイル約一八〇発とソ連沿岸防衛巡航ミサイル部隊も配備することを決定した。さらに、追加的なニーズの調査のために、軍事使節団をキューバに送り込んだ。[*30]

ソ連の目的がキューバの防衛だったのであれば、ソ連の賭けは成功したようであった。ミサイル危機が終息すると、ケネディはキューバが隣国の脅威にならなければ、アメリカをはじめ西半球のどの諸国からも侵攻を受けることはないと約束した。この約束によって、ソ連のミサイルが持ち込まれた原因となったアメリカの脅威は排除されたように思われた。これにより、ミサイル撤去も可能になったのである。

ソ連のミサイル配備がキューバ防衛のためであるという説は説得力あるが、慎重に吟味してみると、問題点が少なくない。

第一に、アメリカによるキューバ攻撃の抑止がソ連の最重要目的だったのであれば、キューバに弾道ミサイルを配備する必要はなかった。ソ連がキューバ軍に供与していた装備があれば、アメリカがカストロを——大規模攻撃を仕掛けることなく——巧妙に排除する作戦を阻止できたことは間違いない。大規模攻撃の抑止が目的だったのであれば、大規模な派遣軍を駐留させたほうがよほど賢明な作戦であったろう。抑止力という意味では、キューバ駐留のソ連軍はベルリン駐留のアメリカ軍にほぼ匹敵するであろう。

第二に、ソ連は軍隊を派遣せずとも、キューバと公的な防衛条約を締結できたはずである。実際、核ミサイル配備などに関する防衛協定が起草され、ソ連国防相ロディオン・マリノフスキーとカストロの最側近チェ・ゲバラが仮調印し、一九六二年一一月にはキューバでフルシチョフが誇らしげに署名する予定であり、その際に運用可能なミサイルを世界に向けて披露することになっていた。ところが、この調印式は実施されずに終わった。同年八月末、ゲバラともう一人のキューバ政府高官エミリオ・アラゴネスが防衛協定に関する最終段階の交渉のためにモスクワを訪問した際、フルシチョフに対して防衛条約の準備のことと内々に配備中の核

*30 Fursenko and Naftali, *"One Hell of a Gamble"*, p. 169-70 によれば、対キューバ軍事援助計画の最終承認を促したという意味では、キューバに対する中国の影響力はアメリカの軍事演習の情報よりもはるかに深刻な脅威として受け取られていたという。

ミサイルのことを公表するように要請した。ソ連と防衛条約を締結すれば、アメリカに対して十分な抑止力を発揮するだろうと期待したからだ。加えて、キューバ側は（トルコのように）アメリカの同盟諸国がアメリカの核ミサイル配備を公表しているのと同じように、ソ連軍の基地を受け入れていることを世界に対して明らかにするように求めた。ところが、フルシチョフはこれを拒否した。[*31]

第三に、ソ連のミサイル配備はキューバ防衛のためという仮説には核兵器に関する疑問がある。何らかの理由により、ソ連が核兵器による抑止力の必要性を認めていたのであれば、戦術核兵器（射程距離一〇〇マイル以内）のほうが迅速に配備できただけでなく、コスト的にも負担が少なく、配備前に発見される可能性も相当小さかったはずである。だが、フルシチョフが戦術核兵器のキューバ配備を大急ぎで決定したのは、一九六二年九月のケネディの公式声明によってアメリカのキューバ侵攻が現実味を帯びてきたことで、フルシチョフの恐怖心が蘇ったからである。

第四に、何らかの理由により、戦略核ミサイルの必要性が認められたとしても、準中距離弾道ミサイル（ＭＲＢＭ、射程距離約一一〇〇マイル以内）をかなり少なめに配備するだけで十分であり、高価で探知されやすい中距離弾道ミサイル（ＩＲＢＭ、射程距離約二二〇〇マイル以内）に至ってはまったく必要なかったはずである。さらに、キューバを弾道ミサイル搭載型潜水艦の基地にする必要もなかったであろう。

第五の疑問は最も重要である。現在判明しているソ連の政策決定過程に関する事実は、ソ連の核ミサイル配備がキューバ防衛のためだったという主張と矛盾している。ソ連政府はアメリカの脅威が切迫しているとすでに分析しており、対応策も慎重に検討した結果、四月一二日の最高会議幹部会の決定に至った。これがキューバ防衛に関するモスクワの回答であった。それから一カ月以上を経て、フルシチョフはまったく新しい動きを見せ始めた。五月の二一日と二四日、多数の核兵器で武装した大規模なソ連軍グループをキューバへ派遣するという一連の決定を下したのである。四月と五月、アメリカは公表済みのカリブ海で軍事演習（「ラントファ

＊31 以下の文献を参照のこと。The 1992 recollection of Castro at an oral history conference in Havana, *Cuba on the Brink: Castro, the Missile Crisis, and the Soviet Collapse*, ed. James G. Blight, Bruce J. Allyn, and David A. Welch (New York: Pantheon Books, 1993), pp. 85-86: the 1989 recollection of Aragones at another oral history conference, in Moscow, in *Back to the Brink: Proceedings of the Moscow Conference on the Cuban Missile Crisis, January 27-28, 1989*, ed. Bruce J. Allyn, James G. Blight, and David Welch, Harvard CSIA Occasional Paper no. 9 (Lanham: University Press of America, 1992), p. 52; and Anatoli I. Gribkov, "The View from Moscow and Havana," in Anatoli I. Gribkov and William Y. Smith, *Operation ANADYR: U.S. and Soviet Generals Recount the Cuban Missile Crisis* (Chicago: Edition q, 1994), p. 23.

イベックス一－六二」と「クイックキック」）を実施したが、ソ連とキューバの情報機関も察知していたであろう。[*32]すなわち、ひとつの動きが反応を誘発したのかもしれない。だが、アメリカの軍事演習がソ連政府高官を刺激した証拠はなく、四月一二日にキューバへの軍事援助を決定した最高会議幹部会が大急ぎで対応を見直したのも、キューバの要請によるものではなかった。五月一八日、キューバに派遣されたソ連軍はカストロからより多くの沿岸防衛ミサイルと軍隊の増派を求められた（ただし、この時点でのカストロの要請は控えめであった）。だが、派遣されたソ連軍もカストロも核兵器には何も関心を示さなかった。[*33]

カストロ自身が述べている通り、キューバは「他国の軍事基地建設のためにわが国の領土を提供するつもりはないと繰り返し表明した」[*34]が、それはこのような動きがアメリカによる攻撃を促すとともに、正当化の根拠にもなってしまうことを承知していたからである。したがって、このような背景があったために、カストロとの連絡役（後の駐キューバ大使アレクサンドル・アレクセイエフ）がモスクワに召還され、この問題に関する会議で意見を求められたとき、カストロは核ミサイルを受け入れないはずだと確信していた。[*35]

結局、カストロは核ミサイルを受け入れた。だが、カストロとその側近が口癖のように説明するには、それは世界的な勢力均衡の状況を変えたいというソ連の願望には協力しなければならないと思ったからにすぎないという。もちろん、核ミサイルのような危険なものを受け入れることにより、キューバは攻撃から守られるだろうという期待も持てたという。その一方、カストロはこれが重大な危機を招くであろうことも予想していた。彼はこれも運命であると見ていたのであり、「私はアメリカがどれほど多くの核兵器を保有しているかなど無視していた……われわれは彼ら（ソ連）が状況をすべて把握したうえで行動しているものと信じて疑わなかった」[*36]と述べている。要するに、キューバ防衛が目的であったという仮説の最大の問題は、その行動が実際にはキューバの立場を安全にするどころか、逆に危険な状況に追い込んでし

＊32 James G. Hershberg, "Before 'The Missiles of October': Did Kennedy Plan a Military Strike Against Cuba?" in *The Cuban Missile Crisis Revisited,* ed. James A. Nathan, (New York: St. Martin's Press, 1992), pp. 250-51. を参照のこと。

＊33 Fursenko and Naftali, "*One Hell of a Gamble*", pp. 178-79.

＊34 大半は一九六二年二月二六日付け『プラウダ』紙に転載され、次の文献にも引用されている。Yuri Pavlov, *Soviet-Cuban Alliance: 1959-1991* (New Bruswick: Transaction, 1994), p.37.

＊35 Fursenko and Naftali, "*One Hell of a Gamble*", pp. 179-80; Alexander Alexeev's 1989 recollections in *Back to the Brink:* pp. 150-51; Alexeev at the 1992 conference in Havana pp. 77-78: and in *Mezhdunarodnaya Zhizn*', July 1992 p. 54 を参照のこと。五月二一日の国防評議会と五月二四日の承認申請用公文書作成に関しては、二つの議事録を論評した起草担当高官の一人が説明した以下の文献を参照のこと。Gribkov, "The View from Moscow and Havana," pp. 7-10, 14.

まったことだ。この核ミサイル配備はモスクワにおいてフルシチョフが擁する最も優秀なキューバ問題専門家の手で画策されたものであった。

キューバ防衛説を支持するなら、キューバの存在が間違いなくフルシチョフの心のなかにあったことは明らかである。専門家やカストロが大騒ぎしなかったとしても、ケネディに親書を送るほどには警戒していなかったとしても、フルシチョフはアメリカの軍事演習を懸念していたかもしれない。彼が衝動的な性格の持ち主であることは確かであり、キューバ防衛に関する選択肢を慎重かつ組織的に分析した形跡も見当たらない。彼の側近の軍事専門家も選択肢を検討した様子はない。だからこそ、ソ連参謀本部にとって、フルシチョフの核ミサイル配備計画は「晴天の霹靂」そのものであった。彼らが検討し、承認した選択肢は、原案通りの通常兵器によるキューバ防衛という四月の決定だけだったからだ。*37

## 仮説②——冷戦の政治

キューバ防衛説を検証する過程で判明した弱点は、超大国の勢力争いという関係から見直すことで考えることができる。冷戦の特徴とは、アメリカ的価値観や利益の陣営と、ソ連の共産主義陣営との間で展開される世界規模の覇権争いであった。一方の後退は他方の前進を意味した。そして、世界中がその行方を見つめていた。米ソ両国の多くを知らずとも、研究者なら両国が世界的覇権を狙っていることはすぐにわかったであろう。ソ連は世界的な勢力の程度を見せつける機会を求めていたが、特にキューバはアメリカの国土に相当近いので、垂涎のチャンスだったはずである。

当初ロバート・マクナマラ国防長官がキューバのソ連ミサイルに軍事的な重要性はほとんどないと評価したことを踏まえ、ケネディ大統領は世界政治に関するそのような漠とした仮説を頼りにした。ケネディは一線を引いたつもりであったが、ソ連は無造作にそれを踏み越え、アメリカの権威に公然と挑戦してきたので、次のように考えた。「先月、われわれは（そのような行動を）許すつもりはないと言ったが、本当はそんなことはどうでもよいと言うべきであった。だが、何もするつもりはないと言ってしまったら、ソ連は行動に出るだろう。それで

*36 カストロ指導部メンバー（他に、フィデル・カストロ、ラウル・カストロ、チェ・ゲバラ、オスバルド・ドルティコス、ブラス・ロカ）の一人エミリオ・アラゴネスの一九八九年の回想録と以下のキューバ政府高官の文献を参照のこと。Jorge Risquet, in *Back to the Brink*, pp.51, 26. これらの説明は一九九二年のハバナ会議でのカストロ自身による説明と一致している。*Cuba on the Brink*, pp. 197-98; Alexeev, *Back to the Brink*: pp. 151-52. キューバ側の不本意な様子については、Pavlov, *Soviet-Cuban Alliance*, pp. 38-40. を参照のこと。カストロが核ミサイルを受け入れた真の動機に関するブライト、アリン、ウェルチの議論については、*Cuba on the Brink*, pp. 345-47 を参照のこと。

*37 Gribkov, "The View from Moscow and Havana," p. 13.

も、何もしないとなれば、アメリカにとっては危険が増すばかりではないか……結局、これは軍事的な争いではあるが、政治的な争いでもあるのだ*38」

数日後、政府周辺の情報機関は情勢評価の会議に出席し、「キューバにおけるソ連の軍備増強の主たる目的は、世界の覇権争いが現在ソ連側に有利に推移し、アメリカは自国の勢力圏内でもソ連の攻勢を防ぎ切れないことを明らかにすることにある」と指摘した。アメリカがこの現状を黙認することは、ラテンアメリカ諸国をはじめ全世界のアメリカに対する信頼が崩れることを意味する。ディーン・ラスク国務長官は次のように説いた。「(世界的な覇権争いにおける) 一連の行動に関しては、ソ連国内でも白熱した議論が戦わされている。平和共存の主張はさほど勢いがなく、強硬派の主張が優勢であるのは明らかなようだ。そこで、われわれが注視すべきはミサイル問題だけでなく、ソ連の外交政策の全般的動向にも目を向ける必要がある。世界全体におけるわれわれの立場にも影響を及ぼすからだ*39」

一九六二年、アメリカの指導者は、冷戦とは世界的な覇権を求める長期的な戦いであると考えていた。一九六一年四月のピッグス湾事件でキューバ侵攻を失敗に終わらせたケネディの決断は、断固たる意志の欠如として広く知られる一方、一九六一年六月のウィーンにおけるただ一度の首脳会談で、フルシチョフはアメリカの指導者ケネディを青二才のように扱おうとした。ケネディ大統領の側近で歴史家のアーサー・シュレジンジャー・ジュニアは、後年フルシチョフによるキューバへの核ミサイル持ち込みは、「アメリカの意図を探るための最高の試金石であったことは間違いない」[*40]と書いている。秘密裏にスタートし、二枚舌で継続させているフルシチョフの計画を成功に導くには、既成事実が必要であった。運用可能なミサイルを突き付ければ、アメリカは煮え切らない態度を示すであろう。外交ルートを通じた抗議は、アメリカ政府の弱腰やケネディ自身の空虚な脅しを宣伝するだけに留まるであろう。アメリカに優柔不断な姿を露呈させれば、ソ連はアメリカが他の諸国に示している言質や約束に関する信頼性に大打撃を与えることができる。キューバに対するアメリカの対応が失敗に終われば、アメリカの行動に期待を寄せる国家はあるだろうか。ソ連の行動は明らかに危険を伴うが、成功すれば冷戦の潮流が大きく変わったことを世界に示すことができる。

*38 May and Zelikow, *The Kennedy Tapes*, p. 92.

*39 CIA Special National Intelligence Estimate, "Major Consequences of Certain U.S. Courses of Action on Cuba," SNIE 11-19-62, 20 October 1962, in *CIA Documents on the Cuban Missile Crisis*, p. 214. ラスク国務長官の言葉は、以下の一〇月二二日の議会指導者との議論から引用したものである。May and Zelikow, *The Kennedy Tapes*, p. 253.

*40 Arthur M. Schlesinger, Jr., pbk. ed. *A Thousand days: John F. Kennedy in the White House* (Boston: Houghton Mifflin, 1965), p. 728.（邦訳はアーサー・シュレジンジャー・ジュニア『ケネディ――栄光と苦悩の一千日』中屋健一訳、河出書房）

今日では、アメリカ人の多くが冷戦の行方にどれほど悲観的であったかを思い出すだけでも難しい。ケネディの大統領就任直前、当時ハーバード大学教授であったヘンリー・キッシンジャーは、「アメリカには過去一五年間に見せた衰退ぶりを再現できるほどの余裕はない」と書いている。そのような衰退が続くのであれば、「われわれは、世界にとってほとんど意味のない『要塞アメリカ』になってしまうであろう」[*41]

ケネディはこのようなアメリカの世界的威信喪失という危機感を抱いた。一〇月二一日、シュレジンジャーがケネディにソ連によるキューバへのミサイル配備の理由を問うと、ケネディはソ連が手にすると思われる政治的利益に関し、(一) 中ソの再接近に際し、一九五九年以来明らかに深刻化していた亀裂の修復に資すること、もしくは少なくともソ連が共産主義革命を支持するために大胆に行動できることを世界に示し、共産主義世界におけるソ連の立場を強化できること、(二) 一一月のアメリカ議会選挙後にベルリン問題を再開できるように状況の抜本的な見直しを要求できること、(三) アメリカにとって政治的大打撃になること、と指摘した。[*42]

以上の議論は説得力があるとはいえ、この仮説は当時の状況に関する五つの重要な点を軽視している。

第一に、マクナマラ国防長官が公開の場で何度も疑問を呈したように、アメリカは一九六一年の段階でベルリン問題に対する強硬な立場をすでに表明していたのに、なぜソ連はアメリカの意志の固さを再確認する必要があったのか。なぜもう一度試そうとしたのか。

第二に、キューバにおけるソ連の兵器配備状況は、規模的にも特徴的にも単なる政治的な探り入れに必要なレベルをはるかに超えていた。アメリカの意志とその固さを試したいのであれば、準中距離弾道ミサイル（ＭＲＢＭ）が数発もあれば、アメリカ南東部全域（含、ワシントン）を震え上がらせるのに十分なはずであった。それにもかかわらず、中距離弾道ミサイル（ＩＲＢＭ）を追加配備し、弾道ミサイル搭載型潜水艦の配備まで計画した理由は何なのか。

第三に、ＭＲＢＭやＩＲＢＭの配備および原潜基地計画は、冷戦の局面を有利な方向に動かすための基本的要件を危うくするものであった。その要件とは既成事実である。現地用に調整された小規模な核兵器が配備されていたら、アメリカに発見される前に運用可能な状態まで準備できたであろうし、西側の飛び領土であるベルリンと同じように、ソ連もキューバを防衛可能な領土にできたのは間違いない。だが、実際の核配備はこの目的に反するものであった。

*41 Henry Kissinger, *The Necessity for Choice* (New York: Harper and Row, 1960), p.1.
*42 Schlesinger, *A Thousand Days*, p. 742.（邦訳は前出『ケネディ——栄光と苦悩の一千日』）

モスクワの赤の広場を行進中のSS－4準中距離弾道ミサイル（MRBM）。これはキューバに配備された最初期型核弾道ミサイルであるが、アメリカに発見された。（出所）イタルタス通信／ソヴフォト

第四に、一九六二年秋という微妙な時期に、なぜこのような挑発的な方法でアメリカの覚悟の度合いを探ろうとしたのか。確かに、アメリカは腰が引けていたのかもしれない。そうだとしても、このようなタイミングでアメリカの真意を探り、威信を傷つけるだけの特別な理由はあったのだろうか。これに伴うリスクに見合うほどの具体的なメリットとは何だったのか。

最後に、真意を探る場所としてキューバを選んだのはなぜか。米国本土を除けば、世界のなかでソ連がアメリカと対決して軍事的に最も不利な場所といえばカリブ海であろう。もしもこのような挑発がアメリカの猛反撃を招き、ソ連が明らかに敗北を喫したとすれば、これまでのことがすべて逆効果になってしまう。そうなれば、一敗地に

塗れるのはアメリカではなく、ソ連のほうである。

## 仮説③――ミサイル戦力

一〇月一六日午前に開催された補佐官たちとの最初の会議において、ソ連の真意に関する議論の口火を切ったのはケネディ大統領であり、戦略的勢力均衡について指摘し、「ソ連がキューバにミサイルを配備したからには、かなり重大な理由があるはずだ。奴らは大陸間弾道ミサイル（ICBM）に満足していないに違いない」と考え込んだ。マックスウェル・テイラー統合参謀本部議長は、ケネディの考えが正しいと思った。[*43]

研究者がソ連政府やその指導者に関して何も知らなければ、客観的な事実関係を検証してもかなり的外れな結論に到達したであろう。新聞が読めて、米ソ両国が展開している軍隊を観察している火星人の戦略研究者がいるとしよう。両国の目標が生き残りと他国による極端な支配の回避にあるという仮説と、両国の戦略核戦力の現状と計画に関する客観的事実だけから分析した場合、この研究者はソ連がキューバにミサイル配備する可能性を国家評価室のシャーマ

*43 May and Zelikow, *The Kennedy Tapes*, p. 59.

ン・ケントよりも高いと考えたであろう。客観的には、ソ連は深刻で広範な「脆弱性の窓」問題に直面していた。この用語は、「現在の危機委員会」が一九七〇年代末から一九八〇年代初頭のアメリカに対する国家的脅威を政治的に的確に表現したものだ。具体的には、一九六二年当時のソ連が直面した状況のことであり、アメリカはソ連に対して「見事な第一撃」能力を保有していたかもしれない、または保有していると考えられていたかもしれないということである。アメリカの未来学者で軍事理論家のハーマン・カーンは、一九六〇年のベストセラー『熱核戦争論』（未邦訳）で、次のように書いている。A国の「見事な第一撃」能力とは、A国のB国に対する先制攻撃（第一撃）により、A国本土に対するB国の報復攻撃能力を破壊できることをいう。[*44]

第一に、事実そのものを考えてみよう。一九六二年のソ連は、技術面と予算面の理由により、ソ連の国内基地からアメリカ本土に到達可能な核弾頭搭載ICBM（射程距離五〇〇〇マイル超の大陸間弾道ミサイル）を二〇発しか保有できないことを理解していた。また、これらのミサイルの技術的な信頼性や精度も十分に根拠のある不安を抱えていた。次世代のICBMは一九六四年以降に運用されることになっていた。加えて、ソ連の戦略兵力である潜水艦発射弾道ミサイル（SLBM）を搭載した潜水艦もわずか六隻にとどまっていた。原潜基地も、アメリカ沿岸から七〇〇〇マイル遠方のソ連北西部に位置するコラ半島北部に一ヶ所しかなかった。原潜に搭載された比較的初期のミサイルは射程距離が六〇〇マイルに満たなかったので、ソ連のＳＬＢＭ部隊はアメリカに到達可能な領域内での定期的な巡回航行を継続できなかった。さらに、アメリカへの射程範囲内までの海域に至る長距離航行は、アメリカの対潜哨戒部隊に探知されて破壊される危険を伴った（これは、キューバ危機の際、潜水艦が実際に大西洋に航行したときに証明されている）。アメリカ本土に脅威を与えるという意味でソ連が最も期待したのは、約二〇〇機の長距離爆撃機部隊であった。アメリカの防空能力は完璧ではないが、慎重な攻撃計画策定者はこれにも疑念を抱いた。たとえば、爆撃機の航続距離が短いこと、発進可能な前進基地が存在しないこと、燃料補給能力がないことなどを考えれば、アメリカを攻撃した爆撃機が帰還できる可能性はほとんどないか、絶望的である。しかも、七〇〇〇マイルという距離の途中でアメリカの防空網に捕捉されて迎撃を受ける恐れもあった。

ソ連の主要核戦力はアメリカに対する長距離核ミサイルの脅威ではなく、準中距離弾道ミサイル（ＭＲＢＭ）と中距離弾道ミサイル（ＩＲＢＭ）であった。これらのミサイルは高性能

*44 Herman Kahn, *On Thermonuclear War* (Princeton: Princeton University Press, 1960).

であり、何百発も生産されていた。ソ連本土からはアメリカの同盟諸国を攻撃できても、アメリカ本土に対しては攻撃できなかった（西欧における核戦力の必要性に関する戦略的議論はこの事実に基づいて展開された）。また、核爆弾を搭載した短距離爆撃機も保有していたが、攻撃可能なのはやはりアメリカの同盟諸国だけであった。

一九六二年当時のソ連はこの程度の戦力でアメリカと対決していたのである。一方、アメリカの戦力は少なくともＩＣＢＭ一八〇発、ポラリス型原子力潜水艦（搭載ミサイル一二発）一二隻、戦略爆撃機六三〇機を保有していただけでなく、アメリカ以外にヨーロッパやアジアにも配備しており、どこからでもソ連国内の目標を攻撃できたのであった。爆撃機部隊の練度は高く、いつでも出動可能な態勢を整えていた。ポラリス型原子力潜水艦はソ連が射程距離圏内に入る海域で常時巡回航行可能であった。さらに、一九六一年二月、ケネディ政権はアメリカの重要課題の一つとして戦略核戦力を緊急増強させると発表した。すなわち、一九六四年までに、ＩＣＢＭの保有数を三倍、ＳＬＢＭを同二倍に増やす。加えて、ヨーロッパとアジアに対するソ連の短・中距離核ミサイルの脅威への対抗手段として、アメリカとＮＡＴＯは核ミサイルを搭載した航空機数百機をヨーロッパとアジアに配備するとともに、イギリス、イタリア、トルコに旧式ＩＲＢＭの「ソア」と「ジュピター」も配備した。「ジュピター」の配備は一九六二年の春までに完了する予定であった。

公平な立場を期す研究者ならば、アメリカ人、ソ連人、火星人のいずれを問わず、このような戦略的バランスの結果は計算可能であるだけでなく、恐ろしいことでもあった。戦略核戦争の計画策定者は、どちらが先制攻撃を仕掛けるかという観点から「第一撃」と「第二撃」の各シナリオを想定した。両国が一九六二年時点に保有していた戦略核戦力と一九六三年に保有予定の戦略核戦力に基づいて考えると、ソ連の計画策定者が合理的な思考の持ち主であれば、先制攻撃を仕掛ける気には絶対になれなかったはずだ。一方、同じように合理的なアメリカの計画策定者はどうであっただろうか。先制攻撃でソ連を壊滅させ、アメリカに対する反撃能力を破壊し尽くすことが可能であると期待できたであろうか。先制攻撃で数千万人ものソ連市民を意図的に抹殺するという戦慄すべき結果だけでなく、その攻撃が一〇〇パーセント有効であるかどうかも不確実であるという不安も考え合わせると、そのような決断に至るとはほとんど考えにくい——たとえ、一方が戦略的に圧倒的に有利であったとしても。

だが、戦争計画者というものは極端なケースも想定する必要がある。指導者が核戦争の可能性を考えるか、本当に避けられないと思ったとしたらどうなるのか。アメリカの指導者が理論的に考えるなら、先制攻撃によるメリットは極めて大きいと考えるかもしれない。死者が一〇〇〇万人か一億人かの違いがある。ここで、一九六二年当時、よく知られていた事実を一つ付け加えよう。東ドイツにおいて、ソ連が包囲している西側の前哨基地ベルリン防衛のためのアメリカの戦略実施計画によれば、ソ連がより大規模な通常戦力を用いてベルリンを遮断または占領するときには核戦争に突入することを命じていた。[*45]

厳然たる事実はともかく、研究者は戦略家や政治指導者の間に広がっていた確信を検証するために、戦略核戦力の面で優位な国家が交渉面でも有利に立つという一般的な認識に注目したであろう。一九六二年当時の各国政府は規模の大小が決定的要因になると考えていた。換言すれば、戦略核戦力的に圧倒的な優位に立つことは、特に危機的状況下では絶大な交渉力を持つことである。なぜなら、優位に立つ側はその優位性を示せるレベルまで事態を深刻化させることが可能であることを、双方が理解しているからだ。[*46] さらに、一九六二年当時よく知られていた「事実」によれば、圧倒的な戦略核戦力を有する国家は自らの国益を大胆に追求することはあっても、弱腰になるとは思えなかった。

第三に、客観的な研究者ならば、国家間や国内あるいは官僚政治においても、国際政治における戦略核兵器の象徴的重要性を指摘できた。この兵器は最高の切り札であり、核保有国という世界で最も排他的なクラブに入会するためのチケットでもあると見なされていた。核兵器を大量に保有している国家は「超大国」と呼ばれていた。一九五七年、世界初の人工衛星「スプートニク」の打ち上げ成功は、ソ連指導者の自尊心を大いにくすぐった。これにより、アメリカは宇宙開発と軍事利用の両面でのミサイル開発競争にのめり込むようになった。ソ連指導者は「ソーセージを作るようにミサイルを生産する」能力があると主張し、戦略核戦力面での優位性を唱えた。これに応じて、ケネディはリチャード・ニクソンと戦った一九六〇年の大統

＊45 ケネディ政権で実際に検討されていたより慎重な攻略方法と先制攻撃でアメリカが手にする明らかな潜在的メリットに関する優れた分析については、Richard K. Betts, *Nuclear Blackmail and Nuclear Balance* (Washington DC: Brookings Institution, 1987), pp. 159-179 を参照のこと。極秘扱いのアメリカのベルリン危機管理計画は「プードルの毛布」という滑稽な暗号名によってその重大性を巧妙に隠し、外交交渉の第一段階と軍備増強策を定めていた。ソ連がベルリン封鎖を継続するならば、西側はこれを通常戦力を用いて突破するつもりであった。ソ連軍が大規模な通常戦力で西側の攻撃を防御して抵抗を示すならば、状況の極度の重大性を知らしめるために、アメリカは核兵器の限定的使用に着手する「核兵器軍事行動開始」を計画していた。この間の事情を概観するには、以下の文献を参照のこと。National Security Action Memorandum No. 109, "U.S. Policy on Military Action in a Berlin Crisis, 'Poodle Blanket,'" 23 October 1961, in *FRUS 1961-1963*, vol. 14, *Berlin Crisis 1961-1962* (Washington, DC: Government Printing Office, 1994); and Bundy to President Kennedy, "NATO Contingency Planning for Berlin (BERCON/MARCON Plans) and the Conceptual Framework of Poodle Blanket," 20 July 1962, in *FRUS 1962-1963*, vol. 15, *Berlin Crisis 1961-1963* (Washington, DC: Government Printing Office, 1994), pp. 232-34.

＊46 当時の戦略的考え方に関する優れた要約については、次の文献を参照のこと。Thomas C. Schelling, *Strategy of Conflict*, (Cambridge, MA: Harvard University Press, 1962).（邦訳は前出『紛争の戦略』）

領選挙において、「（ソ連との）ミサイル・ギャップ」を最大の争点とし、ソ連がアメリカを核戦力的に圧倒する事態を招いたとして、ニクソン陣営の共和党を激しく攻撃した。ケネディは大統領就任直後、国防長官とともに、新型ＩＣＢＭ「ミニットマン」やＳＬＢＭ「ポラリス」の緊急配備など戦略核戦力の大幅増強を発表した。

要するに、現実を冷静に分析できる戦略家ならば、アメリカ人、ソ連人、火星人のいずれであっても、当然ながら一九六二年当時のソ連が極めて深刻な事態に直面していたという結論に至るであろう。数年間の余裕があれば、ソ連は自国領土内に新型ＩＣＢＭを配備することにより、核戦力面での劣勢を挽回できたはずである。だが、一九六二年から一九六四年にかけて脅威に直面したために、ソ連の選択肢はほとんどなかった。唯一残された選択肢は、アメリカ本土に対する直接攻撃が可能な場所に既存の核兵器を移転させることであった。

ソ連指導者に関する詳細な情報が与えられたなら、研究者はソ連政府が不安に思っていたという結論についての確実な根拠も得られただろう。フルシチョフは核ミサイルこそ自国の軍事力を示す指標であるという考え方に固執しており、核ミサイル増強の必要性を長年訴え続けていた。*47

一九五六年に高高度偵察が可能なＵ２偵察機が投入されると、ソ連の軍事力の実態に関するアメリカの情報収集能力は大幅に向上した。だが、この偵察機による情報収集は一九六〇年五月にソ連領土内で撃墜されてからは中止され、一九六一年夏以降は人工衛星「コロナ」を利用したソ連領の写真偵察が本格的に開始された。「コロナ」から送られてきた最初の画像データは、U2偵察機がカバーした地域を合計した面積よりも広範囲なものであった。その結果、ソ連が新型ICBMの生産に注力しているものの、既存のICBMは少ないということが判明した。この情報は、アメリカの情報当局のスパイとして動いていたソ連軍参謀本部オレグ・ペンコフスキー大佐からの報告で確認された。[*48]

以上のことは、部外者には知る由もなかった。だが、一九六一年一〇月、ケネディ政権の国防副長官に任命されたロズウェル・ギルパトリックの演説により、フルシチョフはアメリカがソ連のICBM戦力に関する決定的な弱点を把握していることに気づいた。ギルパトリックによれば、アメリカの戦力はあまりに強大なので、ソ連の総攻撃を受けても十分に耐え忍ぶこ

*47 この点については、次の文献の説明が優れている。William Curti Wohlforth, *The Elusive Balance: Power and Perceptions during the Cold War* (Ithaca: Cornell University Press, 1993), pp. 157-66.

*48 以下の文献を参照のこと。Kevin C. Ruffner, ed., *CORONA: America's First Satellite Program* (Washington DC: CIA History Staff, 1995) and Jerrold L. Schechter and Peter S. Deriabin, *The Spy Who Saved the World: How a Soviet Colonel Changed the Course of the Cold War* (New York: Charles Scribner's Sons, 1992).

とが可能であり、「少なくとも、ソ連の先制攻撃に匹敵する破壊力で反撃できる能力がある。したがって、ソ連のほうから大規模な核戦争を仕掛けてくることはないと確信している」[*49]と結論付けた。

ケネディ大統領の最側近のなかでCIA長官ジョン・マコーンだけはソ連によるミサイルのキューバ配備を予測し、その旨を記録にも残していた（当時は秘密扱いであった）。マコーン長官は複雑な机上の計算よりも、ソ連がキューバに配備した兵器の規模や特徴から「勘」が働いたのである。最も気がかりだったのは、最新鋭地対空ミサイル（SAM）の存在であった。彼によれば、「現在の段階が完了し、（U2偵察機による）偵察飛行からも国を守る体制を整えた後なので、ソ連がMRBMを配備しない限り、私にはキューバにおいて費用負担の重い防空網を整備する合理的理由がどうにも思いつかない」[*50]という。

一方、CIAの専門分析官や他の政府関係部門は、マコーンの仮説に異議を唱えた。彼らには三つの反論があった。

第一に、彼らのなかには、キューバにミサイルを配備しても、軍事的に優位に立てるとはソ連は思っていないと考える向きがあった。一〇月一六日、ホワイトハウス会議初日の夜に問われたのは、ソ連のキューバへのミサイル配備は戦略的バランスにどれほどの変化をもたらすのかということであった。これに対し、マクナマラ国防長官は「今日の午後、実際に統合参謀本部に確認すると、『かなり影響がある』とのことでした。しかしながら、個人的には『影響は一切ない』と思います」と述べた。マクナマラの意見はケネディに重く響いた。その結果、ケネディはＩＣＢＭ戦力問題に焦点を合わせるという当初の想定を改めざるを得なくなった。だが、マクナマラの意見は少数派であった。また、国家安全保障担当大統領補佐官マクジョージ・バンディは同じ会議の場でマクナマラに続き、「この一年半の間、（フルシチョフ側近の）将軍連中はフルシチョフに対し、戦略的立場を強化できる千載一遇の好機を逃し続けていると勧告していたに違いありません」[*51]と意見を述べているが、これは国務省高官の見解に同調したものであった。

それから数日のうちに、ソ連の大規模なミサイル配備が判明するに伴い、前述のような軍

*49 ギルパトリックの演説については、次の文献を参照のこと。Michael R. Beschloss, *The Crisis Years: Kennedy and Khrushchev 1960-1963* (New York: HaperCollins, 1991), pp. 328-31.

*50 McCone to his deputy, Marshall Carter, 10 September 1962, in *CIA Documents on the Cuban Missile Crisis*, p. 59. 当時、マコーン長官は南仏への新婚旅行中にもかかわらず、この問題を毎日検討していた。八月のホワイトハウスでの会議において、彼は懸念していた点を指摘するようになった。

*51 May and Zelikow, *The Kennedy Tapes*, p. 100.

ジョン・マコーンCIA長官。（出所）UPI／コービス＝ベットマン

事的重大性に関する意見の不一致は消えていった。ミサイル戦力仮説はアメリカ政府部内の実務者レベルが支持していた。彼らは、キューバからアメリカ本土に向けた四〇発のミサイル発射能力（それ以上の発射も可能な再装塡機能のある発射台）にはアメリカに対するソ連のミサイル攻撃能力を少なくとも五〇パーセント増強させる効果があると指摘していた。ラスク国務長官は自分が承知していた以上に正確な情報を知ると、後日他の国家安全保障会議（NSC）のメンバーに対して次のように説明した。キューバへのミサイル配備の影響は「無視できるような軽微なものではない。その理由はごく単純である。ソ連はアメリカ本土に到達するミサイルを他にも保有しているからだ。事実を申し上げ

れば、これらの基地から発射されるミサイル数は、従来アメリカを直接狙えるソ連のミサイル戦力として考えられていた数の二倍保有しているということだ[*52]」。

第二の反論はシャーマン・ケントと複数の情報機関で構成される彼のチームによるものであったが、彼らもミサイルの軍事的重要性を認めた。彼らは用心深いソ連政府がこれほど危険なリスクを伴う行動に出るとは信じられなかっただけなのである。特にこの行動の成否は、アメリカに探知されることなく、既成事実として存在感を示せるか否かにかかっていたからだ。

第三の反論としては、マコーンCIA長官の勘は「キューバ防衛」仮説に対して十分な注意を払わなかったというものだ。彼が相当に重視したSAMの配備は、四月に下された最高会

＊52 一九六二年一〇月二二日月曜日午後の会議におけるラスク国務長官のこの発言については、前掲書二三六ページを参照のこと。他の主要指導者に送付された状況説明書に記載された専門家の判断によれば、「現在確認されている軍事基地が完成すれば、ソ連はミサイル発射台三六基とミサイル七二発を手にすることになる。これは現在ソ連領土内で運用可能と見られているICBM発射台六〇～六五基に匹敵する」。CIA, "Soviet Military Buildup in Cuba," 21 October 1962, in *CIA Documents on the Cuban Missile Crisis*, p. 259. 専門家は、「アメリカに向けられたこのミサイルは、ソ連本土からの既存ICBMのほぼ半分に相当する脅威になる」と判断していた。前掲書二六二ページに記載されたGuided Missile and Astronautics Intelligence Committee, Joint Atomic Energy Intelligence Committee, and National Photographic Interpretation Center, "Supplement 2 to Joint Evaluation of Soviet Missile Threat in Cuba," 21 October 1962 を参照のこと。ラスク国務長官は再装填分を勘定に入れて数字を示したようであるが、ソ連が保有するICBMの数量は過大評価されていたために、実際には当たらずとも遠からずというところであった。

議幹部会の当初の決定で承認済みであった。これは核ミサイル配備を検討する前に、自衛措置を講じるキューバを支援するという内容であった。したがって、彼が注視していた行動や一連の推測は、いずれも間違っていた可能性がある。

現在ではわかっていることだが、前述のキューバ防衛支援策に関する四月の決定から一、二週間後、フルシチョフは主要な側近にキューバへの弾道ミサイル配備構想についてはじめて相談している。この問題を協議した側近の一人はロディオン・マリノフスキー国防相であった。[*53] ソ連からアメリカ本土に到達可能なICBM配備状況に関する悲観的なマリノフスキーの報告を聞いた後、フルシチョフはMRBMとIRBMのキューバ配備に向けた近道を検討するように促した。「アメリカ野郎のズボンにハリネズミ（のように痛そうな核ミサイル）を投げつけてやったらどうだ[*54]」。

このように、フルシチョフは「お前ら（アメリカ）はあれほど（ソ連の周囲に）多くの軍事基地を抱えていたから強い立場にいたが、われわれは（アメリカの周囲に軍事基地を一つも持たなかったので）弱い立場にあり、これがどうにも我慢ならなかった」と悔しい思いでいたのである。[*55] さらに、決定の過程を再現するに際しては、この当時は他に何が起きていたのかに着目することが極めて重要である。一九六二年三月から四月にかけて、フルシチョフが間違いなく特に関心を寄せていた核戦力面の均衡状態に関しては、更なる核実験禁止の可能性を探る一連の集中的な交渉がジュネーブを中心に展開されていたが、最終的には決裂した。その後、アメリカは太平洋で核実験を何度も実施したが、ソ連はこの核実験再開が核戦力増強の手段としてだけでなく、アメリカの優位性の宣伝にも役立っていると見ていたのである。この頃から、フルシチョフはキューバでのミサイル配備計画を秘密裏に検討するようになった。*56

これらの深刻な事象が皮肉にも時を同じくして起きたのは、ほとんど余談のように思え

*53 James G. Blight and David A. Welch, *On the Brink: Americans and Soviets Reexamine the Cuban Missile Crisis* (New York: Hill and Wang, 1989), p. 238 を参照のこと。フルシチョフはカストロへの核ミサイル配備提案書の草稿作成に際し、黒海の岸辺でのマリノフスキー国防相との「多少叙情的な」協議を詳述している。この話は直接確認できるものではなく、その草稿や実際の提案書も入手できない。当時のフルシチョフ側近フョードル・ブルラツキーは、提案書の編集作業に基づいてこの話を回想している。一九八九年モスクワ会議でのブルラツキーの回想については、Allyn, Blight, and Welch, *Back to the Brink*, p. 46 を参照のこと。

*54 Dmitri Volkogonov, *Sem Vozhdei* (Seven Leaders). 出所：Fursenko and Naftali, "*One Hell of a Gamble*", p. 171.

*55 マリノフスキー国防相に関する引用先は以下の通り。Beschloss, *The Crisis Years*, p. 332 とVladislav Zubok and Constantine Pleshakov, *Inside the Klemlin's Cold War: From Stalin to Khrushchev* (Cambridge: Harvard University Press, 1996), p. 258. 一九六一年秋のフルシチョフによる核実験再開以前については以下の文献を参照のこと。Viktor Adamsky and Yuri Smirnov, "Moscow's Biggest Bomb: The 50-Megaton Test of October 1961," *Bulletin of the Cold War International History Project*, No. 4 (1994), p. 3. オルソップの取材記事とクレムリンの反応については、以下の文献を参照のこと。Beschloss, *The Crisis Years*, pp.370-72: Sergo Mikoyan's recollection in *On the Brink* p.243.

ジョン・F・ケネディ大統領とディーン・ラスク国務長官。（出所）UPI／コービス＝ベットマン

る。長期間遅延していたトルコにおけるIRBM「ジュピター」一五発用のミサイル発射台五基の配備作業もようやく完了間近に迫っていた。これらのミサイル発射台は一九六一年一一月から翌年三月の間に設置された。ソ連は数年前からこのミサイル配備作業のことを承知していたのであり、おそらく最後のミサイルが現地に到着したことも知っていたであろう。ソ連にとって、積年の不満が頂点に達していたはずだ。NATOがトルコにおけるミサイル配備の決定を公表すると、ソ連は激しい非難を浴びせたが、特に一九五八年から一九五九年にかけては激越を極めた。ソ連の計画策定者が旧式のジュピター・ミサイルに対して特に戦略的重要性を見出したという証拠はない。だが、トルコにある核武装したアメリカ空軍基地は

軍事的に懸念を深めるべき存在になり、フルシチョフはこれによって受けた侮辱を決して忘れることはなかった。ジュピター・ミサイルのせいで、フルシチョフはキューバへのミサイル配備を命じる異例の措置に踏み切ったわけではないが、これを正当化できる理由にはなったのである。*57

フルシチョフは回想録のなかで、「アメリカは自らの領土と国民が脅威に感じるものを学ぶ時が来た*58」と思ったと語っている。もちろん、アメリカはすでにソ連の爆撃機や少なからぬミサイルによる脅威にさらされていた。当時、フルシチョフの側近の一人であったユーリ・ア

*56 一九六一年九月、ソ連が地上核実験を再開した後、アメリカもネバダ核実験場での地下核実験を再開した。一九六二年春のこの問題は地上核実験の話であり、地下核実験よりもはるかに議論を呼び、マスメディアも大いに注目した。ラスク国務長官によるグロムイコ外相との会談報告書に関しては、以下の文献を参照のこと。Minutes of Meeting of the National Security Council, 28 March 1962, in *FRUS 1961-1963* Vol. 7, *Arms Control and Disarmament* (Washington, DC: Government Printing Office, 1995), p. 411; Memcon of Meeting between Rusk and Dobrynin, 23 April 1962, in ibid., p. 443. アメリカは、ドミニク作戦Iに基づき、太平洋、クリスマス島付近、ジョンストン島での核実験を四月二五日から三六回実施した。ソ連は一九六二年八月から自国での大気圏内核実験を何度も続けた。

*57 ジュピター・ミサイル配備に関する最良の研究は以下の文献である。Philip Nash, *The Other Missiles of October: Eisenhower, Kennedy, and the Jupiters, 1957-1963* (Chapel Hiss: University of North Carolina Press, 1997); Barton J. Bernstein, "Reconsidering the Missile Crisis: Dealing with the Problems of the American Jupiters in Turkey," in Nathan, ed., *The Cuban Missile Crisis Revisited*, p. 55-67.

*58 Khrushchev, *Khrushchev Remembers* [1970], p. 494.

ンドロポフはフルシチョフに対し、「ソ連のミサイルをキューバに持ち込むことは、『アメリカの柔らかい下腹を狙う』方法である」[*59]と個人的に助言していた。ケネディは本当にそのように感じていたに違いない。「正にわれわれの腹に突き立てられたナイフ」という表現は、一〇月一九日の会議で用いられた比喩であった。[*60]

後年、計画策定担当参謀役のグリブコフ将軍は、「わずか一撃で、彼（フルシチョフ）は戦略核戦力の劣勢を是正できた」[*61]と書き残している。また、キューバにあるソ連のミサイルは、（ソ連から北極圏や他の航空路に照準を定めた）攻撃に対するアメリカの現在の早期警戒体制を出し抜くであろう。五月二一日と五月二四日、フルシチョフは国防評議会と最高会議幹部会に対して自分の計画を正式に提案し、形式的な議論を経て、この提案は全会一致で採択された。その五日後、ソ連の使節団はハバナにいた。

後日、アメリカがようやく気付いた通り、ソ連はキューバを大規模な戦略基地に一変させようとしていた。承認済計画によれば、キューバでは潜水艦基地の建設計画も含まれていた。この基地は、当初潜水艦部隊一一隻（そのうち、七隻は一メガトンの核弾頭を搭載したＳＬＢＭで武装）の母港になる予定であった。弾道ミサイルの核弾頭以外に、沿岸防衛巡航ミサイルにも核弾頭を搭載することになっていたが、アメリカはこのことを知らなかった。ソ連も、自国の沿岸防衛巡航ミサイルに核弾頭を搭載させたことを明らかにするつもりはなかった。グリブコフ将軍が回想するように、「攻撃にさらされる部隊に最大限の防御力を確保させるという現実的な問題に比べれば、難解な核抑止力理論はそれほど考慮すべきものではなかった」[62]。

*59 Oleg Troyanovsky, "The Caribbean Crisis: A View from the Kremlin," *International Affairs (Moscow)*, April-May 1992, pp. 147, 148.

*60 May and Zelikow, *The Kennedy Tapes*, p. 176.

*61 Gribkov, "The View from Moscow and Havana," p. 13. ソ連は運用可能なICBMを二〇発しか保有していなかったので、キューバへのミサイル配備がアメリカ本土に向けた攻撃力の大幅増強になるとのソ連の評価については、一九八九年のモスクワ会議におけるドミトリー・ヴォルコゴーノフ将軍（機密文書を事前に検証した人物）の発言を参照のこと（*Back to the Brink*, p. 53）。ヴォルコゴーノフ将軍が言及した二〇発のICBMについては、一九六一年九月時点でのアメリカ側の評価と合致する。この評価によれば、ソ連はアメリカを攻撃できるICBM用発射台を一〇～二五基保有しているとされるが、「この戦力レベルは今後数ヶ月以内で格段に向上することはないであろう」(National Intelligence Estimate, "Strength and Deployment of Soviet Long Range Ballistic Missile Forces," NIE 11/8-1/61, available from CIA History office)。一九六二年七月に実施されたこの評価では、ソ連は運用可能なICBMを七五発も保有している可能性があると見ていた。後年、旧上級情報分析官であった国務省高官レイモンド・ガーソフも、その後の継続的な調査結果に鑑み、一九六二年のある時点において、ソ連は運用可能なICBMを実際に約四〇発保有していたと結論付けた。評価の時期や「運用可能」の定義にもよるが、ガーソフの評価はヴォルコゴーノフ将軍のものとほとんど同じかもしれない。以下の文献を参照のこと。*Back to the Brink*, p. 134; Raymond L. Garthoff, rev. ed. *Reflections on the Cuban Missile Crisis* (Washington DC: Brookings Institution, 1989), pp. 20-21; Garthoff's memos written during the crisis reproduced on pp. 197-98, 202-03. さらに詳細な分析については、Raymond L. Garthoff, *Intelligence Assessment and Policymaking: A Decision Point in the Kennedy Administration* (Washington DC: Brookings Institution, 1984) を参照のこと。

しかしながら、ミサイル戦力仮説に対する二つの有力な反論はまだ論破されたわけではない。第一に、フルシチョフが当時の状況について戦略的劣勢を是正しなければならないと考えるほど極めて異例な緊急事態と考えたのはなぜか。すなわち、フルシチョフがＩＣＢＭ戦力をより大規模かつ恐るべき存在にするまでの二、三年を待つ余裕を失ったのはなぜか。

第二に、フルシチョフが事態を打開するためにあれほど危険な行動に出たのはなぜか。これは国家評価室のシャーマン・ケントと部下の評価担当官による主張であるが、当時複数のソ連政府高官も同じような見解を持っていた。すなわち、確度の高い有益な答えとしては、フルシチョフが衝動的な人物であり、他の指導者ならば避けそうなリスクでも進んで引き受けるところがあるというものだ。だが、ケントの評価に対するマコーンＣＩＡ長官の論評によれば、フルシチョフには世界のどこにでも重要な政治目的があり、それを勝ち取るために、キューバに配備したミサイルを利用するであろうというものであった。[*63]（ケントの評価には、この観点からの分析は含まれていない）。実際、一九六二年の春夏においては、米ソ両国の指導者がフルシチョフの計画を承知していたとしても、長年の間その誰一人としてフルシチョフが望んでいたかもしれない政治目的そのものを知りたいとは思わなかったのである。

「1962年10月27日、キューバ、サンクリストバル、準中距離弾道ミサイル（MRBM）第三発射基地」
この写真は、1962年10月25日から開始された低空偵察飛行中に撮影した写真のうちの1枚である。U2偵察機が高度7万フィート（約2万1000メートル）から撮影する写真の識別は、300フィート（約90メートル）からの偵察写真よりもはるかに難しい。（出所）ジョン・F・ケネディ図書館

### 仮説④——ベルリン——勝利、駆け引き、罠

ケネディはミサイル戦力仮説に納得していなかった。マクナマラ国防長官はキューバのソ連ミサイルが戦略的状況にさほど影響を与えないと主張したが、これは当初こそ説得力があったように思わ

*62 Gribkov, "The View from Moscow and Havana," pp. 27-28, 43.

*63 マコーンCIA長官は九月一九日にケントのチームが下した評価を検閲するつもりはなかったが、「考えうる別の考え方としては、キューバに作った攻撃基地の存在によって、ソ連は他のすべての分野に関連する交渉において最も重要かつ効果的な立場に立つことになるので、そのような立場を手に入れるためには想定外のリスクでも引き受けるかもしれない」と考えたのである。McCone to Carter, 20 September 1962, in *CIA Documents on the Cuban Missile Crisis*, p. 95.

れた。だが、一〇月一六日夜、ケネディは側近に声を荒げて問いかけた。「ソ連の戦略的戦力増強にほとんど役に立たないのであれば、なぜキューバにミサイルが持ち込まれたのか——これを説明できるロシア専門家はいないのか——なぜ彼らは……?」。側近の何人かは、ミサイルが戦略的均衡状況に変化をもたらすことは間違いないと説明した。それでもなお、ケネディは納得しなかった。なぜフルシチョフは危ない橋を渡ったのか。ミサイルにはソ連自身の運命を賭すほどの価値はなかったというのは本当なのか。側近は話を変えようとしたが、ケネディはこの問題に固執した。そして、「われわれがこれほど切迫した事態に直面したことは、過去に一度たりともないのだ……」と言い放った。それでも、納得できる答えは得られなかった。[*64]

それからまもなく、ケネディが少なくとも多少は納得できる答えを思いついた。それはベルリンに関することに違いない。フルシチョフはミサイルを利用することで、(彼自身の言葉を借りれば)ベルリン問題を解決するつもりなのであろう。初回の会議において、ラスク国務長官は、「ベルリンは本件と深く関わっています。ここに来て、フルシチョフがベルリンのことを果たして合理的に考えているのかと疑うようになりました。彼のベルリンに対する執念については、すでに議論してきた通りです」と疑問を呈した。[*65]

一九四五年、ベルリンはアメリカ、イギリス、フランス、ソ連による分割占領地となっ

ベルリンの壁。（出所）UPI／コービス＝ベットマン

た。占領されたドイツが東西ドイツに分断されたために、西側部分の西ベルリンは不幸にも共産主義国家東ドイツの中心に位置した民主主義的かつ資本主義的都市になった。東ドイツは西

＊64 May and Zelikow, *The Kennedy Tapes*, p. 106. ケネディが部屋から出ると、国務次官ジョージ・ボールは他の出席者に対し、様々な意見を紹介した。「国務省の専門官は、フルシチョフが今回の行動をリスクの低い作戦であると考えていたかといえば、そうではないと見ている。ある者によれば、フルシチョフはリスクが低いと考えていたが、そこに計算違いが生じたに過ぎないという。また、他の者、特に元駐ソ連大使ルウェリン・トンプソンによれば、ソ連の指導者は極めてリスクが高いことを承知の上で動いたという」。

＊65 当初ラスク国務長官がミサイル戦力仮説を唱えたときには、マコーンCIA長官の次の発言を引用している。「おそらくフルシチョフ氏の考えでは……アメリカのほうが核戦力的に相当優位に立っていると知っているだけでなく、彼がアメリカの核兵器に脅えながら生きる限り、アメリカはソ連の核兵器に脅えることはないことも承知している」。その後、ラスク国務長官はベルリンとの関係性について引用符つきの発言を追加した。前掲書六〇～六一ページ。

ベルリンを自らの脆弱な体制に対する致命的な脅威と見ていた。この理由などにより、フルシチョフは一九五八年に西ベルリンを冷戦の主戦場とすることに決めた。これに伴い、西側諸国に対してベルリンからの撤退を要求する事実上の最後通牒を突き付けた。アイゼンハワー政権とは深刻な対決姿勢を示した後、フルシチョフは一九六〇年にアイゼンハワーとの首脳会談を見据え、前述の最後通牒を撤回することに同意した。だが、アメリカのU2偵察機がソ連上空で撃墜されたために、この首脳会談は流れた。

一九六一年六月、フルシチョフはウィーンでケネディと会談した際、改めて最後通牒を通告した。年末までにベルリンからの欧米軍撤退を迫ったのである。これに対し、ケネディはアメリカ軍の大幅増強で応じたが、それだけではまだ十分ではないと考えていた。軍事的に考えれば、事実関係は明らかであった。アメリカとNATO加盟国は、従来の軍備ではベルリンを防衛できないのである。そこで、ケネディは、ソ連を抑えるには紛争が核戦争に発展しかねないという信憑性のある脅威を加える以外にないと考えた。八月、ソ連は東西ベルリンの間に壁を築いた。年末に近づく一一月、フルシチョフは再び瀬戸際から一歩後退し、ソ連のアンドレイ・グロムイコ外相とアメリカのディーン・ラスク国務長官による翌年三月から四月にかけての集中的な交渉を認めた。だが、その交渉は成り行きに任せながらも、フルシチョフは「外交用語でいう善後策をうまく立てる」気がないことを明らかにした。また、アメリカとその同盟国はベルリンという占領地を放棄する必要があると警告した。ソ連指導者の言葉は決定的であった。「私にはこれ以上譲歩する余地がないことを承知してもらわなければならない。背後は断崖絶壁なのだ[*66]」

一九六二年四月、ベルリン問題に関する交渉が再び暗礁に乗り上げたことが公になると、フルシチョフはまたしてもベルリンに対する圧力を加え始めた。モスクワの駐ソ大使ルウェリン・トンプソンほどフルシチョフの人物を知り、彼の動きを見守り続けてきたアメリカ人はいない。実際、当時のソ連の駐米大使アナトリー・ドブルイニンは、後年トンプソンのことを「冷戦時代を通じて最高のアメリカ大使」と激賞している。そのトンプソンでもフルシチョフの真意は理解できなかった。フルシチョフがベルリンに対して圧力を強めていることに困惑した。トンプソンはワシントンに対し、「フルシチョフはわれわれの立場が揺るがないことを確かに知っていたはずだ。彼個人の威信はすでに確固たるものなのに、さらに磐石な立場を求め

*66 Khrushchev to Kennedy, 9 November 1961, in *FRUS Berlin Crisis 1962-1963*, vol. 15, p. 579. また、当時の西ドイツ駐ソ大使ハンス・A・クロルの報告書も参照のこと。Hans .A. Kroll, *Lebenserinnerungen eines Botschafters* (Köln: Kiepenheuer and Witsch, 1967), pp. 524-27.

ウィーンで会談するケネディ大統領とソ連の指導者ニキータ・フルシチョフ。
（出所）ジョン・F・ケネディ図書館

るのは無理筋のように思える」と返電した。その一方、フルシチョフの圧力は強まるばかりであった。*67

一九六二年八月、トンプソンはフルシチョフからケネディ宛の親書を携え、ワシントンに戻った。アメリカの大統領は、一一月に実施される「議会選挙の前後」にベルリン危機を深刻化させたいと思うだろうか。「トンプソンは状況が苦しくなり、ケネディが窮地に追い込まれるのを避けたかった——ケネディを救おうとしたのは本当である」。ドブルイニンはケネディ最側近の一人である特別顧問セオドア・ソレンセンと連絡するように命じられた。国家安全保障担当大統領補佐官マクジョージ・バンディはソレンセンに対し、「ベルリン危機はここ数週間で緊張が著しく高まり、事態は悪化するばかりのようだ」と警告した。ソ連はソレンセンから、危機はどれもケネディの政敵側に利用されるであろうと聞かされた。そこで、九月初め、ドブルイニンはソレンセンに対し、議会選挙前にケネディの政治生命が危うくなるようなことはしないというソ連側の保証を伝えた。*68

　九月六日、フルシチョフはケネディ政権の内務長官スチュワート・ユードルと会い、ベルリン問題は是非とも決着をつけるつもりだと警告した。アメリカが核戦争を望むのであれば、

*67 Khrushchev to Kennedy, [一九六二年七月三日前後に送付されたらしい], in *FRUS 1961-1963*, vol. 15, pp. 208-09; Bohlen to Rusk, 6 July 1962, p. 213. トンプソン大使の困惑については、Moscow 187, 20 July 1962, 前掲書二三四ページを参照のこと。また、一九六二年七月二五日付け Secto（電報識別番号）50（一九六二年七月二四日のラスク国務長官とグロムイコ外相の会話メモ）前掲書二四八～二四九ページを参照のこと。トンプソン大使に対するドブルイニン大使の評価については、Dobrynin, *In Confidence*, p. 63 を参照のこと。この頃までに、切迫した危機感は一般に広がりつつあり、アメリカの同盟国も有事計画の検討を考えていた。Weiss to Johnson, "Berlin," 11 July 1962, and Setco 13（ラスク国務長官からケネディ大統領とボール国務次官への電報）, 22 July 1962, in *FRUS Berlin Crisis 1962-1963*, vol. 15, p. 213-14, 236-37.

*68 Moscow 225, 25 July 1962; Moscow 228, 26 July 1962; Copenhagen 76（トンプソン大使からラスク国務長官へ）前掲書二五二～二五五ページを参照のこと。バンディ大統領補佐官に関しては、Bundy to Sorensen, "Berlin," 23 August 1962 前掲書二八四～二八五ページを参照のこと。ソレンセンとの連絡内容については、Dobrynin, *In Confidence*, pp. 67-68 を参照のこと。

それでもかまわない。フルシチョフは粗野で無遠慮な言葉を口にした。「長年お前ら（アメリカ）にはガキの尻を叩くような真似をされてきたが――今度はお前らの尻っぺたを叩き返してやる。どちらが強いかという話はもうやめたらどうか。すでに互角ではないか。ベルリンが欲しければ、まずは東ドイツに話を通せ。こちらには強みがある。何かしたければ、戦争覚悟で始めることだ[*69]」

その後、フルシチョフは三回目にして最後の期限を設定した。九月二八日付けのケネディ宛親書において、「西ベルリンに関しては、アメリカの選挙が終わるまで何も行動を起こさない」と明言した。だが、選挙終了後の一一月後半には、「米ソ関係を悪化させるばかりの危険な温床を排除する」必要があるという。一〇月、ソ連のグロムイコ外相は渡米し、同月一八日にケネディと会談した（この時点で、ケネディはキューバへのミサイル配備を知っていたが、グロムイコはその事実が発覚していたことを知らなかった）。グロムイコは「具体的な成果」を得るために一一月にはベルリン問題を蒸し返し、「ベルリンの処理について理解が得られなければ、ソ連政府は連合国側のベルリンに関する権利を正式に排除する条約を東ドイツと締結せざるを得なくなる」であろうと改めて警告した。ここで、グロムイコは「締結せざるを得なくなる」という受け身的な表現を用いてソ連の置かれた立場を強調しようとした。また、ベルリンから西側勢力を追い出すこの条約に基づき、ソ連政府は対策を「講じざるを得なくなる」であろうと付け加えた。ケネディが「自分は率直なやり取りを好む」と述べると、グロムイコも「それは承知していますので、私も率直であろうとしているのです。われらが指導者フルシチョフの申し上げている通り、NATOの軍事基地と西ベルリンの占領体制は虫歯のように抜かねばなりませんが、そうしたところで、誰も損害を受けることはありません」と答えた。さらに、より楽観的な雰囲気を醸し出すために、ベルリン問題が解決できれば、「両国が対立している問題は、おそらく軍縮問題を除けば他に何もなくなるでしょう」[*70]と付け加えて面談を終えた。

キューバにおけるミサイル配備が発覚すると、（この頃、国務省のソ連問題担当特別顧問としてモスクワから呼び戻されていた）トンプソンは自らの疑問に対する答えを得た。七月の時点では、自らの威信を危うくしてまで、フルシチョフがアメリカの強い抵抗に遭うような行動に出た理由を理解できなかったが、今ようやくわかった。「（フルシチョフは）愚か者ではありませ

*69 フルシチョフとユードル内務長官との会話メモは以下の文献を参照のこと。Petsunda, 6 September 1962, in *FRUS 1961-1963*, vol. 15, p. 309.

*70 Khrushchev to Kennedy, 28 September 1962, in *FRUS 1961-1963*, vol. 6, *Kennedy-Khrushchev Exchanges* (Washington, DC: Government Printing Office, 1996), p. 161; 一〇月一八日付けケネディ・グロムイコ会談メモ（"Germany and Berlin; Possible Visit by Khrushchev," in *FRUS 1961-1963*, vol. 15, pp. 371-72, 375）.

ん。だからこそ、アメリカの選挙が終わるまでこの件（ベルリン問題をめぐる対立）を先送りすると言ったのはなぜかと、これまでずっと気になっていたのです。あらゆるものがこれ（キューバへのミサイル配備）に関係していたように思われます」。このトンプソンの意見にはケネディも頷いた。数日後、ケネディはイギリスの首相に対し、次のように説明した。「（フルシチョフは）二枚舌を使った。彼は（アメリカの議会）選挙終了後に訪米するが、それまでは一切面倒を起こさないと何度も言い続けていたことは、あなたも覚えておられよう。さらに、キューバにある兵器は防御用であり、ミサイルはキューバや他のどこにも移動させていないとも説明していた。だが、フルシチョフはミサイル配備による軍備増強に励んでいたのであり、一一月にベルリン問題でわれわれを苦境に追い込むつもりだったのは明らかである」[*71]

要するに、ケネディの考えでは、フルシチョフの策略はベルリン問題での勝利が目的だったのであれば納得できたのである。もしもアメリカがここで何も動かなければ、フルシチョフはキューバへのミサイル配備がアメリカの開戦を抑えたことに自信を深め、西側勢力をベルリンから追放するであろう。アメリカが交渉しようとすれば、キューバとベルリンを交換する話になるが、ベルリンはキューバよりもはるかに重要なので、この場合もフルシチョフの勝利となる。あるいは、アメリカがキューバを封鎖か攻撃を仕掛けるならば、フルシチョフはこれを口実にベルリンを封鎖または攻撃できる。ケネディは、「したがって、キューバに対してどのように動いても、フルシチョフには同じようなことをベルリンに対して動く機会を与えることになる」[*72]と言った。ケネディはこうも考えた。さらに悪いことには、ベルリンを失えば、それはアメリカの責任だとヨーロッパの同盟諸国から非難を受けるであろう。彼らはアメリカが

*71 一〇月一八日のトンプソンの意見については、May and Zelikow, *The Kennedy Tapes*, p. 139 を参照のこと。一〇月二二日のケネディとイギリス首相ハロルド・マクミランとの会話（イギリス側の速記録からの引用）については、前掲書二八五〜八六ページを参照のこと。トンプソンの結論は、海外の軍事基地のために以下の内容で文書にまとめられている。「キューバの軍備を攻撃用核ミサイル配備で増強するソ連の動きが明らかになってきたとき、フルシチョフの渡米とキューバでのミサイル配備完了に時期を調整したソ連の行動の背景に関し、主にベルリン問題の決着を狙ったものであろうとケネディ政権が考える傾向にあったのは、（同年夏から秋にかけたベルリン問題に関する）進展が念頭にあったからだ」(State telegram, 24 October 1962, in *FRUS Berlin Crisis 1962-1963*, vol. 15, pp. 397-99)。これに関しては、イギリス外務省（北部担当）の専門家からも以下のようなほぼ同じ内容の意見書が送付されてきた。「だが、フルシチョフがベルリン問題を早急に危機に追いやることを前提に、ソ連が軍事的に劣勢な立場で政治交渉をするならば、その立場を巻き返すための何らかの行動を速やかに起こす必要がある。フルシチョフは、キューバのミサイル基地完成直後、ベルリン問題で断固たる行動を示し、アメリカを脅そうと考えた可能性はある。すなわち、アメリカ本土がキューバ基地からの攻撃に脆弱であることを指摘し、年末に計画していたベルリン問題での交渉を相当有利に展開できると計算したのかもしれない」（イギリスの内閣府に所属する合同情報委員会に提出された評価を伝えたもの。London 1696, 26 October 1962, in National Security Archive, Cuban Missile Crisis Files, 1992 Releases Box)。

*72 この意見は一〇月二二日に議会指導者に向けた説明である。May and Zelikow, *The Kennedy Tapes*, p. 256.

キューバを攻撃する必要性を理解しないからだ。ソ連の脅威を受けてアメリカと同盟諸国との間に亀裂が入れば、これもまたフルシチョフの大勝利といえよう。

ケネディの考えでは、ソ連のキューバにおけるミサイル配備への対抗策について、キューバ問題を契機に核戦争の危機を引き起こすかどうかを選択肢とするつもりはなかった。今キューバ問題で核戦争が勃発すれば、フルシチョフの責任に帰すことはできるであろうが、翌月のベルリン問題で同じことになれば、今度はアメリカの戦略的立場が極度に悪化し、核戦争を始めた責任を追及すうる矛先はケネディに向けられるであろう。これらは、一〇月一九日にケネディが統合参謀本部に対して自らの状況を分析してみせた主な内容である。ケネディは、「われわれの問題はキューバだけではない。ベルリンのこともある。ヨーロッパにとってのベルリンの重要性を認め、われわれにとっての同盟諸国の大切さも考え合わせなければならず、この三日間は矛盾に苦しんだ。そうでなければ、答えは簡単に見つかったはずだ」と述べ、「だが、何か手を打たなければならない。何も動かなければ、いずれベルリンで問題が持ち上がるのは間違いないからだ。それは昨夜（グロムイコによって）明らかになった。（キューバへのミサイル配備が運用可能になると）われわれの腹にナイフが突き刺さることになる」と続けた。交渉の優劣という意味では、賞賛に値するのはフルシチョフの動きであった。「フルシチョフは、自分の強みは大きな賭けに出るところであり、その結果得られる利益は相当に大きいと考えている[*73]」。

今にして思えば、ソ連の意思決定に関する証拠を検証すれば、この「ベルリン仮説」を支持する証拠は数多く見つかる。ドブルイニンは一九六二年春のことを回想し、「ドイツとベルリンはあらゆるところに影を落としている[*74]」と指摘している。前年の一九六一年九月、「ベルリンの壁」が建設された後、フルシチョフはケネディとの間に極秘ルートを立ち上げ、ソ連政府の誰とも共有する必要のない内容やさまざまな関係について親書で意見交換した。図1は両者がこのルートを通じて協議する必要があると思った問題を列記している。フルシチョフはミサイル危機以前の最後の親書で、一一月にはベルリン問題を解決したいと述べていた。だが、ミサイル危機後、フルシチョフは親書でベルリン問題に触れることはなくなり、どうでもよい内容に終始したが、ケネディもこれらを無視した。

*73 ケネディは、一〇月一九日に統合参謀本部、一〇月二二日には国家安全保障会議、議会指導者、英首相マクミランと少なくとも四回協議し、フルシチョフの戦略を詳細に説明した。一〇月一九日の統合参謀本部との協議の際の引用は、前掲書一七六ページを参照のこと。一〇月二二日の議会指導者との協議の際の最後の引用は、前掲書二五六ページを参照のこと。

*74 Dobrynin, *In Confidence*, p. 63.

**図1　フルシチョフとケネディの親書の内容（一九六一年九月～一九六二年一〇月）**

| 送り主 | 日付 | 内容（言及の順序通り） |
| --- | --- | --- |
| フルシチョフ | 一九六一年九月二九日 | ベルリン、ラオス |
| ケネディ | 一九六一年一〇月一六日 | ベルリン、ラオス |
| フルシチョフ | 一九六一年一一月九日 | ベルリン |
| フルシチョフ | 一九六一年一一月一〇日 | ラオス、ベトナム |
| ケネディ | 一九六一年一一月一六日 | ラオス、ベトナム |
| ケネディ | 一九六一年一二月二日 | ベルリン |
| フルシチョフ | 一九六一年一二月一三日 | ベルリン |
| フルシチョフ | 一九六二年一月一六日（※1） | ベルリン |
| ケネディ | 一九六二年二月一五日 | ベルリン |
| フルシチョフ | 一九六二年三月一〇日 | ベルリン、核実験（※2） |
| ケネディ | 一九六二年六月五日 | ベルリン |
| フルシチョフ | 一九六二年七月五日 | ベルリン |

| | | |
|---|---|---|
| ケネディ | 一九六二年七月一七日 | ベルリン |
| フルシチョフ | 一九六二年九月四日 | 核実験 |
| ケネディ | 一九六二年九月一五日 | 核実験 |
| フルシチョフ | 一九六二年九月二八日 | 核実験、ベルリン、キューバ、ソ連船舶の監視、U2偵察機のソ連領空侵犯、再びベルリン |
| ケネディ | 一九六二年一〇月八日 | 核実験 |

（※1）おおよその日付
（※2）フルシチョフによれば、核実験に言及したのはロバート・ケネディが口頭で問題として取り上げたからにすぎないという。
出所：*FRUS 1961-1963, vol. 6, Kennedy-Khrushchev Exchanges*（ロシア側の保管公文書と照合済み）

だが、フルシチョフの記憶によれば、一九六二年春、彼は改めて最終期限を広く公表した。実は、フルシチョフの国内および共産圏内における政治的立場は、財政や農政に関する失策や重大な方針変更の影響を受け、すでに危機的状況にあった。*[75] 一方、アメリカは次のように考えていたようだ。すなわち、ソ連が現地の軍事的優位性を用いてベルリンから西側勢力を追い出すならば、われわれは核戦争も辞さないと脅すのに十分な戦力的優位性を持っている。フルシチョフにしてみれば、ケネディ政権が開戦の可能性を匂わせて威嚇することは、「失礼ながら厳しいことを申し上げれば――そのような高飛車な態度は誇大妄想のなせるわざとしか言いようがない[*76]」。

一九六二年四月から五月初め、フルシチョフはキューバにミサイルを送り込む最終決定に取り組んでいたが、ベルリンに関する重大な問題にも直面していた。一九五八年、ベルリン問題は交渉成功の見通しが立っていたことから、最後通牒の最終期限はそのまま見過ごしたが、結局は不首尾に終わった。次に、一九六一年も同じように交渉成立を見越して最終期限を見過ごしたが、一九六二年三月末までには、ラスク国務長官とグロムイコ外相の協議は暗礁に乗り上げ、同年四月後半には交渉決裂が明らかになった。この結果は世界に公表された。フルシチョフは、事態の悪化も恐れず、ソ連がアメリカに対して強硬な姿勢を示すことを求める東ドイツの同志から執拗な圧力を感じていた[*77]。

フルシチョフの回想によれば、キューバへのミサイル配備に関する重大な局面であった五月一二日、彼は数ヶ月ぶりにケネディ政権の者と話す機会を得た。二日間で一四時間という長時間にわたり、ホワイトハウス報道官ピエール・サリンジャーと話し込んだ。その内容は、強迫観念に取り憑かれたかのように大半がベルリンの話であり、それにはミサイル戦力の問題が複雑に絡み合っていた。これはケネディが記者会見を行った直後のことであり、アメリカは死活的に重要な地域を防衛するために核兵器による先制攻撃をする必要があるかもしれないと認めていた。ケネディはベルリン問題を示唆し、一般的な先制攻撃ではなく——柔軟な対応を取りながら——徐々に攻撃を強める可能性をほのめかした。フルシチョフはこのことを知っていたが、ケネディの記者会見での発言に激怒し、「西ベルリンのために戦争する馬鹿野郎などいるものか」と叫んだ。アメリカは「犬が五本の足を欲しがるように」ベルリンという無駄なものを欲しがっている。フルシチョフは「鍵はケネディの手の中にある。なぜなら、第一撃はケ

*75 歴史学者ジェームズ・リッチャーの著作やフランスのジャーナリストであるミシェル・タトゥーが書いた以前の記事などは、フルシチョフの窮地やベルリン問題を進展させる必要性について、ソ連国内や共産圏内の政敵からの圧力が強まったことを勘案して相当詳細に説明している。フルシチョフが直面した一九六一年後半までの国内外における政治的苦境については、以下を参照のこと。James G. Richter, *Khrushchev's Double Bind: International Pressures and Domestic Coalition Politics* (Baltimore: Johns Hopkins University Press, 1994), pp. 142-47; Michel Tatu, *Power in the Kremlin* (New York: Viking, 1968), pp. 148-214; and Robert M. Slusser, *The Berlin Crisis of 1961: Soviet-American Relations and the Struggle for Power in the Kremlin, June-November 1961* (Baltimore: Johns Hopkins University Press, 1973).

*76 Khrushchev to Kennedy, 13 December 1961, in *FRUS 1961-1963*, vol. 14, pp. 683-84, 690.

*77 以下の東ドイツの調査資料に基づく。Michael Lemke, *Die Berlinkrise 1958 bis 1963: Interessen und Handlungsspielräume der SED im Ost-West Konflikt* (Berlin: Akademie Verlag, 1995), pp. 186-90.

ネディのほうから発射する必要があるからだ」と指摘した。続けて、ソ連には「その第一撃に対応する用意がある」と力説した。おそらく、フルシチョフはあまり自信がなかったのだろう。翌日、ブルガリア訪問に向かったが、この間にキューバへのミサイル配備を自らの責任で決定した。九日後、クレムリンの国防会議はこの決定を承認した。[*78]

ベルリン問題の解決策として、フルシチョフにはどのような選択肢があったのだろうか。この問題から逃げることもできたはずである。だが、彼は目標を大々的に掲げ、薄れつつある威信のすべてを賭けた最終期限を見過ごした。本来ならば、アメリカと暫定的に和解し、現状維持のような線で落着させることもできたはずである。実際、ケネディからは(西ドイツ首相コンラート・アデナウアーを激高させた)和解案が提案されたこともあったのだが、フルシチョフはこれを拒絶している。あるいは、もっと有利な状況において、改めて問題と向き合うこともできたであろう。だが、フルシチョフはこれらの選択肢をすべて退けた。一方、フルシチョフの表現を借りれば、アメリカはベルリン問題に「強者の方針」で臨んだ。[*79]

一九六二年三月、新駐米大使ドブルイニンがワシントンに出発するとき、フルシチョフはベルリン問題こそ米ソ関係における最重要課題であると言い含めた。フルシチョフによれば、アメリカが「あまりに傲慢な」姿勢を見せているのは核戦力面で優位に立っていると思っているからだという。また、「今こそ奴らの長い腕が短く切られるときだ」とも断じた。彼はケネディを気に入っており、人格者であると認めていた。それでも、ドブルイニンによれば、フルシチョフは「ケネディに圧力をかければ、われわれに何らかの成功をもたらすのではないかとの確信を隠さなかった」[*80]。

　フルシチョフが成功を必要としていたのは間違いない。政治学者のジェームズ・リクターは次のように見ていた。「フルシチョフの外交政策を動かしていたのは、彼の国内での立場であった。それだけに、外交的な成功をこれほど必要としたことはなかった。国内には問題が山積していたために、国防費を削減して資本投資を増大させれば、アメリカとの経済競争には簡

*78　一九六二年一月のケネディとの面談に関しては、サリンジャー報道官はフルシチョフの娘婿で元『プラウダ』紙の主筆、当時『イズベスチヤ』紙編集長のアレクセイ・アジュベイと情報交換していた。この面談については、以下を参照のこと。Pierre Salinger, *With Kennedy* (New York: Doubleday, 1966), pp. 225-37（邦訳はピエール・サリンジャー『ケネディと共に』小谷秀二郎訳、鹿島出版会）; Fursenko and Naftali, "*One Hell of a Gamble*", pp. 176-77.

*79　マクナマラ国防長官は、アメリカの核戦力的優位性がベルリン問題の交渉に影響を与え続けており、ソ連が直接対決に戻ることを阻止している、と考えていたのは間違いない。以下の文献の通り、彼はケネディにその要点を詳細に説明している。McNamara to Kennedy, "U.S. and Soviet Military Buildup and Probable Effects on Berlin Situation," 21 June 1962, in *FRUS Berlin Crisis 1962-1963*, vol. 15, pp. 192-95.

*80　Dobrynin, *In Confidence*, p. 52.

単に勝てると主張しても、なかなか信用してもらえなかったのである」[*81]。

このような事情を背景に、フルシチョフに与えられた選択肢をすべて検証してみると、キューバへのミサイル配備というソ連の動きに関する説明として最も説得力があるのは、ミサイル戦力とベルリン仮説である。まず、ミサイル戦力は迅速かつ比較的低コストで強化できる。また、ベルリン危機は外交的な成功をもたらしてくれるだろう、とフルシチョフが考えていたのは明らかである。外交的勝利を手にすれば、フルシチョフはケネディに超大国関係の「抜本的な」改善の約束を提案できたはずだ。それに伴い、ソ連国内の状況を仕切り直し、資源を国防や重工業から国民が求めるものに移転させることが容易になると考えた。リクターによれば、「キューバへのミサイル配備はフルシチョフに対し、自らを取り巻く現状をうまく切り抜け、すでに衰えを見せている威信を少しでも取り戻せるのではないかという見通しを与えた」[*82]。

キューバ防衛は水面下で常に検討されていた。だが、重要なことであるが、一〇月一八日のグロムイコ外相との会談で、ケネディはアメリカにはキューバを侵攻する意図はないと二度も発言するとともに、キューバからの亡命者もアメリカの軍隊もキューバを侵攻することはないと率直に保証した。グロムイコ外相は現状を理解し、フルシチョフにとって重要なものも承知していたので、ケネディの発言を無視しただけでなく、フルシチョフ宛の電報では、この会談自体も報告する意味はないと考えていた。[*83]

だが、ミサイル戦力やベルリン仮説では、他の説明と同じく、ソ連の実際の行動に関する他の特徴も十分に説明できるほどの説得力はないことを認めなければならない。第一に、四つの仮説のいずれも、ソ連がミサイル配備を決定したのは、最初に基地の防御を固め、偵察機に

＊81 Richter, *Khrushchev's Double Bind*, p. 128.

＊82 前掲書一五〇ページ。リクターはベルリンの重要性を理解しているが、フルシチョフのベルリン問題に関する一九六二年の動きを勘定に入れていない。フルシチョフには外交的勝利が国内的および国際的に必要であったが、その勝利の達成手段としてのベルリンを忘れているという似たような結論については、以下の文献を参照のこと。Richard Ned Lebow and Janice Gross Stein, *We All Lost the Cold War* (Princeton: Princeton University Press, 1994), pp. 58-60. 先行的文献であるMichel Tatu, *Power in the Kremlin* はベルリン問題の特徴をうまく描いた好著であり、素晴らしい分析をしているが、証拠不十分であり、その大半は推論の域を出ていないと言わざるを得ない。資源配分に関してフルシチョフが直面した難題については、前述の二文献以外にも、旧聞に属するが、その価値を失わないものがある。Merle Fainsod, *How Russia Is Ruled*, rev. ed. (Cambridge: Harvard University Press, 1970), esp. pp. 545-58, 611-12.

＊83 Memorandum of Conversation for Meeting between Kennedy and Gromyko, "Cuba," 18 October 1962, in *FRUS 1961-1963*, vol. 11, *Cuban Missile Crisis and Aftermath* (Washington, DC: Government Printing Office, 1997), pp. 113-14; Gromyko report to Central Committee of the CPSU, 19 October 1962, in "Russian Foreign Ministry Documents on the Cuban Missile Crisis," *CWIHP Bulletin*, no. 5 (Spring 1995), 66-67.

よる写真撮影を抑止するための地対空戦力を整備した後、核兵器を送り込むという計画に基づくものと見ている。だが、ソ連の行動は計画とは違うようであった。アメリカ側では、準中距離弾道ミサイル（ＭＲＢＭ）の配備は地対空ミサイル（ＳＡＭ）による防空網以前に完了していたように思われていた。ケネディの特別顧問兼スピーチライターのセオドア・ソレンセンはホワイトハウスがこの事実に困惑したことについて、「ソ連がこのミサイル配備の作業日程をうまく調整できなかった理由は、依然として明らかになっていない」[*84]と力説している。現在では、アメリカ側の当時の理解とは異なり、ソ連はＭＲＢＭを配備する前に、ＳＡＭ防空網の整備を計画通りに終え、この核ミサイルを発見されないようにしていたことが判明している。そうであれば、なぜキューバのソ連軍はＵ２偵察機が上空に飛来して核ミサイルを写真撮影していくのを許したのか。

第二に、フルシチョフの大掛かりな計画は既成事実の公表だったはずである。彼は一一月後半に渡米して実情を公表する計画であった。これを前提とすれば、それ以前にミサイル配備を終えておく必要がある。だが、アメリカがミサイルを発見したと公表後、昼夜兼行で工事を急いでも、配備できるのはＭＲＢＭだけであった。中距離弾道ミサイル（ＩＲＢＭ）は、一二月以降にならないと運用可能な態勢には入れなかったであろう。[*85]またしても、日程調整に失敗していることは理解に苦しむ。

　第三に、ソ連がミサイル基地の建設現場に偽装を施さなかったことも疑問である。アメリカの駐ソ大使トンプソンの見方によれば、キューバ危機のある時点で、ソ連はアメリカに建設中のミサイル基地を発見してもらいたかったのではないかという。「建設現場を偽装したり、森の中に隠したりすることは極めて簡単なことだ。では、なぜそうしなかったのか。それは、いずれかの時点でわれわれに発見されることを望んでいたからに違いない」[*86]。ソ連の標準的な基地と同じ配置でミサイル基地を建設していた事実は、他の理由で説明できるであろうか。一〇月一六日夜のホワイトハウス会議において、情報機関の担当者は、発射基地を発見できた理由の一つには、「発射台が四基並んで設置されていたが……これはソ連国内の類似したミサイル発射台の特徴とされる典型的な配置と同じである」[*87]と説明した。だが、ソ連がミサイル基地

*84 Sorensen, *Kennedy*, p. 673.（邦訳は前出ソレンセン『ケネディの道』）

*85 例えば、以下の文献を参照のこと。Carter to U.S. Intelligence Board, "Evaluation of Offensive Threat to Cuba," 21 October 1962, in *CIA Documents on the Cuban Missile Crisis*, p. 237. この判断は二度と修正されることはなかった。実際には、ＩＲＢＭ発射台用のミサイルはキューバに到着することはなかった。アメリカが海上封鎖に踏み切ると、ミサイル輸送船は途上でソ連に引き返したからだ。

*86 一〇月一八日に開催されたホワイトハウス会議でのトンプソンの発言。May and Zelikow, *The Kennedy Tapes*, p. 138.

を発見されることを願っていたという説明は、キューバへのミサイル輸送や埠頭から建設現場までの運搬に明らかな大規模かつ効果的な偽装工作が施されていた事実と矛盾するのではないか。

最後に、再三にわたるケネディの警告を無視してまで、ソ連が行動を曲げようとしなかったのはなぜか。アメリカの政治学者アレキサンダー・ジョージや歴史学者リチャード・スモークは、抑止に失敗したこの件を既成事実の例として説明しようとしている。このような状況では、抑止対象者（フルシチョフ）は、自分が意図した行動を制約するものは何もなく、防御者が何らかの策を講じて確実に制約する時間や機会を得る前に、その行動を完了できると考えている。*88 では、このジョージとスモークの説明は正しいのか。アメリカの警告は曖昧すぎて、相手に伝わらなかったのか。その警告には信憑性が感じられなかったのか。ケネディはソ連の行動に対して何も反応しないはずだ、と彼らが思い込んだのはなぜなのか。

フルシチョフは、自分の判断についてワシントンにいるドブルイニン駐米大使やソ連の著名な対米問題専門家に相談することはなかった。後日、グロムイコ外相はフルシチョフに対し、「キューバへのミサイル配備がアメリカに激震をもたらすのは絶対に間違いない。このことは考えておくべきだ」と内々に警告したと書いている。この諫言を伝えたとき、グロムイコはフルシチョフが「激怒するかもしれない」と恐れたが、実際には何の反応もなかった。グロムイコの説明によれば、フルシチョフは彼の言葉を聞いてもまったく動じなかった。後年、ドブルイニンは次のような不満を漏らしている。「(フルシチョフは)アメリカの心理をまったく誤解していた。大使館に事前に相談してくれていたら、彼の作戦が発覚した場合、アメリカがどれほど激しく反応するかは予測できたはずである。注目に値するのは、カストロにはそれがわかっていたことだ……だが、フルシチョフはケネディ政権を驚かしてやりたかったのだ。結局、極秘作戦が露見したとき、驚いたのは彼のほうであった[*89]」。

*87 Marshall Carter. 前掲書七九ページ。

*88 George and Smoke, *Deterrence in American Foreign Policy*, pp. 537-39. 抑止とは行動させないように説得するという意味であれば、アメリカによる抑止は強制外交（予想される目標が達成される前に行動を撤回するように相手国を威嚇して説得すること）と受け取られるかもしれない。George, "Coercive Diplomacy: Definition and Characteristics," in *The Limits of Coercive Diplomacy*, pp. 8-9. 最も穏当な防御的強制外交とは、有効な抑止手段とされる外交のようなものだ。

*89 Andrei Gromyko, "The Caribbean Crisis: On Glasnost Now and Secrecy Then," *Izvestia*, April 15, 1989; Dobrynin, *In Confidence*, p. 79-80.

## アメリカが海上封鎖でミサイル配備に対応した理由

戦略的に見れば、ソ連のキューバへのミサイル配備に対するアメリカの対応は単純な価値極大化が激化した例として解釈できる。アメリカは核戦力的に優位に立っており、ソ連の核戦力を無力化できると考えていた。アメリカによる比較的低レベルの実力行使に対してソ連が核兵器を使用するというのは、あまりに馬鹿げた考え方であろう。もしそのようなことをすれば、ソ連の共産主義体制や国家自体は実質的に破壊されてしまうからだ。カリブ海では、アメリカは圧倒的に有利な立場にあった。すなわち、まずは本気と思わせるような威嚇手段として低レベルの実力行使から始め、核兵器を使用することなく、徐々に対応を激化させていくことができた。アメリカに必要だったのは、戦略的かつ地域的優位性を利用し、ミサイル撤去に断固たる決意を示すとともに、ソ連には面目を保たせながら撤退する時間と余裕を与えることであった。海上封鎖（国際法の微妙なところを巧みに避けるべく、「検疫」という婉曲的な表現が用いられた）は、正にそのために実施されたのである。

アメリカはソ連が考えそうな対抗手段として、特にベルリンのことを検討していた。キューバを攻撃しなければ、ベルリンへの攻撃を避けられると考えたのだ。ケネディは、海上封鎖の対象をキューバの生活必需品にも拡大すべきだという提案を退けた。これにより、ソ連が報復措置としてベルリンを同じように封鎖する可能性はより小さくなり、戦争へと発展する恐れも少なくなると考えたのである。[*90] また、アメリカは核兵器をベルリンに持ち込んでいないので、ソ連がベルリンから核兵器や核物質を搬出させないための封鎖措置はそもそも意味がない。

アメリカが海上封鎖を選択した経緯はこの考え方を実証した。ケネディはキューバにソ連のミサイルが存在するとの報告を受け、最も信頼の置ける助言者を集めた。このグループは後に国家安全保障会議執行委員会（エクスコム）と命名されるが、主要メンバーは以下の通りである。ロバート・ケネディ司法長官、ディーン・ラスク国務長官、ロバート・マクナマラ国防長官、マックスウェル・テイラー統合参謀本部議長、ジョン・マコーンＣＩＡ長官、ダグラス・ディロン財務長官、マクジョージ・バンディ国家安全保障担当大統領補佐官、セオドア・

*90 たとえば、一〇月二二日の国家安全保障会議におけるケネディ大統領の発言については以下を参照のこと。May and Zelikow, *The Kennedy Tapes*, p. 237.

キューバ危機の間、ケネディ大統領の「エクスコム」は閣議室で開催された。ケネディは国旗を背にして座っている。ケネディの右側にはディーン・ラスク国務長官とジョージ・ボール国務次官。暖炉の前にはジョン・マコーンCIA長官（顔は隠れている）。マコーンの右側にはU・アレクシス・ジョンソン国務次官代理（顎に手を当てている）、ルウェリン・トンプソンソ連問題担当顧問（前かがみになっている）、ロバート・ケネディ司法長官（後ろにもたれている）、リンドン・ジョンソン副大統領（前かがみでほとんど隠れている）。ケネディの真正面に座っているのはダグラス・ディロン財務長官。ディロンの右側にはマクジョージ・バンディ国家安全保障担当大統領補佐官とセオドア・ソレンセン特別顧問。最前面で首を傾け、カメラに背を向けているのはドナルド・ウィルソン海外情報局次長、彼の右側でテーブルの端に座っているのはポール・ニッツェ国防次官補。ニッツェの右側で額に手を当てているのはマックスウェル・テイラー統合参謀本部議長。テイラーとケネディの間にいるのはロズウェル・ギルパトリック国防副長官とロバート・マクナマラ国防長官。（出所）ジョン・F・ケネディ図書館

ソレンセン特別顧問、ジョージ・ボール国務次官、ロズウェル・ギルパトリック国防副長官、U・アレクシス・ジョンソン国務次官代理、ルウェリン・トンプソンソ連問題担当顧問、エドウィン・マーティン国務次官補、ウォルト・ロストウ（経済学者、国務省政策企画本部長）、ポール・ニッツェ国防次官補。リンドン・ジョンソン副大統領もホワイトハウスの重要会議にはほぼ出席した。国連大使で前大統領候補のアドレイ・スティーヴンソンやロバート・ラ

ヴェット元国防長官はホワイトハウスでの会議に数回出席した。ディーン・アチソン元国務長官はケネディの個人的な助言者であり、国務省での会議にも何度か参加したが、ホワイトハウスでのエクスコムに出席したことはない。

彼らはキューバでソ連のミサイルが発見されてから五日間、考え得る限りの選択肢について徹底的に議論し、それぞれの賛否両論を比較検討した。これらの選択肢は大きく六つに分けて熟慮が重ねられ、最終的には複数の案を組み合わせたものが決定された。

## 選択肢①——何もしない

アメリカがソ連のミサイル攻撃に対して脆弱であることは別に目新しい話ではなかった。以前からソ連領土内の基地にあるミサイルを喉元に突き付けられてきたので、ソ連が新たにキューバから攻撃できるようになったとしても、現実的な違いはほとんどない。それよりも、アメリカがソ連の動きに対して過剰反応を示し、ベルリンをめぐるソ連の激越な報復行動を招いてしまうほうがよほど危険である。ミサイル配備を利用した政治目的がどうであれ、ソ連の行動に対して冷静で寛容な声明を公表することで、フルシチョフの野望を打ち砕くべきであろう。

ケネディの側近のなかで「何もしない」という意見を具申したのはマクジョージ・バン

「エクスコム」の別の写真。立っているのはラスクとケネディ（ラスクに遮られて姿がほとんど見えない）の二人。それ以外の出席者は前掲写真と同じ位置に座っている。（出所）ジョン・F・ケネディ図書館

ディだけであり、それは一〇月一八日のことであった。翌日、バンディは意見を変えて空爆論者になった。だが、ケネディの要約によれば、昨日のバンディは「空爆すれば、ソ連は必ずベルリンを報復攻撃するだけでなく、われわれと同盟諸国の間に亀裂が走り、その責任はわれわれが負う羽目になる。したがって、ソ連の思惑に乗らないためには、ミサイルの存在を指摘するにとどめ、ベルリンに重大な局面が迫るまでは動かないほうが得策であると考えていた」という。

ケネディの回想によると、「バンディ以外の全員は、ここで何も手を打たなければ、ベルリン問題でも一切対応しないのではないかと疑いの目を向けられ、同盟諸国との信頼関係が崩れてしまうと感じていた。二、三ヶ月のうちにベルリンは

ケネディ大統領と実弟のロバート・ケネディがホワイトハウスの大統領執務室の外で立ち話をしている。
(出所) UPI ／コービス＝ベットマン

危機的状況に直面するだろう。その頃になれば西半球におけるソ連の大規模なミサイル網は完成し、われわれの立場はあらゆる意味で弱体化してしまい、結局はベルリンでもキューバと同じような問題を抱えることになるだろう、というのが彼らの意見であった」[*91]。

ソ連のキューバへのミサイル配備に関する軍事的重要性を割り引いて考えても、マクナマラはその種の行動にはやはり政治的配慮が必要であることは認めていた。彼

*91 これはケネディが一〇月一八日の夜遅くに終了した会議を要約したものであるが、ケネディはこの会議が録音されていなかったことを知っていた。取材陣の注意をそらすために、この会議はホワイトハウスの居住区で開かれていたからである。前掲書一七二ページを参照のこと。

は会議の初日に、「われわれが直面しているのは、軍事的問題ではなく、政治的問題である。同盟諸国との団結を保てるかどうかが問われているのだ。また、われわれの今後の動きに対してフルシチョフが楯突かないようにうまくやれるかどうかが問われているのだ」と指摘した。さらに、アメリカの対応次第で国内政治は大きく影響されることも示唆した。[*92]

ケネディにとって、国内政治は確かに重視すべき要因であった。キューバ問題に関するケネディの動きについて共和党が批判を強めている状況を考えれば、何も手を打たないでいれば、国内政治に及ぼす悪影響が耐え難いものになるのは間違いない。実弟のロバート・ケネディと二人だけで話しているとき、ケネディはその時の緊迫した雰囲気を感じながら、「本当に卑劣な話ではないか。だが、他に選択肢はなかった。もしも彼（フルシチョフ）がキューバで本気を出したら……もうどうしようもない。他に選択肢はなかったと思う」と心の底を打ち明けた。

ロバート・ケネディも、「確かに、仕方のないことです。要するに、大統領は……大統領は弾劾されていたかもしれませんね」と頷いた。ケネディ大統領はその言葉を繰り返した。「そう、ソ連はそんなこと（キューバへのミサイル配備）はしないだろうと発表したことを根拠として、私は弾劾されていたと思う。そして……」。大統領は途中で口を閉ざし、そのまま黙り込んだ。[93] 誇張はあるにしても、この言葉によれば、大統領は「何もしない」という選択肢を真剣には考えていなかったということがわかる。

## 選択肢②――外交圧力

外交圧力に関しては、二つの基本的な案が検討されていた。第一に、元駐ソ大使（現駐仏大使）チャールズ・ボーレンとトンプソンは、フルシチョフに対してミサイルの撤去を要求するが、米ソの対立状況を公表せず、軍事行動に訴えることもなく、この要求に応じる機会を与えるという極秘の最後通牒を送ることを提案した。

第二に、アドレイ・スティーヴンソンによる提案であり、国連や米州機構にキューバに対する査察を求めたうえで、この両者にミサイル撤去の交渉をしてもらい、可能ならば両国首脳が善後策を協議するという内容であった。最終的な合意案では、グアンタナモ米軍基地撤退、

＊92　前掲書一三三ページ。
＊93　一〇月二三日夜の大統領執務室で録音された会話に基づく。前掲書三四二ページ。（日付は不正確であるが）この会話の詳細な復元については、Robert Kennedy, pbk. ed. *Thirteen Days: A Memoir of the Cuban Missile Crisis* (New York: W.W. Norton, 1969), p. 67（邦訳はロバート・ケネディ『13日間――キューバ危機回顧録』毎日新聞外信部訳、中公文庫）を参照のこと。

トルコかイタリアまたはその両方からのジュピター・ミサイル撤去を条件として、キューバの中立化を要求するなどであった。

以上の二案にはいずれも難点があった。第一案のように、フルシチョフに密使を派遣してミサイルの撤去を要求することは、承服しがたい結果をもたらす恐れがある。一方、この案ではフルシチョフに外交的主導権を奪われてしまうかもしれない。おそらく弱小国キューバを攻撃すれば、フルシチョフは戦略的報復措置というカードを手に入れ、イギリス首相チェンバレンとナチス・ドイツの独裁者ヒトラーのミュンヘン会談のような宥和的な協議の開催を求めるアメリカ国内外の世論を待つことになろう。あるいは、アメリカはどのような大国でも代替案がなければ受諾できないような厳しい最後通牒を突き付けるかもしれない。首脳会談で対決することになれば、フルシチョフはアメリカに譲歩を求めてくるであろうし、トルコにあるアメリカのミサイルとキューバにあるソ連のミサイルが外見上は同じであると指摘されることは否定しようがなかった。ソ連は国連の安全保障理事会での拒否権を行使できるし、外交官が議論を戦わしている間に、ミサイルは発射準備を完了するであろう。

それでは、トルコやイタリアにあるジュピター・ミサイルの撤去を条件に、キューバにあるミサイルの撤去を求めるのはどうか。もともとジュピター・ミサイルに価値があると思っている者はほとんどいなかった。一九六一年春、アメリカはトルコにミサイルの撤去を打診したが、トルコは現状維持を主張し、アメリカも不本意ながらこれに同意したという経緯がある。それでも、アメリカがトルコ防衛のために核ミサイル搭載型潜水艦を沖合に派遣することを約束することで、ミサイル撤去計画は少なくとも形式的には進められた。だが、ケネディは次のように考えていた。今は「譲歩する段階ではない。そんなことをすれば、アメリカは欧州諸国には関係のない地域（キューバ）における自国の利益を守るために、彼らの安全保障を犠牲にするのではないかという疑念が確信に変わり、彼らとの同盟関係が崩壊してしまう恐れがある。したがって、外交的に守りに入るのではなく、二枚舌を操り、世界平和を脅かしているソ連を非難すべきである」。また、ここで譲歩すれば、「アメリカはソ連に脅されて逃げ出そうとしているのだと世界に思われてしまうに違いない」と考えていた。アメリカはいずれジュピター・ミサイルを撤去する意思を示すかもしれなかったが、それはまだ将来の話にすぎなかった。[*94]

*94 一〇月二〇日午後に開催された最終的な国家安全保障会議の議事録からの引用。May and Zelikow, *The Kennedy Tapes*, p. 199 from *FRUS 1961-1963*, vol. 11, pp. 126-36.

### 選択肢③――カストロへの極秘提案

この危機はカストロに「ソ連と別れるか、破滅するか」の二者択一を迫るものであり、キューバにとってソ連共産主義との決別の機会になった。この選択肢を提案したラスク国務長官は「一〇〇に一つの可能性」としても、多分カストロは「自分が崖っぷちに立たされていると知れば*95」、ソ連と関係を断つかもしれないと考えた。だが、会議の出席者はカストロがこの提案に応じるとは思わなかった。また、フルシチョフに最後通牒を送る場合と同じく、この提案はアメリカの思惑を事前通知するようなものであり、外交的混乱を招く恐れがあった。もちろん、何よりも決定的だったのは、キューバのミサイルはソ連の完全な支配下にあるという事実であった。

### 選択肢④――キューバ侵攻

アメリカはこの機に乗じてミサイルを撤去するだけでなく、カストロを排除することもできた。侵攻用の緊急時計画は策定済みであり、演習も実施済みであった。危機対策会議の初日、ケネディは、キューバでのミサイル発見は「ピッグス湾事件（一九六一年、亡命キューバ人部隊によるキューバ攻撃）は本当に正しかったことを証明した。それがわかったのだ。ミサイル発見は状況が好転するか悪化するか（の分岐点）であった」と評価した。これに対し、テイラー統合参謀本部議長は、「わたしは悲観論者です、大統領閣下。侵攻計画はすぐにでもお見せできます。この計画によれば、一年半前に一八〇〇人の亡命キューバ人を送り出した島を奪うために、二五万人のアメリカ陸海空軍兵士を必要としています。状況を再評価した結果であります。さて……」と、途中で絶句してしまった。[*96]

侵攻は最後の手段とされた。これは大規模かつ膨大な費用が必要な選択肢であり、テイラーの表現を借りれば、キューバの「とんでもなく深い泥沼」にアメリカを引きずり込むような作戦であった。これが現実のものとなれば、アメリカ軍はソ連軍に立ち向かわなければならない。超大国地上部隊同士の直接対決としては、冷戦時代最初の例となるのだ。このような瀬戸際外交は核戦争という大惨事をもたらす。ベルリンをめぐるソ連の動きも同じように危機的

*95 一〇月一六日夜の会議にて。May and Zelikow, *The Kennedy Tapes*, pp. 82-83. この考えはさまざまな形で復活し、一〇月二五日から二六日にかけて、改めて真剣に検討された。ケネディと側近はカストロにメッセージを送ることに同意したが、ブラジル人の仲介人を経由して届けられることはなかった。フルシチョフがアメリカの要求を受け入れたために、メッセージを送る必要がなくなったからだ。前掲書四五八～六二ページ、四六二ページの脚注一六を参照のこと。

*96 前掲書九一ページ。

キューバ・ミサイル危機の最中に記者会見に応じるロバート・マクナマラ国防長官。
(出所)UPI／コービス＝ベットマン

なことであった。

**選択肢⑤——空爆**

核兵器を用いない従来型の迅速な空爆でミサイル基地を破壊するという選択肢は、侵攻作戦よりもはるかに難点が少ない。これは断固たる意志を示す効果的な反撃であり、ソ連のミサイル隠蔽工作が受けるべき当然の報いである。ミサイルが運用可能になり、アメリカに向けて核弾頭を発射できる態勢が整う前に、ミサイルを除去するということだ。また、空爆を迅速に実行すれば、ソ連がアメリカのミサイル発見と空爆に気づき、空爆を困難にするミサイルの隠蔽作業を始めたり、外交や軍事的な対抗手段を講じたりする可能性も排除できる。さらに、空爆には奇襲という軍事的利点もある。ケネディは国民と

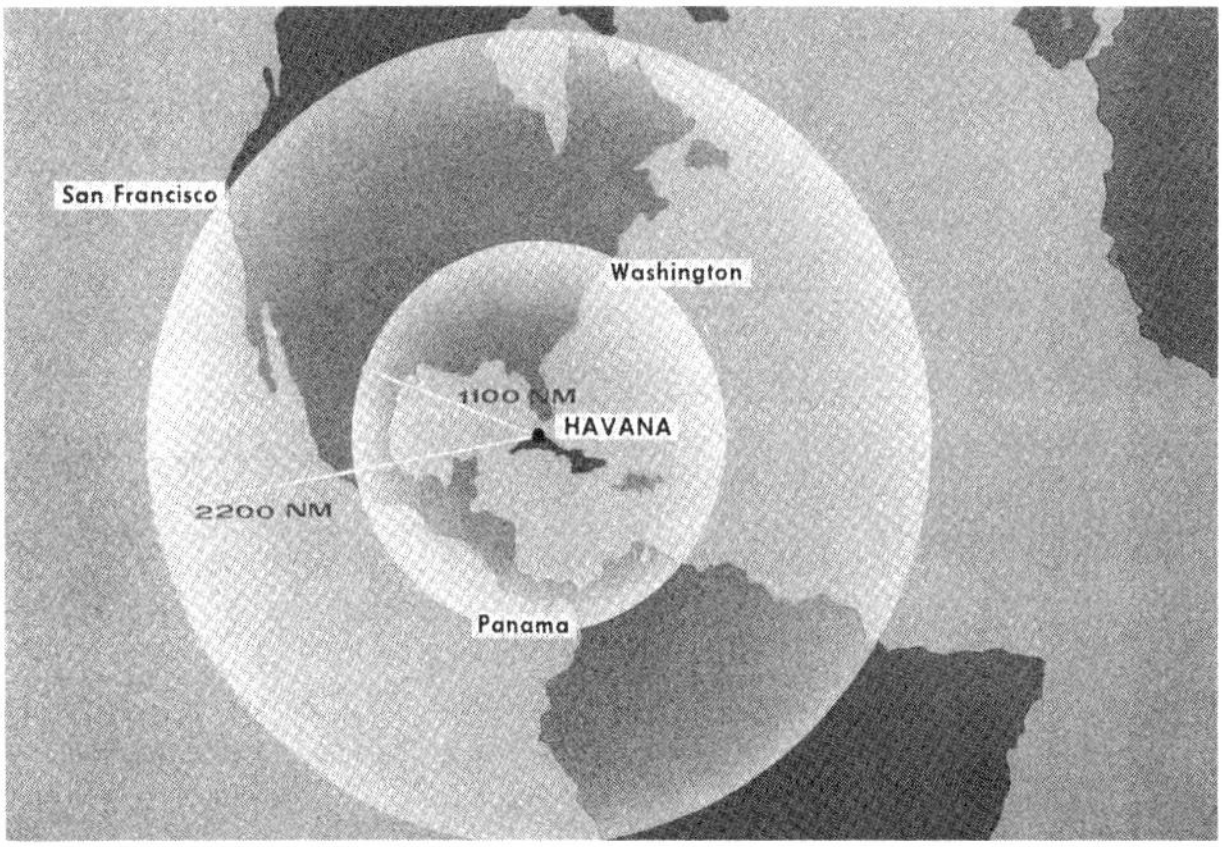

キューバ・ミサイル危機の間、この地図は多種多様なものがメディアを通じて世界中に流布した。（サンフランシスコ、ワシントン、ハバナ、パナマ、1100海里［2037キロメートル］、2200海里［4074キロメートル］）（出所）ジョン・F・ケネディ図書館

ソ連に対して公式声明を出し、爆撃機が目標に向けて出発した理由を説明するとともに、ソ連に報復攻撃をしないように警告するのである。

ケネディは当初この選択肢に心が傾き、その後も有力視し続けた。だが、四つの問題が存在したために、当初の魅力は徐々に薄れていった。

第一に、空爆は目標に焦点を合わせた小規模な攻撃だけで十分なのか。ミサイル基地を破壊できたとしても、ソ連のミグ21戦闘機やイリューシン28爆撃機がアメリカの南東部を攻撃するかもしれない。テイラー統合参謀本部議長はケネディに対し、この問題について考慮するように何度も促し、この地域の防空能力は嘆かわしいほどに低いという分析結果が出たばかりであると伝えた。もしもフロリダの諸都市が爆撃を受けたのに、アメリカ軍がソ連の戦闘機、爆撃機および空軍基地を破壊しようともしないとなった場合、アメリカ人は憤激するであろう。だが、これらを攻撃目標に加えるならば、攻撃の規模は著しく拡大するであろう。しかしながら、空軍責任将校ならば、部下であるパイロットを殺す敵軍の防空手段に対する攻撃を許されない条件下での大規模攻撃など、誰も承服できないはずだ。ケネディ側近の間では、一〇月一八日までにはほぼ意見の一致を見た。すなわち、空爆するのであれば、防空拠点や爆撃機も攻撃目標に含め、数百機に及ぶ航空機を編成してキューバ全土を攻撃するしかないという意見に納得したのであった。このような空爆を実行すれば、キューバは大混乱に陥ってカストロ政権は崩壊し、アメリカは侵攻せざるを得なくなるであろう。

これに対して、バンディ国家安全保障担当大統領補佐官とアチソン元国務長官は、より限定的で外科手術的な攻撃を提案して粘った。一〇月二〇日は海上封鎖を決断する重要な日であったが、実はケネディに対して小規模空爆と大規模空爆という二つの作戦が提案されていたのである。ケネディは小規模空爆のほうに心が傾いていたようであるが、どちらの空爆に対しても次のような反論があった。

第二に、奇襲を仕掛ければ、ミサイル基地でソ連の人員に死者が出るだろうし、攻撃の規模が大きいほど、その他の場所でも死者が出る。大国の軍人や民間人に対する攻撃を軽く見てはならない。ケネディはミサイルがアメリカに向けて発射されることを危惧し、大都市の防衛や避難のために前代未聞の緊急民間防衛計画を策定するように指示した。一方、報復せよというソ連政府への圧力は強くなるので、ベルリンやトルコに対する攻撃の可能性も高まるだろう。ケネディは想定される状況を考えてみた。ソ連がベルリンを攻撃したら、駐留米軍は制圧される。そうなれば、われわれは次にどう出るか、と誰かが質問した。ボール国務次官は「全面戦争に突入です」と答えた。バンディも「そう、全面戦争になりますね」と同意した。ケネディが「核戦争という意味か」と尋ねると、他の出席者は頷いた。一呼吸置くと、ケネディは「本当に重要なことは、核戦争は最悪の失敗――そんなことは百も承知だろうが――なので、その可能性を抑えながら、同盟諸国との結束も何とか維持できるような行動を取ることだ」[*97]と強調した。

第三に、事前警告の問題があった。ボールは同席者に対し、奇襲攻撃とは「真珠湾攻撃の

*97 一〇月一八日の会議。前掲書一四四ページ。

ようなものです。ソ連ならやりかねないが、アメリカはやらないはずだ、と思われている作戦です」と説明した。この問題については、どうにも解決策が見つからなかった。事前警告なしの攻撃は忌避すべき不快なものに思えた。ラスクは、このような作戦を実行すれば「額に殺人者の刻印を押されて残りの人生を送ることになる」[*98]と否定的に評した。

第四に、空爆しても、必ずしもすべてのミサイルを破壊できるとは限らず、ソ連の反撃を抑えられる保証もなかった。統合参謀本部は当初からキューバ侵攻を主張し、空爆は侵攻完遂のための作戦の一環と考えていた。テイラーはこれに反対した。ところが、準中距離弾道ミサイル(MRBM)だけでなく、中距離弾道ミサイル(IRBM)の発射台も設置されているとの情報を入手後、統合参謀本部の意見に同調するようになり、ソ連軍を徹底的に叩くには空爆と侵攻の両作戦が必須であると論じた。ボーレン元駐ソ大使は、奇襲空爆を実行すれば事態の悪化を招くばかりだと説得力のある反論を示した。さらに、「そんなことをすれば、たちまちキューバと戦争状態に陥り、ご提案のようなミサイル基地の迅速な破壊という目的は達せられません。とりわけソ連が(トルコ、イタリアまたはベルリンなど)地域的な報復攻撃に出る事態になれば、同盟諸国がわれわれに対して激しく反発するのは理の当然です。……したがいまして、限定的で迅速な空爆に期待するのはおとぎ話の類と申すべきであり、徐々にキューバとの戦争に引きずり込まれ、遂には全面戦争にまで発展する可能性が極めて高くなると確信しています」[*99]とも指摘している。

### 選択肢⑥――海上封鎖

何らかの封鎖的手段という間接的軍事行動は、マクナマラが一〇月一六日に検討すべき案として最初に提示したものであるが、エクスコムのメンバーが他の選択肢を詳細に分析していくに伴い、ますます魅力的なものになった。だが、キューバ向け軍需物資の禁輸措置は海上封鎖で強制的に実行することになるが、これもまた問題がないわけではなかった。

第一に、その用語自体が厄介な問題を含んでいた。側近の大半は、封鎖とは敵対的行為であり、キューバに対する宣戦布告を前提としなければならないと指摘した。だが、一〇月一九日までには、国務省と司法省の法律顧問は、宣戦布告は必要ないかもしれないが、西半球防衛

*98　一〇月一八日の会議。前掲書一四三ページ（ボール）、一四九ページ（ラスク）。ボールはすでにケネディに対し、この意見を書面化した真摯な書簡を届けていた。
*99　一〇月一七日付けのボーレンの覚書は、ラスクが一〇月一八日のホワイトハウス会議で全文を代読した。前掲書一三〇ページ。ボーレン自身は当日の朝早く、広く報道された通り、駐仏大使としてフランスに出発していた。

のためのリオ条約（米州相互援助条約）に基づき、米州機構（ＯＡＳ）加盟国の三分の二の同意が得られなければ、法的正当性は得られないという結論に至った。

第二に、アメリカがキューバを封鎖すれば、ソ連も報復としてベルリンを封鎖することになるのではないか。双方で封鎖を実行すれば、どちらも解除する結果に終わり、アメリカは封鎖前の状態に戻るが、ソ連にはミサイル配備を完了する時間的猶予を与えてしまうことになる。

第三に、封鎖がもたらす結果は、空爆に伴う問題と似たようなものになる可能性があった。ソ連船舶が停止しなければ、アメリカは攻撃を加えざるを得ず、ソ連の報復攻撃を招くことになる。加えて、カストロがキューバを封鎖しているアメリカ船舶を攻撃する恐れもある。ケネディはこのような可能性を考慮し、一〇月二二日に議会指導者に対し、海上封鎖を実行しても、「二四時間以内に戦争になるかもしれない」[*100]と伝えた。

最後に、海上封鎖を実行したとしても、すでにキューバに配備されたミサイルの存在や日々発射準備が整いつつある状況は解決できないのではないかという問題があった。海上封鎖をすれば、ソ連に引き延ばし戦術に出る隙を与え、ミサイル配備を完了させてしまうことになるのではないか。ロバート・ケネディは不満であった。「そうなれば、われわれは極めてゆっくりと死を迎えるようなものだ。海上封鎖の間、ミサイル基地が建設される様子を何ヶ月もただ眺めることになり、その間国民からは非難の声が押し寄せてくるであろう」[101]。

一〇月一八日、トンプソンがホワイトハウスで海上封鎖を提案すると、ケネディはすぐにこの重大な問題点について、「すでに配備済みの兵器については、どのように対処するのか」と短く問うた。

トンプソンも、「撤去せよと要求します。そして、われわれは今後も常に監視を続け、武装しているのを察知すれば排除すると通告します。そして、実際に行動に移すかもしれませんん」と簡潔に答えた。さらに、「われわれは幻想を抱くべきではありません。さもないと、結局は同じこと（攻撃）になります。しかしながら、まったく異なる心構えと背景をもとに行動すれば、大規模な戦争に至る可能性は極めて小さくなります」[102]と続けた。

トンプソンの説明は、封鎖に関する二つの主要な案の存在を強調したものであった。これらは検討済みの二つの外交方針に対応していた。トンプソンとダグラス・ディロン財務長官

＊100　前掲書二六四ページ。
＊101　一〇月一八日の会議。前掲書一三八ページ。
＊102　前掲書一三七ページ。

は、封鎖案にボーレンの「最後通牒」を組み合わせることを最初に提案した。また、この提案はジョン・マコーンやロバート・ケネディの賛同も得た。まず海上を封鎖し、次に詳細な交渉を拒否し、ミサイルの撤去を要求し、更なる軍事行動を示唆して威嚇するものであった。*103

だが、他の封鎖論者は封鎖が交渉の契機になると考えていた。この考え方はマクナマラ、スティーヴンソン、ソレンセンが賛同しており、配備済みのミサイルの撤去を要求するのではなく、現状の凍結だけを狙うものであった。それとともに、首脳会談の提案も含めた交渉を用意し、キューバのグアンタナモ基地またはトルコやイタリアのジュピター・ミサイルに関する譲歩と引き換えにキューバからミサイルを撤去させる取引を成立させようと考えていた。一〇月二〇日、これら二種類の封鎖案がケネディに提案された。

いずれの案も利点がいくつかあった。(一)「何もしない」と攻撃との中間の選択肢であり、意志の固さを伝えるには十分に攻撃的であるが、攻撃ほどの過激さはない。(二)次の選択肢を選ぶ責任をフルシチョフに負わせた。フルシチョフがソ連船を封鎖船から遠ざければ、直接的な軍事衝突を避けることが可能であった。(三)アメリカにとって好ましい軍事対決としては、カリブ海での海戦以上のものはなかった。何しろカリブ海はアメリカの玄関先であり、海上封鎖はまったく問題なく実行可能であった。(四)いずれの案でも、海上封鎖に踏み切れば、アメリカは通常兵器を柔軟に利用し、カリブ海での圧倒的に優位な非核戦力を背景に次の威嚇行動に出ることが可能であった。

だが、唯一の案として海上封鎖が選択されたのは一〇月二〇日から二一日にかけてのことであり、選択肢がこの案に絞り込まれ、最後通牒の手段も盛り込まれた後であった。[*104] すなわち、海上封鎖はミサイル撤去の要求を伴うことになった。首脳会談などの直接交渉は提案されないので、最重要問題の解決が遅延し、あるいは曖昧になることはない。海上封鎖という軍事行動は、緊急性や敵対関係の切迫感を伝えるはずだ。

このように、海上封鎖はあくまでも第一段階にすぎず、いわば威嚇射撃のようなものであった。キューバに対する直接的な軍事行動はひとまず延期されるが、威嚇の姿勢は継続しており、依然として一触即発の事態に変わりはなかった。ケネディは早くも一〇月一八日には海上封鎖案に傾き始めていたが、一〇月二二日の国家安全保障会議では「当初は奇襲案が極めて

*103 ディロンは一〇月一七日夜にケネディに届けた覚書のなかで、この提案を実質的に最初に示した人物である。C. Douglas Dillon, "Memorandum for the President," reprinted in Laurence Chang and Peter Kornbluh, eds., *The Cuban Missile Crisis, 1962: A National Security Archive Documents Reader* (New York: New Press, 1992), pp. 116-18.

*104 May and Zelikow, *The Kennedy Tapes*, pp. 202-03, 208-13. このなかには、*FRUS 1961-1963*, vol. 11, pp. 141-49から引用された一〇月二一日の国家安全保障会議での議論の引用も含まれている。

魅力的であり、昨夜まで本当に諦め切れなかった。……だが、真珠湾攻撃のようなに卑怯者呼ばわりされかねないなどさまざまな難題があるように思われ、仕事はまだ片付いたわけではない。われわれの仕事は侵攻によってのみ完結できるのだ」[*105]と出席者に説明していたのである。ケネディは仕事がまだ前途に待ち受けているかもしれないことを知っていたのだ。

## ソ連がミサイルを撤去した理由

一〇月二八日日曜日の朝、ソ連がキューバ危機の重大な局面は終わったという声明を報じた。フルシチョフが「アメリカが攻撃用と呼んでいる兵器を解体し、木箱に梱包してソ連に送り返す」[*106]というソ連の決定を公表したのである。アメリカの目的は達成された。アメリカの行動が正しかったことは間違いない。だが、ソ連がミサイルを撤去するという決断を下した理由はそれほど明らかではない。

この危機を分析した多くの人々にとって――特に米軍上層部の分析担当官にとって――、この答えは簡単明瞭である。アメリカが戦略的にも戦術的にも圧倒的に優位な位置を占めているからだ。戦術的には、アメリカの艦船、航空機、兵力はカリブ海で想定されるどのような展開にも十分に応じられる態勢にあった。戦略的には、アメリカの戦力はソ連が怯えるほどに大量虐殺兵器としての核の脅威を与えることができた。このような圧倒的優位性のおかげで、アメリカがミサイル撤去を要求する決意を本気で示せば、その結果は明らかであったのである。一〇月二二日の大統領声明と海上封鎖を堂々と実行したことは、ミサイル撤去を求めるアメリカの断固たる決意のほどを示した。ソ連は残された選択肢を検討したが、取り得る道はミサイルの撤去しかなかった。

このような説明は、ソ連の撤退について戦略的に分析してきた数多くの研究者が検討を重ねてきたものである。現代戦略理論の大御所トーマス・シェリングによれば、この海上封鎖は、当初の「抑止的威嚇」がソ連によるキューバ核武装化阻止に失敗した後、「強制的威嚇」が成功した事例であると分析している。*107 政治学者のアレキサンダー・ジョージは、海上封鎖が「ソ連の指導者にケネディの意志の固さを印象付け、フルシチョフに大誤算を犯したと思い込

*105 May and Zelikow, *The Kennedy Tapes*, p. 230.
*106 Khrushchev to Kennedy, 28 October 1962, in Larson, *The "Cuban Crisis" of 1962*, p. 189.
*107 Thomas Schelling, *Arms and Influence* (New Haven: Yale University Press, 1966), pp. 80-83. だが、シェリングは「威嚇とは単独性の高い行動である」とも認識している。

ませ、危機を平和的に解決する機会を与えたのであろう……また、ケネディが容認できる条件でのミサイル撤去に関し、カリブ海におけるアメリカの軍備増強とともに、海上封鎖はフルシチョフが同意せざるを得なくなるほどに十分な圧力と交渉力をもたらしたのかもしれない」[108]と指摘している。おそらく、最も入念かつ支持されている戦略的分析は、戦略家アルバート・ウォルステッターと妻の軍事史家ロバータ・ウォルステッターによるものであろう。

威嚇の手段は通常戦力を用いた地域限定的な行動であり、ほとんど暴力を伴わない単なる臨船検査にとどまった。武力行使を拡大していく階段には多くの踊り場（決断地点）があり、そこで双方とも対立姿勢を強めようとして上に行くか、その姿勢を和らげるために下に向かうかを決断できたであろう。ソ連のミサイル攻撃を受けたなら、アメリカは核戦力による報復攻撃によりソ連を壊滅させたであろう。[109]

ソ連がミサイルを撤去した理由は何か。「フルシチョフ議長が手を引いたのは、敗北が予想された通常戦力同士の衝突を避けるためであった。この程度の損失を避けるために、彼は無責任にもはるかに高いレベルのものを危険にさらしたのであろう」[110]。

ソ連のミサイル撤去に関するこの説明の重大な問題点は、アメリカの決意を十分に示すものとして海上封鎖に焦点を置いていることだ。では、海上封鎖は役に立ったのか。それとも、反対論者の多くが予想したような形で失敗に終わったのか。要するに、キューバにおいて迅速に発射準備を整えつつあった設置済みのミサイルに対し、海上封鎖はどのような影響を与えたのか。海上封鎖を実行することにより、アメリカはこの危機的状況を通常戦力による地域的海戦の瀬戸際まで悪化させる用意があることを明らかにした――そのような衝突に伴い、予想される外交的悪影響が生じても構わないということだ。これにより、フルシチョフは次の三つの選択肢のうちから選ばなければならなくなった。(一) 海上封鎖対象の海域からソ連船舶を遠ざけ、対決を回避すること。(二) 海上封鎖措置に従い、ソ連船舶を停船させて臨船検査を受け入れる。(三) 海上封鎖措置に反抗してアメリカを刺激し、先制攻撃するように仕向ける。

*108 Alexander L. George, "The Cuban Missile Crisis: Peaceful Resolution Through Coercive Diplomacy," in Alexander L. George and William E. Simons, eds., 2d ed. *The Limits of Coercive Diplomacy* (Boulder: Westview Press, 1994), p. 114.

*109 Albert Wohlstetter and Roberta Wohlstetter, *Controlling the Risks in Cuba*, Adelphi Paper no. 17 (London: International Institute for Strategic Studies, 1965), p. 16. また、ウォルステッターによれば、アメリカは「必要とあれば次の段階に進む」つもりであったという。

*110 前掲書一六ページ。

だが、フルシチョフが（一）を選んだとしても、すでにキューバにMRBM三六発と訓練用ミサイル六発の合計四二発が運び込まれていた状況を考えれば、MRBM用発射台二四基の据え付け作業を完成させることも可能だったのではないか。

実際、これは現実に起きたことではなかったのか。ソ連タンカーのブカレスト号は違法な禁制品を積み込めないことが明らかだったので、自らの船舶名を名乗った後、海上封鎖線の通過を許された。東ドイツの客船も同じく通過を許可された。ソ連のレバノン船籍チャーター船マルキュラ号はトラック、硫黄、予備部品だけを積んでいたが、停船を命じられて船内を捜索された（因みに、スウェーデン船籍のソ連チャーター船は海上封鎖を無視してそのまま航行を続けたが、アメリカは攻撃しないことを選んだ）。ソ連の乾貨物（穀物や石炭など）船が何隻かキューバに向けて航行していたが、途中で停船してから引き返した。アメリカは、おそらくそのなかには武器を積んでいる船もあったのではないかと見ている。キューバでは中距離ミサイル基地の建設が完成に向けて急速に進められており、一〇月二七日までには発射準備が整っていた。このような事実を考えれば、ソ連がミサイルを撤去した理由が単に海上封鎖の効果であったという説明では説得力に欠けるように思われる。

海上封鎖に関するケネディ大統領の声明では、それが最初の段階であるという点を強調していた。また、フロリダの侵攻軍は二〇万人を超すほど大規模に増強されていることを隠そうともしなかった。数百機に及ぶ米軍の戦術戦闘機もキューバの標的を容易に攻撃できる距離にある飛行場に移動した。一〇月二七日土曜日の夜、マクナマラ国防長官は二四の輸送飛行隊、約一万四〇〇〇人の空軍予備役に招集をかけた。このように、海上封鎖は空爆や侵攻という一連の威嚇行動における第一歩にすぎなかった。

まもなくケネディが声明を出すというニュースを受け、ソ連政府は協議を始めた。声明の内容はまだわからなかったので、フルシチョフは最悪の事態を迎えるのではないかと不安になった。アメリカは海上封鎖を宣言するだけで何もしないのかもしれないが、あるいは本当にキューバを攻撃するのではないかと心配でたまらなくなったのである。キューバが攻撃された場合、ソ連はどのように対応すればよいかと考えを巡らした。だが、フルシチョフは同僚に対し、カストロがアメリカをMRBMで脅すような真似はさせないと約束した。[*111] そのようなことになれば、当然ながらアメリカが空爆を仕掛けるのは事実上議論の余地はなかった。

ケネディの今後の対応を懸念する議論が終わり、声明の内容と海上封鎖に関するニュース

[*111] Fursenko and Naftali, "*One Hell of a Gamble*", pp. 240-43.

が流れると、恐怖ではなく安堵の声が漏れた。ワシントンにいるドブルイニン駐米大使の報告によれば、アメリカの動きはベルリン問題に不安を感じるような自国の立場を逆転させたいという意図が背景にあるという。要するに、アメリカは自らの強さを本気で試そうと準備していると警告してきたのである。さらに、ソ連政府に対してベルリンを威嚇するように勧告した。まずはベルリンを地上封鎖するが、「空路は当分の間封鎖の対象外とし、衝突が早々に起きないようにする」。ただし、事を急ぐべきではないと付け加えた。「申し上げることでもないが、事態が急激に悪化することはわれわれの利益にならないからだ[*112]」。ソ連政府はアメリカの海上封鎖が政治的交渉の余地を残した比較的弱腰の対応であると見た。そこで、翌日にはケネディの要求に対して突き放したような厳しい態度で応じた。

ケネディやエクスコムの面々が予想していた通り、ソ連はベルリンへの報復行動を検討していたのである。この点については、ドブルイニンがワシントンから送った電信にその趣旨が記載されている。ある外務次官も海上封鎖に対する報復措置としてベルリンに圧力をかけることを提案した。一方、フルシチョフは自国がすでに深刻な事態に陥っていると認識していたようだ。同席者の一人の回想によれば、ベルリンに対する圧力という報復案を聞くと、「フルシチョフは感情を高ぶらせ、あるいは凶暴と表現してもよいほどの反応を示した。そんな提案は

国民に向けて演説をするケネディ大統領。出所：ジョン・F・ケネディ図書館

無用だ……衝突の火に油を注ぐようなことをするつもりはない」[*113]と激した口調で反論した。この意味では、ウォルステッター夫妻がアメリカの戦略的および戦術的優位の重要性を指摘したのは正しかったのかもしれない。さはさりながら、フルシチョフ以外のソ連上層部がベルリンで事を起こそうと考えていたのは明らかである。

フルシチョフは多くのソ連船舶

[*112] Dobrynin to Foreign Ministry , 23 October 1962, in *Bulletin of the Cold War International History Project*, No. 5, Spring 1995, pp. 70-71.
[*113] Troyanovsky, "The Caribbean Crisis," p. 152

に方向転換を命じたが、必ずしも全船に向けたものではなかった。アメリカの真意を探るために一部の船舶がこの命令の対象外とされたのは明らかであった。一〇月二四日付けのケネディに対するフルシチョフの書簡は挑戦的であった。すなわち、フルシチョフは船長に対し、アメリカの臨検を無視せよと命ずるつもりであると表明するとともに、ケネディとの首脳会談も公的に要求した。

翌二五日の昼までには、フルシチョフは前日の高圧的な態度から一変し、少なくとも最高会議幹部会のメンバーとの協議の場では妥協的な口調になった。ケネディとはこれ以上「辛辣な言葉」の応酬を繰り返したくない。その代わりに、この危機的状況を解決したいと発言したのである。「キューバを平和地帯にするために、ミサイルを撤去する」用意がある。その条件として、「キューバに侵攻しないとの確約が得られるならば、ミサイルを持ち帰る」と提案した。さらに、国連によるミサイル基地の査察も認める用意があると付け加えた。だが、何よりも「状況をよく検討」し、ケネディが本当に譲歩しないのかどうかを確認したいとした。[*114]

その日のうちに、ソ連はブカレスト号がキューバに向かうことをアメリカが許可したとの報告を受けたのであろう。

翌二六日、情報当局からの報告には間違いや噂以下のでたらめな内容も混じっていたが、アメリカのキューバ侵攻に関して事態が急迫しつつあるという一連の不穏な報告を受け取ると、フルシチョフは行動を起こさざるを得なくなった。[*115] そこで、すぐにいくつかの措置を講じた。まず、国連のウ・タント事務総長の提案を受け入れよと指示した。すなわち、米ソ衝突を回避するために、海上封鎖線からソ連船舶を遠ざけることを約束したのである。また、ケネディに長文の私信を送り届け、危機の平和的な解決を示唆した。この私信には、アメリカがキューバを侵攻しないと約束すれば、「わが国の軍事専門家がキューバに存在する必要はなくなるであろう」[*116]と書いてある。

ケネディと側近はある仮説を立ててみた。ソ連側がキューバ不可侵の確約をミサイル撤去の交換条件とする可能性についてさまざまな示唆を出してきたのは、キューバのミサイル維持のために軍事衝突という賭けに出るつもりはない、というフルシチョフの基本的な決断が根底にあるという仮説である。その一方、フルシチョフはケネディに対し、具体的な提案ではなく、取引のヒントを与えただけでなく、個人的なやり取りを続けることにより、フルシチョフ

*114 Fursenko and Naftali, "*One Hell of a Gamble*", p. 259.
*115 前掲書二五七〜五八ページ、二六〇〜六二ページ。
*116 前掲書二六三ページ。

がカストロから一時的に距離を置いたことを悟られないようにした。したがって、ソ連はキューバでのミサイル発射準備態勢を完了させようと急がせつつ、フルシチョフは一〇月二五日に最高会議幹部会の席上で触れた引き延ばし戦術を継続していたのかもしれない。

その理由は依然として明らかではないが、フルシチョフは翌二七日昼までにアメリカには強気に出られると判断するに至った。おそらく、アメリカがブカレスト号に対する臨検の強制実施に失敗したと勘違いし、アメリカの断固たる決意を甘く見たのであろう。フルシチョフの息子によれば、父親は少なくとも一隻は海上封鎖線を通過させる必要があると考えていたところ、アメリカがブカレスト号を通過させたと聞いて大いに喜んだという。後年、ソ連のアレクセーエフ駐キューバ大使がアメリカの海上封鎖は実際には形式的なものにすぎなかったと評したのは、一部の船舶が何の制約も受けずに封鎖線を通過できたからだ。*117 アメリカ政府高官は、臨検を選択的に実施することがソ連側の混乱を招くのではないか、あるいはアメリカが弱腰であると誤解されてしまうのではないかと非常に懸念していた。ちなみに、当時のフルシチョフや彼の側近がこの状況をどのように認識していたかは不明である。

フルシチョフは最高会議幹部会を招集し、アメリカはもはやキューバ攻撃という大胆な行動には出ないであろうという自分の考えを説明した。「アメリカがキューバを攻撃しなかった場合のことを考えておく必要がある」。ケネディのテレビ演説からすでに五日が過ぎているのに、何も起きていなかった。「アメリカは行動を起こす準備がまだ整っていないのだと思う」。だが、アメリカがキューバを攻撃しないという保証はなかったので、フルシチョフはキューバのミサイルの存在を事実上認めたうえで、より具体的な提案を新たに示そうと考えた。さらに、トルコにあるアメリカのミサイルのことも交渉条件に加えようとした。そうすれば、「われわれは勝てる」と言った。[118]

フルシチョフがアメリカの意図に対する評価を覆した理由を説明する証拠はほとんど見当たらない。それと同じように、フルシチョフがトルコにあるミサイルを交渉条件に追加した理由を説明する証拠もほとんどない。フルセンコとナフタリによれば、トルコの件はメディアの憶測で世間に広まったが、キューバ危機勃発以降の最高会議幹部会において、トルコのジュピター・ミサイルが実際に議論されたことはないという。旧式なミサイルを撤去させることが重要な目標であると説く者などいなかったのである。

[117] Lebow and Stein, *We All Lost the Cold War*, p. 115; Garthoff, *Reflections on the Cuban Missile Crisis*, p. 67, n. 107.

[118] Fursenko and Naftali, "*One Hell of a Gamble*", p. 274.

フルシチョフが一〇月二六日付けの私信にトルコの話を加えていたら、この新提案に対するアメリカの反応は違ったものになっていたかもしれない。そもそも、ケネディや側近の誰一人としてジュピター・ミサイルの利用価値をほとんど認めていなかったのだが、この時点でこの話を持ち出したことは、明白な疑問をもたらした。アメリカはこれをソ連側の交渉姿勢の変化であると認識しなかったであろうか。何しろ一〇月二六日付けの私信にはなかった新たな提案だったからだ。鋭い分析官ならば、アメリカは少なくともこの提案を受け入れず、それどころかソ連には交渉を妥結させる気がないのかという疑念が生じ、それにより、アメリカが軍事行動に出る可能性を強める絶好の機会であると進言したことは間違いない。ソ連がこのような危険性について検討した証拠はない。ある内部関係者は、一〇月二七日のフルシチョフの提案が「交渉の更なる進展を期待して示した*119」ものとして淡々と回想している。

フルシチョフは最新の提案を公表することを決定したために、主導権を握る機会をさらに失ってしまった。特に、このような取引の公表がNATOに与える影響を考えると、アメリカが提案に応じる可能性はほとんどなくなってしまった。取引の公表はフルシチョフの面子を保つかもしれないが、アメリカが拒否すれば面子どころの話ではなくなり、分析官の大半はそのように予測していたはずである。トルコの姿勢については、ソ連政府部内では誰も検討していなかったようであるが、アメリカが提案を議論し始めると、トルコはすぐにこの提案を拒絶すると公表した。カストロはアメリカが拒否すると期待していたのは間違いなく、ソ連の駐キューバ大使も、カストロがトルコの拒絶に安堵していると母国に報告した。[*120]

フルシチョフがこの点を分析した証拠はなく、最高会議幹部会のメンバーのなかにもこれについて言及した者はいない。フルシチョフの部下の一人は、新たな提案は伝達時間を短縮するためにラジオを通じて発表することになったのであり、「追加の交渉条件としてトルコの件を公表すれば、アメリカ政府に新たな負担を強いることになるとは、われわれの想定外であった」と記憶している。[*121]

アメリカ政府部内の誰かが考えたように、フルシチョフの行動は見かけほど思慮を欠いたものではなかったのかもしれない。フルシチョフが新提案を出したのは、交渉を進展させるためではなく、行き詰らせるためだったのかもしれない。すなわち、これはアメリカに提案を受

*119 Troyanovsky, "The Caribbean Crisis," p. 153.
*120 一九六二年一〇月二七日付けアレクセーエフ駐キューバ大使から外務省宛の一連の文書。冷戦国際史プロジェクト（Cold War International History Project）が収集し、ハーバード大学の科学・国際関係センター（Center for Science and International Affairs）が翻訳したもの（以下、CWIHP/Harvard Collection と略称）。
*121 Troyanovsky, "The Caribbean Crisis," p. 153.

諾させるためではなく、この状況を世界に知らしめるために計算されたものであり、アメリカが長期に及ぶ実りの少ない交渉のなかで譲歩することも期待した行動だったのだろう。だが、逆にアメリカが軍事行動を激化させる恐れもあった。実際、ケネディの側近はほぼ全員がそのように反応したのである。

一〇月二七日のうちに、キューバで戦闘が目前に迫りつつあるという報告がモスクワに伝えられると、フルシチョフは明らかな自己満足から目を覚ました。カストロから連絡が届いたのである。カストロによれば、今後二四時間から七二時間のうちにアメリカの攻撃は「ほぼ不可避」であり、大規模な空爆の可能性が高く、侵攻の恐れもあるという。アメリカが侵攻してきた場合、カストロはフルシチョフに対して「そのような脅威を排除すること」を考慮するように要請した。端的に言えば、ソ連の核兵器でアメリカ軍を攻撃してほしいということだ。カストロは、「この決断がいかに困難かつ恐ろしいものであるとしても……それ以外に方法はないと確信している」[*122]と書いている。キューバの防空部隊はアメリカの偵察機を撃ち始めた。そして、アメリカのU2偵察機がキューバにあるソ連の地対空ミサイル（SAM）によって撃墜され、そのパイロットも死亡した。

一〇月二七日の午後遅くのモスクワにおいて、フルシチョフはアメリカが記者声明で彼の公的な提案を即座に拒絶したことを知った。また、U2偵察機が撃墜されたとカストロから連絡を受けて、動揺を隠せなかったという。加えて、アメリカに対する核攻撃の用意を催促するかのような内容も伝えられると、ひどく狼狽したのは間違いない。数日後、フルシチョフはカストロに新たなメッセージを送った。フルシチョフは先日の「極めて憂慮すべき」連絡に言及しつつ、「貴殿の提案は、われわれが敵の領土内に先制核攻撃することを求めている」と断じ、「当然ながら、これがどのような結果をもたらすかはわかっているであろう。一回限りの攻撃では終わらず、水爆を使った世界大戦が始まるのだ[*123]」と付け加えた。

一〇月二七日土曜日の夜遅く、モスクワにいるフルシチョフにケネディから公的書簡が届いた。そこには、キューバに侵攻しないと確約するには、ソ連の「攻撃用兵器」撤去の確認が必要であると明示されていた。

アメリカ政府がこの書簡を送ったのは、フルシチョフが一連の警告を受け取ったと認識することを期待したからだ。ラスク国務長官がそのことを次のように率直に語っている。一〇月

*122 一九六二年一〇月二五日付けアレクセーエフ駐キューバ大使から外務省宛文書と同年同月二六日付けカストロからフルシチョフ宛文書（いずれもCWIHP/Harvard Collection）。
*123 一九六二年一〇月三〇日付けフルシチョフからカストロ宛文書（JFKL）。

二七日夜、「今日起きた七つの出来事」を列挙し、それらは「その影響はわれわれには我慢できる範囲内に収まるが、フルシチョフに対しては圧力が強まるばかりであろう」と指摘した。その出来事とは以下の通り。(一)午前中にホワイトハウスが出した公式声明。フルシチョフが公表したキューバのミサイルとトルコのミサイルという交換条件を拒否した。(二)国連に宛てたメッセージ。アメリカがキューバに向かうソ連船舶を阻止するための海上封鎖線の位置を明確にした。(三)午後に出た国防総省からの発表。偵察機が撃墜されてもキューバの監視を続行すると断言した。(四)国連事務総長に宛てた短いメッセージ。フルシチョフの提案を拒否したという内容である。(五)午後遅く(ワシントン時間)にケネディからフルシチョフに送られた公的書簡。ミサイル撤去の代わりにキューバへ侵攻しないと確約してほしいという前日のフルシチョフの私的な提案に対して肯定的な返事をした。(六)マクナマラの記者会見。キューバ侵攻準備のために空軍予備役に招集をかけたと発表した。(七)国連に宛てた計画的な警告。アメリカの海上封鎖線に近づくソ連船舶に対する措置を説明した。[*124]

翌二八日日曜日の午前中、フルシチョフは最高会議幹部会を開いたが、アメリカの脅威に対する評価はすでに一変していた。今回は会議の出席者に対し、「(われわれは)戦争、しかも核兵器による破滅の脅威に直面しており、下手すれば人類は消滅するかもしれない」と断じた。そして、「世界を救うには、われわれが譲歩しなければならないのだ[*125]」と続けた。

要するに、海上封鎖だけでは、フルシチョフの心は変わらなかった。そこに新たな行動、危機当初の一週間のうちに検討したが、見送りとなった選択肢という威嚇が加わったことで、ようやくソ連にミサイルを撤去させることができたのである。空爆や侵攻のような威嚇がなければ、海上封鎖のみではキューバに配備済みのミサイルを除去せしめることは不可能だったであろう。

他には、フルシチョフがアメとムチに屈したのだという説明もある。一〇月二七日夜、ロバート・ケネディはドブルイニン大使にケネディの親書を渡し、アメリカが更なる威嚇行動に出る可能性は極めて高く、残された時間もほとんどないと伝えると、ドブルイニン大使はジュピター・ミサイルのことを尋ねた。ラスク国務長官の提案によって作成された指示に従い、ロバート・ケネディは「NATOが関係しているので、この点については交渉の余地はない」と鞭のように厳しく突き放した。だが、「個人的には、ジュピター・ミサイルを四、五ヶ月以内に撤去すると貴国に約束できる[*126]」と飴玉のような提案を示した。ラスク国務長官の提案の巧み

*124 May and Zelikow, *The Kennedy Tapes*, p. 616.
*125 Fursenko and Naftali, "*One Hell of a Gamble*", p. 284.

な点は、ジュピター・ミサイル問題が時間稼ぎの道具にされることを避けつつ、互いの交渉範囲や交渉日程に関する協議も回避しているところであった。一方、フルシチョフの提案は薬物よりも有害な内容であった。[*127] 軍事行動が切迫しているというロバート・ケネディの緊急性を帯びた警告は事実であった。もしも兄が自分を嘘つきに仕立てようとしていると思っていたならば、ロバート・ケネディはこのような脅しを口にはしなかったであろう。一〇月二九日、ケネディ大統領自身も、「土曜日（一〇月二七日）の夜、われわれは火曜日（一〇月三〇日）に空爆を開始すると決断した。思えば、ソ連が最終的に譲歩を見せた理由の一つはこれだったのかもしれない」[*128]と回想している。

ともかく、フルシチョフの一瞬の決断はロバート・ケネディとドブルイニン大使の会談で出たアメとムチのいずれに基づくものでもなかった。フルセンコとナフタリによれば、ワシントンにいるドブルイニン大使からロバート・ケネディとの厳しく不穏な会談内容を伝える電報が届いたのは、フルシチョフが共産党政治局に対して宣言した後のことであった。ジュピター・ミサイルに関する提案はお粗末そのものであり、何の役にも立たなかった。すなわち、アメリカ側からの威嚇と緊急性が伝える全体的な空気はこの提案を圧倒し、フルシチョフがすでに下した決断の正しさを補強し、実行を早めるように促したのである。最高会議幹部会に届いた電信の要約を見た職員は、「ドブルイニン大使が伝えてきたケネディ大統領の弟による発言の主旨は、最後の審判を受けるときが来たという結論にしか読めなかった」と当時を振り返った。後にフルシチョフがカストロに語ったところによれば、アメリカの攻撃が差し迫っているという自分の判断は他の情報源からもその正しさが裏付けられたので、それを回避するために事を急いだのだという。[*129]

フルシチョフがソ連のミサイルを撤去したのは、海上封鎖を忌避したからではなく、その

[*126] McGeorge Bundy, *Danger and Survival: Choices About the Bomb in the First Fifty Years* (New York: Random House, 1988), pp. 432-34; ロバート・ケネディの会談メモは大統領執務室ファイルの一九六二年一〇月三〇日付けラスク国務長官宛書簡のなかにある（JFKL)。ドブルイニン大使の会談報告書は一九九五年春の冷戦国際史プロジェクト第五号七九～八〇ページにある。Arthur M. Schlesinger, *Robert Kennedy and His Times* (Boston: Houghton Mifflin, 1978), pp. 522-23; May and Zelikow, *The Kennedy Tapes*, pp. 605-09 and nn. 2, 3, 5, and 7.

[*127] 交渉内容は、他の厄介な問題のほかに、キューバにあるソ連ミサイルとトルコにあるアメリカの核搭載可能攻撃機の相互措置に関するアメリカとトルコ間、ソ連とキューバ間の微妙な折衝と課題も対象になったであろう。一部のアメリカ政府高官が恐れた通り、その交渉が行われたとしても、何の成果も得られなかった可能性がある——既成事実を確認しただけで終わったであろう。

[*128] May and Zelikow, *The Kennedy Tapes*, p. 656. また、ケネディ大統領は代替案としていわゆる「コルディィエ作戦（ケネディ大統領がラスク国務長官に指示した緊急対応策であり、別途連絡があり次第、コロンビア大学学長アンドリュー・コルディィエからウ・タント国連事務総長代理に連絡し、ミサイル取引の公表を提案してもらう）」を考えたかもしれない。前掲書六〇六ページ脚注三を参照のこと。

次に来る軍事行動を恐れたからだ。海上封鎖という中途半端な措置は、キューバにあるミサイル撤去を求めるアメリカの決断に対応する時間をソ連に与えたのかもしれない。だが、これは同時に、ソ連にミサイルの発射準備態勢を完了させるための余裕も与えた。その余裕がなくなったのは、アメリカが攻撃的姿勢を強めようとする切迫した脅威が本物であるというフルシチョフの確信であった。事態が緊迫するなか、アメリカは核戦力と通常戦力の両方の優位性から有利な立場にあった。因みに、このミサイル危機の後、マクナマラ国防長官は「どちらが優位にあるかという問題については、卵が先かニワトリが先かのような議論があることは知っている。私に言わせれば、それはハサミのどちらの刃が紙を切ったかを論じるようなものだ」[*130]と証言している。

*129 Fursenko and Naftali, *"One Hell of a Gamble"*, pp. 284-86; and Troyanovsky, "The Caribbean Crisis," p. 154. 譲歩を迅速に公表した後、フルシチョフはケネディに対し、ジュピター・ミサイル撤去の言質を取ろうとして秘密書簡を送った。ドブルイニン大使はこの書簡をロバート・ケネディに手渡そうとした。だが、ロバート・ケネディはフルシチョフがこの提案を正式な交換条件に見立てようとしたことに激怒し、ドブルイニン大使にこの書簡を投げ返し、正に門前払いを喰らわしたのである。後に、この書簡はロシアの記録保管所から学者の手に戻された。May and Zelikow, *The Kennedy Tapes*, pp. 663-64 and nn. 1, 2 を参照のこと。

*130 国防長官府ファイルにある一九六三年一月一二日付けマクナマラ国防長官の下院軍事委員会での証言。

第3章

# 第二モデル——組織行動

Model 2: Organizational Behavior

3

目的にもよるが、政府の行動とは、単一で合理的な意思決定者――中央で制御され、完全な情報を持ち、価値極大化を求める存在――が選択した行動であると要約すれば、使い勝手がよい。だが、政府は個人ではない。単なる大統領やその側近でもなければ、ましてや大統領職や連邦議会のことでもない。それは緩やかに結合した組織の巨大な集合体であり、各組織は独自の実体を備えている。政府の指導者は外見上この集合体の頂点に立っている。一方、政府は組織的な感知装置によって問題を認識する。政府はその構成組織による情報処理を通じて選択肢を定め、その結果を予測する。政府はこれらの組織が定めた所定の手続きに基づいて行動を起こす。したがって、第二の概念モデルによれば、政府の行動は意図的な選択というよりも、行動の標準様式に基づいて機能している巨大組織が作り出した結果（組織成果）である。

　政府は広範な問題に対応するために巨大な組織で構成されており、特定の任務に関する主たる責任は組織間で分割されている。各組織は特定の問題を担当し、これらの問題の処理についてはある程度主体的に行動する。だが、重要な問題なら、単一の組織だけが処理を担当することはほとんどない。このように、重要な問題に関する政府の行動は、政府の指導者が部分的に調整を施した複数の組織による主体的な行動を反映したものである。政府の指導者はこれらの組織の特定の行動を実質的に妨害することはできるが、思い通りに支配することはまず不可能である。

　複雑な任務を遂行するには、多人数の行動を調整しなければならない。この調整には標準作業手続き、すなわち、物事を処理するための規則が必要になる。何百人もの行動に基づく活動の信頼性を確保するには、事前に策定した「計画」が必要である。実際、一一人のアメリカンフットボールのチームが特定の攻撃をうまく成功させるために、各メンバーが実行すべきことは「自分が必要だと思うこと」や「クォーターバックが命令すること」ではない。それよりも、事前に具体的に決められた戦術を実行することだ。クォーターバックの役割は、単にこの状況ではこの戦術を使うと叫ぶだけである。

政府は常に現存の組織で構成され、各組織には所定の標準作業手続きと計画がある。したがって、特定事例に関する問題に関連したこれらの組織の行動――およびその結果としての政府の行動――は、主としてこの事例以前に定められた所定の手続きに基づいて決定される。政府の行動を説明するには、まずこの事実認識から始め、そこから徐々に起きた逸脱部分を指摘することだ。だが、組織は変化する。学習効果は長期間にわたって徐々に浸透するが、組織の劇的な変化は大きな失敗に対応して起きる。学習と変化はいずれも現行の組織能力と業務手続きに影響を受けるものだ。

前述の命題は組織に関する研究から借用したものを概説したものだが、どれも単に傾向を示すものである。特別な事例では、この傾向はおおよそ妥当する。具体的な状況では、この傾向はどの程度妥当するのかが問題になる。だが、これはそういうものなのだ。正しく問わないと見逃しかねない多様な問題に対し、傾向に関する知識があれば正しく問うことが可能であり、研究者であれ、アメリカ大統領であれ、その問題に目を向けることができるだろう。

このような但し書きを前提にしながらも、政府行動を組織行動の特徴と見なす考え方は、第一モデルとは明らかに異なる。このような視点で外交問題を理解しようとすれば、第一モデルとはまったく異なった説明が生まれるはずである。ミサイル危機に関しては、第一モデルを採用する研究者は、「フルシチョフ」がミサイルをキューバに配備した理由や「アメリカ」が海上封鎖や最後通牒などで対応した理由を問い、あたかも政府を個人のように擬人化し、特定の目的に基づいて描写する。第二モデルによる説明では、主語は個人や政権全体の名前で呼ばれることはない。むしろ、このモデルにおける主語は組織であり、その行動は特定の誰かに特有な行動としてではなく、組織の職員に共通する組織の目的や活動の観点から説明される。

本章の基本的な要旨が最初に提示された当時、主要な問題に組織論の見地から取り組んだ政治学者はほとんどおらず、国際関係や外交政策の研究者もほぼ皆無であった。その間、組織研究は有望な方向性がいくつも示されたことで進展を見せ、兵器調達、軍事理論、軍事予算、戦争抑止政策、安全保障、戦争の危機の角度から問題を検討した重要な研究が数多くなされてきた。このような展開と更なる思索を踏まえ、この第二モデルの説明では新たに五つの点を強調している。

第一に、なぜ組織なのか。組織する理由は何か。辞書で調べてみると、組織とは協調的または統一的行動のために体系的に配置された人間の集団のことである。あるいは、「全体的または集団的機能に寄与する多様な機能を備えた要素で構成された存在であり、生命体のようなもの」である。公的組織と私的組織の区別は判然としないが、公的組織とは正規の方法を通じて集められた個人の集合体であり、任務遂行や目標達成に向けた仕事の分担と専任に関する体制と手続きが確立されている。[*1] したがって、この組織の定義には一時的な目的のために臨時に集められた人々の集合体を含めない。交響楽団と即興演奏バンド、アメフトチームと草野球チーム、軍隊と民衆暴動などの違いを考えてみよう。

　第二に、そして最も重要なことであるが、組織は、組織でなければ不可能な任務を遂行し、目的を実現するための能力を生み出す。イギリスの経済学者アダム・スミスがピン（裁縫用の待ち針）工場の分析で鋭く指摘した通り、仕事を分業し、職種別に専門化し、所定の手順で作業するように組織の所属員を訓練すれば、組織が何十人、何百人、何千人の作業を通じて生産する同一製品は、各所属員が単独で作業する場合よりも想像を絶するほどの数量を生産できる。アダム・スミスは、「この職種（分業で指定された個別の作業）の技能を教えられていな

*1 この定義による組織とは「機関」内に存在する存在であり、社会、政治機構または政治経済学の構造を明示できる公的および私的な規則や慣行に言及する別の概念である。「公的組織とは一般的に協調的制御的行動のための制度と理解されており、仕事が技術関連と境界間交流の複雑なネットワークに組み込まれると、そのような行動が開始される。だが、現代社会では、公的組織構造は高度に制度化された環境のもとで立ち上がる」。John W. Meyer and Brian Rowan, "Institutionalized Organizations: Formal Structure as Myth and Ceremony," in Walter W. Powell and Paul J. DiMaggio, *The New Institutionalism in Organizational Analysis* (Chicago: University of Chicago Press, 1991), p. 41.

い作業員は……おそらく精一杯努力しても一日一本のピンしか作れない。ましてや二〇本作ることは絶対に不可能である」と説明する。だが、適切な分業化と専門化が施された組織であれば、「この目で見たのだが、わずか一〇人の小さな工場でも……彼らが懸命に働いたときには……一日四万八〇〇〇本ものピンを作れたのだ」[*2]と付け加える。

第三に、既存の組織に既存の計画と所定の手順があると、行動を制約されることがある。つまり、組織が物事に対応するときには必ず組織の既定方針に従う場合である。例えば、中華料理店を考えてみよう。店側が作り方と材料をもとにメニューを決める。その料理を事前に練習していなければ美味しくないであろうが、とにかくメニューにあれば注文できる。だが、（ハンバーガーやピザなど）メニューになければ食べられないのである。

第四に、組織文化は所属する個人の行動を公私の規範に沿うように仕向ける。その結果、その組織は全体として個性と勢いのある際立った存在になる。

第五そして最後になるが、前述の通り、組織は個人に似ているというよりも、むしろ一つの技術または技術の集合体に近い。例えば、中華料理店の中華鍋やコンロや皿や箸、あるいは航空会社の飛行機、誘導装置、特定の機体形状と重量を勘案した所定速度を保つための特別な推進力——これらは特定の料理を供したり、乗客をある地点から別の地点へと運んだりするための能力を生み出す道具や機械設備である。特定の料理を作る料理人や航空業務運営に従事するパイロット、整備士、管制官などの関係職員が拠り所とする標準作業手続きは、業務遂行上極めて重要な手続き関係の技術を内容とする。コンピュータのハードウェアとソフトウェアのように、(ハードな) 道具や機械設備と (ソフトな) 手続き関係の知識は、これらがなければ考えられなかった能力を生み出す。だが、次回 (翌年) 期待されるかもしれない能力は、そのためのハードやソフトが開発されておらず、あるいは体系化されていなければ抑制される。

アメリカの組織論研究者ジェームズ・マーチとハーバート・サイモンは、三〇年以上前に問うた自分たちの古典的組織論を再検討し、「適切性の論理」と対比した「結果の論理」という二つの異なった「行動の論理」の違いに注目せよと説いた。

第一の「行動の論理」である「結果の論理」とは、分析的合理性である。行動は、アクターの優先順位に基づいて予想される結果の評価によって選択される。「結果の論理」は、期

*2 Adam Smith, *An Inquiry into the Nature and Causes of the Wealth of Nations* [1776], ed. Edwin Cannan (New York: Modern Library, 1994), Book One, chapter one. (邦訳はアダム・スミス『国富論』全二巻、山岡洋一訳、日本経済新聞出版社)

待と分析と予測の観念に関係している。主に、選択肢に対する選択調査と経験則を活かした発見的探索法を通じ、それらに見られる充足性を見て判断する。

第二の「行動の論理」は状況に合致しているかどうかの基準であり、「適切性の論理」に基づく。行動を選択する場合、状況を慣れ親しんだよく見かける種類別に認識し、認識されたその状況と一連の基準との合致の程度を見て判断する……。「適切性の論理」は、経験と役割と直観と専門知識の観念に関係している。また、予測については、主に組織が保管する過去の資料や個人の記憶に残る経験を読み取る手段として取り扱う。*3

この違いは第一モデルと第二モデルの違いの中心にある。*4

ある特定の状況では、組織の担当者が臨機応変な対応を考えようとせず、「血の通わない」定型的な対応で押し通そうとするために、険悪な雰囲気になることがある。皆さんもそんな苛立たしい経験をしたことがあるだろう。本章で説明した第二モデルのような組織の論理に直面したことで、不満を覚えたことはあろうが、逆にそのおかげで命を救われたことがあるのかもしれないのである。もし定型業務を問題なく運営するために第一モデルの説明のようなことを要求されたら、航空会社や病院や原子力発電所を運営する組織のトップはひどく動揺しただろう。すなわち、組織化の主たる目的は、担当者が誰であれ、その担当者個人の好みや能力が何であれ、どの日でも確実に定型業務を支障なく交替できるようにすることにある。パイロットの名前を知らなければ飛行や着陸の安全性を確認できないなら、そのような航空会社は破綻するだろう（そして、おそらく規制当局から業務停止を命ぜられるはずだ）。

現代社会では組織が次々に誕生しているが、組織は複雑化する一方である。定型的な業務

＊3 "Introduction to the Second Edition," in James G. March and Herbert A. Simon, *Organizations*, 2d ed. (Cambridge: Blackwell Publishers, 1993), p. 8.（邦訳はジェームズ・C・マーチ、ハーバート・A・サイモン『オーガニゼーションズ　第2版』高橋伸夫訳、ダイヤモンド社）初版から三五年経過したが、二人の著者は、わずか四つの主要論点の一つは別々に扱うべきであったとし、「(今ならば）規範に基づく行動とは対照的に、分析的に合理的な行動にはあまり重点を置かなかったであろう」と考えた。前掲書8ページ。また、James G. March, *A Primer on Decision Making: How Decisions Happen* (New York: Free Press, 1994), p. viii も参照のこと。

＊4 アメリカの国際政治学者ジョン・D・スタインブルーナーは、同じように「人工頭脳的」考え方と「分析的」考え方を対比させている。前者によれば、「決定は小さな部門に細分化されて行われ、各部門は主に定型手順に基づいて連続的に処理している」場合、不確実性は「高度に集中した注意力と高度に組織化された対応」を発展させることで抑えられる。John D. Steinbruner, *The Cybernetic Theory of Decision: New Dimensions of Political Analysis* (Princeton: Princeton University Press, 1974), pp. 86-87. 軍用機F－111調達に関する調査では、「表面的な観察でもわかるが、巨大組織の活動の大半を占める硬直的で狭量で客観的に奇妙な前提を設定する」という特徴を持つ「人工頭脳的」説明が確認された。Robert E. Coulam, *Illusions of Choice: The F-111 and the Problem of Weapons Acquisition Reform* (Princeton: Princeton University Press, 1977), p. 366.

は同じ組織内で相互に影響し合う。あるいは、ますます混み合う環境でサービスを提供する組織の間でも相互に影響し合う。その組織は同じ管轄区域に重複していることもあれば、異なる管轄区域のこともある。また、これらの複雑な組織は、非常に危険な原材料を扱うこともあれば、人命に関わる極めて特有な危険性を帯びた業務を運営することもある。基本的な業務運営体制は、それ自体が複雑精緻なものであるが、いずれの体制にも「安全計画」が組み込まれ、安全性を補強している。これらの体制や計画も、時には予期せぬ――そして悲惨な――結果を伴いながら、互いに影響し合っているのである。

組織研究の展開を検証する以下の部分では、さまざまな研究者が組織の独特な性格を説明する方法に言及している。それらの違いはともかく、彼らの説明によれば、合理的アクターの論理とは相当異なるものであり、組織論理の別の種類を認めることでまとまっている。

## 組織論理と効率

ドイツの社会学者マックス・ウェーバーのような初期の組織論研究者は、組織というものをより効率的な――時には恐ろしいほど効率的な――合理的選択の手段と見ていた。現代的生活の最も注目すべき特徴とは、どれほど大勢の人間がどれほど多くの行動において自らの所属する組織の支配目的に影響を受けているかということである。大量生産、大量流通、大量販売を伴う現代消費社会は、合目的的な組織の大成功を象徴している。例えば、ファーストフードチェーンのマクドナルドは、特にハンバーガーのようなお手軽な食品の販売によって利益の極大化を目指す会社組織である。同社では標準作業手続きを用いた規格品の販売を展開している。その手順書には、必要材料の調達と貯蔵の方法および世界中の販売店舗への配送方法、その店舗の在庫としての保管方法、顧客に提供するときの調理方法や接客態度、「ごゆっくりどうぞ」や「またお越しくださいませ」などの顧客への声かけその他の項目が説明されている。店舗の設計と認可、外観、調理設備や清掃用具、給仕方法、宣伝広告などに関する標準作業手続きを含むハンドブックを備えたフランチャイズ店舗の協力を得て、同社は何万人もの行動をうまく調和させ、実質的に均一な食品（同社承認の下で、特別な市場向けに新趣向の食品を提供してもよい）を何十億個の規模で作り出している。同じような説明は、多くの国々の他の企業にも当てはまる場合が多いはずである。未組織化の個人の素人の集合体に対して合目的的組織のこのような成功は、品目の激増、製品の品質や供給力の劇的改善、性能と供給業者の業績の大幅な向上に寄与している。

この点を拡大して考えてみたい。政治指導者は、海軍から都市水道局に至るまで、所定の目標を達成するための効率的手段として数々の組織を創設している。特に、そのような組織が存在しない場合の選択肢を考えれば、驚異的に効率的であることがわかる。かくして、公的存在としての組織が続々と立ち上がるようになった。およそ一八八〇年から一九四〇年のアメリカで見られたように、行政という新分野では、素人の官僚から訓練を受けた専門家に引き継がれ、より効率的な科学的管理を推進することに重点が置かれるようになった。[*5] ニュージャージー・ベル電話会社社長チェスター・バーナードは、一九三〇年代から一九四〇年代にかけて、能力と分業を組み合わせた組織は、私的選択と同じように公共選択の合理性を劇的に高めるという非常に説得力のある主張を展開した。[*6]

この観点——合理主義的観点、機能主義的観点、手段的観点とさまざまなレッテルを貼られてきたが——から見れば、組織論理は第一モデルの合目的的行動の一部にすぎないと考えてもよいように思われる。結局、組織設立の主な目的を理解することだけでは、組織やその所属員の行動を説明できないのではないか。

いや、そうでもない。経済学者は、組織こそアクターが優先順位を追求する際の効率問題の解決法であると考えることから始めた。アクターは駆け引きし、取引する必要がある。例えば、当局に道路を除雪してもらいたければ、税金を納めなければならない。これまでのところ、組織を手段として理解するのは問題ないようである。だが、一部の経済学者が指摘または警告し始めたように、官僚とは、社会が本当に必要としている以上に、あるいは社会的な余裕の限度以上に、仕事（何の仕事であれ）を増やそうとし、それを実行するための資源を求めようとするものだ。*7

*5 Max Weber, *Economy and Society* [1922] (Berkeley: University of California Press, 1978); Weber, *The Theory of Social and Economic Organization* (New York: Oxford University Press, 1947) などを参照のこと。（部分訳は『世界の名著50　ウェーバー』中央公論社所収の富永健一訳「経済行為の社会学的基礎概念」ほか）アメリカの行政部門に関する科学の勃興については、the essays collected in Frederik C. Mosher, ed., *American Public Administration: Past, Present, Future* (University, Ala.: University of Alabama Press, 1975) を参照のこと。ただし、政治を「効率的」行政から分離するという仮定に対する研究者の反応は、一九四〇年代初期までには明らかになっていた。Schuyler C. Wallace, *Federal Departmentalization: A Critique of Theories of Organization* (New York: Columbia University Press, 1941); the commentary on the trend in Matthew Holdenm Jr., *Continuity and Disruption: Essays in Public Administration* (Pittsburgh: University of Pittsburgh Press, 1996), esp. chapter 1 and 2 などを参照のこと。

*6 Chester Barnard, *The Functions of the Executive* (Cambridge: Harvard University Press, 1938);（邦訳は『経営者の役割』山本安次郎訳、ダイヤモンド社）Barnard, *Organization and Management* (Cambridge: Harvard University Press, 1948).（邦訳は『組織と管理』飯野春樹監訳、日本バーナード協会）この論題に関する現代の著作としては、Charles T. Goodsell, *The Case for Bureaucracy: A Public Administration Polemic,* 3rd ed. (Chatham: Chatham House, 1994) を参照のこと。

経済学者や経済史学者の多くは、とにかく社会が経済的交換のために発展させてきた制度的環境というものから始め、これらの制度に関連した組織の発展推移に焦点を当てる。組織が経済的交換に内在する不確実性に効果的に対応し、組織自体の運営費用を十分に相殺するような取引費用の削減が可能であれば、組織は状況に適応して成長する。だが、アメリカの経済学者ダグラス・ノースが指摘するように、社会や組織は、成長に向けた特定の道に頼りすぎるようになる恐れがある。そうなれば、士気低下と取引費用増大が顕著になり、将来の発展に向けた選択肢もかなり限定されるようになる。組織が将来新たな状況に直面したときには、過去の状況下で選択した手段が方向性を制約することになるのである。*8

また、研究者は、組織上層部の計画に定められた効率的な手段であろうとして一心に徹してきた組織でも、必ずしも創設者の目的を正しく反映した仕事をしているとは限らないとも指摘している。なぜなら、上層部自身は組織が対応すべき問題に直面してきたわけではないからだ。組織たるものは、公私を問わず、他の組織に囲まれた環境のなかで行動しつつ、新たに出現する問題にも適応しなければならない。研究者が考えるように、この適応のために、「組織の優先順位の大半には、特定の考え方に固執しない組織規範が反映されている」。*9 これらの規範は、たとえ全く別分野の組織でも互いに似通ってくる傾向の背景になっており、さらには一部の研究者が「同型写像」と呼ぶほど似たような経験をする傾向がある理由（実際には唯一の理由）でもある。*10

これらの研究は民間組織や政府組織を対象にする傾向がある。だが、政府組織は民間企業

*7 William A. Niskanen, *Bureaucracy and Representative Government* (Chicago: Rand McNally, 1971); James S. Coleman, *Individual Interests and Collective Action* (Cambridge: Cambridge University Press, 1986) を参照のこと。

*8 Douglass C. North, *Institutions, Institutional Change and Economic Performance* (Cambridge: Cambridge University Press, 1990)（邦訳は『制度・制度変化・経済成果』竹下公視訳、晃洋書房）; John Pratt and Richard Zeckhauser, *Principals and Agents* (Cambridge: Harvard University Press, 1986); Terry Moe, "The New Economics of Organizations," *American Political Science Review* 28 (1984): 739-77; Oliver E. Williamson, *The Economic Institutions of Capitalism: Firms, Markets, Relational Contracting* (New York: Free Press, 1985): Armen A. Alchian and Harold Demsetz, "Production, Information Cost, and Economic Organization," *American Economic Review* 62 (1972): 777-95; Richard Nelson and Sidney Winter, *An Evolutionary Theory of Economic Change* (Cambridge: Harvard University Press, 1982); R.C.O. Matthews, "The Economics of Institutions and the Sources of Growth," *Economic Journal* 96 (1986): 903-18.

*9 Edward O. Laumann and David Knoke, *The Organizational State: Social Choice in National Policy Domains* (Madison: University of Wisconsin Press, 1987), p.383（出典ではイタリック体の部分）。アメリカの社会学者エドワード・ローマンとデーヴィッド・ノークは、別の重要な研究成果として、組織間の力学は「反復ゲーム戦略（何度も繰り返されるゲーム自体を一つのゲームと見なし、以前の情報を参考にして今回の行動を決定する）」を生み出すと書き加えている。外部から押し付けられた考え方に沿った形の団結よりも、「内部に意見の相違のあるほうが組織のためになるという組織特有の性質を示している」。また、Kenneth A. Shepsle, *Perspective on Positive Economy* (Cambridge: Cambridge University Press, 1990); Shepsle and Barry Weingast, "The Institutional Foundations of Committee Power," *American Political Science Review* 81 (1987): 85-104 も参照のこと。

とは異なる。政府組織は政治的措置によって設立される。その目標は――組織の支配者のように――曖昧なことが多い。政府組織は特に特別な制約を受けている。例えば、利益を保持してはならない。生産組織に対する支配権は限定的とする。設定する目標にも制限が加えられている。（内部規定と同じく）管理手続きを定める外部規定もある。仕事の成果は成功か失敗という安易な評価の対象にはならないことが多い[*11]。「アメリカの公的官僚組織は効率的な制度として設計されていない[*12]」。

このように、アメリカの官界を研究する歴史家は、政府官僚組織と行政権力の登場について多少異なった説明をしている。アメリカの統治組織の台頭を研究する機能主義的理論によれば、おおよそ次のような理解である。すなわち、社会に問題が起きる。問題の有無は有力な高級官僚か利益集団が判断する。組織が立ち上がり、優れた能力と高度な効率性を活用して問題に対処する。だが、少なくともアメリカでは、問題の定義と存在は政治的見解の問題とされている。問題の認識はその時の政治体制と付随的な事象によって左右される。したがって、問題が観測筋の多くにとって明らかになったと思われてからずっと後に（またはその前でも）、「問題」特有の側面に対処する組織が設置されることがある[*13]。

また、組織が一旦設立されると、政治学者もその組織のことをその支配者（政治指導者か

利益集団）のエージェント以上の存在として見るようになった。組織が一つまたは複数の目的

*10 Jeffrey Pfeffer, *Organizations and Organization Theory* (Marshfield: Pitman Press, 1982); W. Richards Scott, *Organizations: Rational, Natural, and Open Systems* (Englewood Cliffs: Prentice Hall, 1981); Jay Galbraith, *Designing Complex Organizations* (Reading: Addison-Wesley, 1973); Paul J. Dimaggio and Walter W. Powell, "The Iron Cage Revisited: Institutional Isomorphism and Collective Rationality in Organizational Fields," [1983] in Dimaggio and Powell, eds., *The New Institutionalism in Organizational Analysis,* especially pp. 63-70（強制的同型写像と模倣行為に関する内容）; Michael T. Hannan and John Freeman, *Organizational Ecology* (Cambridge: Harvard University Press, 1989) を参照のこと。

*11 James Q. Wilson, *Bureaucracy: What Government Agencies Do and Why They Do It* (New York: Basic Books, 1989), pp. 113-36, 156-71.

*12 Terry M. Moe, "The Politics of Bureaucratic Structure," in John Chubb and Paul Peterson, eds., *Can the Government Govern?* (Washington D.C.: Brookings Institution, 1989), p.267. この分野はイギリスの研究から強い影響を受けており、クリントン政権の国家業績評価の主要な仕事は良好な政府実績を測定する評価基準の設定方法をいくつか探し出すことにあった。

*13 アメリカ行政部門の発展経緯を年代順に解説した最高の入門書は、以下の文献を参照のこと。Leonald D. White, *The Federalists: A Study in Administrative History* (New York: Macmillan, 1948); White, *The Jeffersonians: A Study in Administrative History* (New York: Macmillan, 1951); White, *The Jacksonians: A Study in Administrative History 1829-1861* (New York: Macmillan, 1954); White, *The Republican Era: A Study in Administrative History 1869-1901* (New York: Macmillan, 1958); Stephen Skowronek, *Building A New Administrative State: The Expansion of National Administrative Capacities 1877-1920* (Cambridge: Cambridge University Press, 1982); Morton Keller, *Regulating a New Economy: Public Policy and Economic Change in America, 1900-1933* (Cambridge: Harvard University Press, 1990); and Keller, *Regulating a New Socitey: Public Policy and Social Change in America, 1900-1933* (Cambridge: Harvard University Press, 1994).

を実現する手段として設立される場合があるのは間違いないが、経営戦略論の研究者フィリップ・セルズニックや政治学者テリー・モーなどの学者は、さまざまな目的が行動を通じて実現されていく過程を明らかにするだけで、組織が積極的なプレイヤーに変化する様子を説明してきた。*[14] さらに、専門的な知識や技術に敬意を払うことは、実質的支配の放棄を意味することがある。*[15] 誰に対しても命令できる立場にある有力な政治団体は行動戦略を持っているかもしれないが、「ほとんどの場合、好結果を出すための知識に欠けているのは確かだ。他人に何を命じればよいのかわからないのである。これは、一つには専門知識の問題である……。このような知識に関する問題は、将来に確信が持てないと余計に始末に負えなくなる」*[16]。

まずは主な目的という概念から話を始めよう。これは具体的には組織の使命という形をとる。組織が承認した時点では、これらの目的は平凡に見えるかもしれないので、組織の使命としてさまざまな着想を打ち出すか、もっともらしい形式を整えることがある。例えば、行政学者のマーク・ムーアは環境保護庁長官による環境保護の目標設定方法の例を挙げている。当時、長官と環境保護庁はその目標を公害産業に対する厳格な規制という使命のなかに定めた。また、地方の青少年保護局責任者が非行に走る問題児に対処するという目標について、制約条件を最小限にとどめた社会復帰環境のもとで、青少年に対する地域社会密着型の保護観察や相談体制を確立するという使命のなかに定めた方法も説明している。*17

　使命を最大限に達成することを求める傾向や効率性を追求する動きも、アメリカの政治学者ジェームズ・Q・ウィルソンのいう「重要任務」を組織が遂行する特別な能力を発達させるように促す。その任務とは、組織に特有の業務目的を策定させることである。ウィルソンはその考え方を次のように説明する。

*14 Philip Selznik, *TVA and the Grass Roots* (Berkeley: University of California Press, 1949); Selznik, *Leadership and Administration* (Evanston: Peterson, Row, 1957); Terry Moe, "Interests, Institutions, and Positive Theory: The Politics of NLRB," *Studies in American Political Development* 2 (1987): 236-99 この考え方によれば、組織とその支配者はいずれも情報や権力を持ち、目標を設定して実現させる方法を交渉するなど、対話を欠かさない。例えば、Gary J. Miller and Terry Moe, "Bureaucrats, Legislators, and the Size of Government," *American Political Science Review* 77 (1983): 297-323 を参照のこと。

*15 全般的な知識不足と確信のなさに由来する自然な反応として、大半の国会議員が専門委員に敬意を払うのは、専門委員が社会に対する法律の実質的影響度を理解していると思われているからだ。Keith Krehbiel, *Information and Legislative Organization* (Ann Arbor: University of Michigan Press, 1991) を参照のこと。だが、これらの専門委員は、何も干渉されずにいると、特定の利害関係者に対して不相応な利益を配分する傾向がある。おそらく、このコストは、「よくわからない」問題を解決してくれた代償として、他の国会議員が引き受けるのであろう。John A. Ferejohn, *Pork Barrel Politics* (Stanford: Stanford University Press, 1974) を参照のこと。

*16 Moe, "The Politics of Bureaucratic Structure," pp.. 270-71.

*17 Mark H. Moore, *Creating Public Value: Strategic Management in Government* (Cambridge: Harvard University Press, 1995), pp. 70-99 を参照のこと。

（第二次世界大戦末期の）ドイツ軍の場合、問題は敵軍の塹壕にある機関銃や大砲の殺傷力であった。重要任務はこの問題の解決策を見出すことであった。それには（戦車という）技術的解決策と（侵入という）戦術的解決策があった。ドイツ軍はこの両方を用いたが、特に後者を多用した。テキサス矯正局の場合、環境的に重要な問題は、衝動に駆られやすく、習慣的に攻撃的な人間が多数を占める被収容者の間に秩序を維持することであった。したがって、この矯正局の重要任務は、被収容者に単独行動や集団行動の機会を決して与えないような十分に詳細かつ平易で確固たる規則を策定し、実施することであった。カーヴァー高校の場合、教育環境的に深刻な問題は教師や生徒の間に蔓延している不安、無秩序、無気力であった。このゆえに、この高校の重要な任務は、校舎をきれいに掃除し、校内の安全を維持し、生徒のやる気を引き出すような厳しい計画を立て、校内に漂う従来の雰囲気に対して目に見えるような、あるいは劇的とも言える取り組みに着手することであった。*18

組織の使命の定義のように、大規模かつ公的な任務に適用される業務目的の詳細は、効率性の概念と同じように柔軟に決められる。

これは、政府組織には中心となる目的がないという意味ではない。むしろ、組織は政府の行政、立法、司法各部門の名目上のトップが複数の目的を候補として選ぶ過程に重要な立場で参加できるのである。その組織は、「使命」内容の候補とされた目的に優先順位をつける作業に影響力を及ぼすことができる。とりわけ、特定任務のために、使命の内容がより具体的な業務目的として考えられるときはそうである。このような意味では、組織とは業務目的と効率的成果を達成するための特別な能力の調和を探し求めるものなのかもしれない。

イギリスの社会学者ドナルド・マッケンジーは、核ミサイル誘導装置という特殊な分野を研究している。彼の最も有力な結論によれば、この技術が必ずしも現在のような形には発達しなかったかもしれず、他にも可能性のある方向性が数多く存在したという。チャールズ・スターク・ドレイパー研究所の前身であるマサチューセッツ工科大学器械工学研究所のような特別な研究所は、広範にわたる防衛目標を優れた核ミサイル誘導装置の製造という使命に切り替えていた。当時、このような研究所は、同じ考えを持つ空軍と海軍双方の専門部局の協力を得て、ミサイル計画発展の邪魔をする奇妙なお役所仕事に抵抗しながら、卓越した能力を用いた

*18 Wilson, *Bureaucracy*, p. 25

任務と業務目的の実現を支援していた。本来、国家戦略はどのような兵器体系を調達すべきかを指示するものだ。「実際には、そんなことはない。兵器体系の各段階では、まったく異なるアクターや思惑が関与してくる。『建前の立場』では、主に形式的な権力トップが決定する問題である。……一方、作戦計画は軍関係者が担当する高度に専門的な任務である。……結局、兵器体系の構築計画にはやはり異なる関係者が関与する。また、軍部の各部局も干渉してくることが多い。例えば、作戦計画の要である戦略空軍は、(戦略空軍の重要性を小さくする)初期の大陸間弾道ミサイル(ICBM)計画策定作業から極めて意図的に除外されていた」[*19]。前述の行政、立法、司法の各部門、特に後者の二部門は、組織がすでに保有しているか、保有したいと思っている特別な能力に関連した業務目的を定める裁量の余地を十分に持っていたのである。

例えば、公的組織やその責任者が単なる中立的な立法府の役人ではないことが明らかになれば、当然ながら一般人の間に懸念が生じる。すなわち、実質的な支配者は選挙で選ばれていない官僚なのか、それとも利害関係のある有力な政治家や影響を受ける利益団体および官僚からなる非公式な連合体なのかという不安になる。一部の政治学者はこれらの不安に反応し、支配目的を改めて強調した。「合理的選択」の考え方によれば、重要な支配手段は民主的に選んだ指導者に対して与えたものだからだ。文献では、保有する支配力の程度や政治的支配者が認める「官僚の意向」の程度が主に論じられている。[*20]

組織が規則、規範、所定の手続きというものを導入しているのは、正常な判断に基づいて実行するためである。(十分満足のいく選択肢の第一番目が選ばれるという)規則に納得するならば、選択肢が提案されるときには、その順番が極めて重要になる。組織は比較的安定的で連続した調査作業を通じて選択肢を作り出す。その結果、選択肢は極めて限られたものとなり、選ばれる可能性が高いのは単純に関連規則を順守している選択肢である。[*21]

組織は、不確実な将来の予測に基づいて行動することを非常に嫌がるものだ。そこで、短

*19 Donald Mackenzie, *Inventing Accuracy: A Historical Sociology of Nuclear Missile Guidance* (Cambridge: MIT Press, 1990), pp. 398-99; Graham T. Allison, "Questions About the Arms Race: Who's Racing Whom? A Bureaucratic Perspective," in *Contrasting Approaches to Strategic Arms Control*, ed. Robert L. Pfaltzgraff, Jr. (Lexington: Lexington Books, 1974). アメリカの国際政治学者マイケル・ブラウンも一五件の戦後の主要な米軍戦略爆撃機開発計画に関する広範な研究を通じ、経済的要因や技術的要因に関する「合理的かつ組織的先入観」を強調しながらも、ほぼ同じ結論に到達している。すなわち、戦略的必要性はどこにでもあり、理論的なものでもあったので、選択肢は組織の解釈次第でいくらでもその必要性を説明できるのである。Michael E. Brown, *Flying Blind: The Politics of the U.S. Strategic Bomber Program* (Ithaca: Cornell University Press, 1992). だが、(主流兵器の生産とは対照的に) 兵器の新規開発に関する戦略的環境をより重視した説明については、Matthew Evangelista, *Innovation and the Arms Race* (Ithaca: Cornell University Press, 1988) を参照のこと。

期的な評価を重視する選択方法が発展する。家庭の温度自動調節器は翌月の温度を正確に予測するためではなく、現実の温度を望ましい温度に調節するのが目的であるように、組織も事前の想定と実際の間に誤差があれば比較的迅速に是正することが求められている。組織は定型業務を進化させることで、業務環境に伴うさまざまな関係のなかで頻発する調整作業を数多くこなしている。*22

アメリカの組織論研究者ジェームズ・マーチとハーバート・サイモンは、「組織における計画的活動の全体的な形は計画実行の複雑な組み合わせであり、各計画は適切な稼働手順に基づいて開始される*23」と見ている。これらの計画は繰り返し起きる状況に対して有効な選択の範囲内で策定される。「新たな状況が発生しても、まったく新しい計画が検討されることはまずない。ほとんどの場合、既存の下位レベルの計画を組み替えることでその状況に対応している*24」。これらの計画に関する共通の理解とその運営能力の高度化（職業的専門化など）は、組織文化の形成に際して大きな影響を及ぼす。*25

型通りの計画や硬直的な手続きは批判を受けやすいが、組織を効率的に運営するには欠かせないものである。この価値を最もよく知るのは、実際に案件を処理しなければならなかった実務家である。その一人である国家安全保障会議の高官ゴードン・チェースは、「福祉事業計

画の実施——これはどれほど難しいものであろうか？・[26]」という論文で明らかにしている。所定

*20 合理的選択の考え方に基づく概要については、Jack H. Knott and Gary J. Miller, *Reforming Bureaucracy: The Politics of Institutional Choice* (Eaglewood Cliffs: Prentice Hall, 1987) を参照のこと。特に優れた要約については、Moe, "The Politics of Bureaucratic Structure,"pp. 267-329 を参照のこと。「官僚の意向」という概念および政治的支配構造の巧妙さに関しては、以下の文献を参照のこと。Matthew McCubbins, Roger Noll, and Barry Weingast, "Structure and Process, Politics and Policy: Administrative Arrangements and the Political Control of Agencies," *Virginia Law Review* 75 (1989): 431-83; Matthew McCubbins and Thomas Schwarts, "Congressional Oversight Overlooked: Police Patrols vesus Fire Alarms," *American Political Science Review* 28 (1984): 165-79; John Ferejohn and Charles Shipan, "Congressional Influence on Administrative Agencies: A Case Study of Telecommunications Policy," in Lawrence C. Dodd and Bruce I. Oppenheimer, eds., *Congress Reconsidered,* 2d ed. (Washington, DC: Congressional Quarterly Press, 1989); Barry Weingast and Mark Moran, "Bureaucratic Discretion or Congressional Control?: Regulatory Policymaking by the Federal Trade Commission," *Journal of Political Economy* 91 (1983): 765-800.

*21 March and Simon, *Organizations,* pp. 160-62（邦訳は前出『オーガニゼーション』）と Wilson, *Bureaucracy.* 公的管理の研究者スティーヴン・ケルマンは、結果を「結果の論理」で判断するならば、規則の順守度で成果を評価する「適切性の論理」がどれほど無残な結果をもたらす恐れがあるかを検証した。Kelman, *Procurement and Public Management: The Fear of Discretion and the Quality of Government Performance* (Washington, DC: American Enterprise Institute Press, 1990).

*22 March and Simon, *Organizations,* pp. 162-65; Sir Geoffrey Vickers, *The Art of Judgment: A Study of Policy Making* [1965](Thousand Oaks: Sage, 1995), pp. 39-49.

*23 March and Simon, *Organizations,* p. 170.

*24 前掲書一七一ページ。

*25 Wilson, *Bureaucracy,* pp. 90-110.

の手続きは組織の技術的かつ社会的事情の範囲内でよく考えられた妥協点を反映している。この所定の手続きが手続き全般の限界を設定することで、個々の担当者には自由と自主性の範囲が与えられている。本当の問題は規則ではなく、規則の裏側に隠れている前提や、規則と対の関係にある体制のほうなのである。[*27]

## 組織論理と組織文化

組織に「適切性の論理」を追求したいと思わせるのは、効率性だけではない。組織は純粋に機能的な説明では考えられないような行動に走ることが多い。これは効率性を追求するための特異な方法を受け入れている組織の場合でも見受けられる。「官僚や政治家は、策定されても実施されることのない計画を支持する。管理職は情報を熱心に収集するが、分析することはできない。専門家は助言者として雇われたわけではなく、正当性を示す役割を求められている」。[*28]「新制度学派」に貢献している研究者は、組織が目的と所定の手続きを作り出すと指摘する。この目的と手続きは組織内に起因し、ジェームズ・マーチが「アイデンティティの概念」と呼んでいるものに関係している。「『アイデンティティ』とは、行動を状況に合わせるルールのなかに組み込まれた自己という概念である」。このルールは独特な組織文化を明らかに示し、この文化のなかから生じたものである。[*29] このように、組織文化とはその組織に対する所属員の思いの集合体であり、これまで後継者に受け継がれ、今後も伝えられていくものである。

組織行動に対するこのような考え方によれば、組織や官僚は、組織自身やその責任者が考える方向性に役立つような重要な任務の決定に相当な裁量を持つ自主的な存在である。フィリップ・セルズニックやテリー・モーなどの見解によれば、責任者は自分たちの仕事の内容を決めることに相当の裁量を認められていたという。一方、「新制度学派」によれば、公的な行動を説明する際の最も重要な点において、責任者は組織やその必要性を理解するまでには至っていないと指摘する。

両者の意見の相違には表現の違いにすぎないものもある。議会の立場から説明されると、

*26 Gordon Chase, "Implementing a Human Services Program: How Hard Will It Be?," *Public Policy* 27 (1979): 285-346.

*27 Charles Perrow, *Complex Organizations: A Critical Essay* 3d ed. (New York: McGraw-Hill, 1986), pp.20-26.

*28 Paul J. DiMaggio and Walter W. Powell, "Introduction," in Powell and DiMaggio, eds., *The New Institutionalism in Organizational Analysis*, p. 3.

*29 March, *A Primer on Decision Making*, p. 61; Edgar H. Schein, *Organizational Culture and Leadership* 2d ed. (San Francisco: Jossey Bass, 1992).

官僚は制約を受けているように感じるかもしれない。剛腕の官僚の立場から説明されると、その制約とは大したものではなく、官僚が依然として重要な決定を下している環境を形成する多くの要素の一つにすぎない。例えば、アメリカの政治学者ジョン・ディルリオによれば、アメリカの刑務所暮らしの良し悪しは何よりも管理業務に左右される。社会でもなければ、政治家でもない。刑務官が定める管理業務の内容次第で、囚人の労働内容や暮らし方が決まる。[*30] 公的組織の責任者に助言する研究者の最近の著作を見ると、「新制度学派」の理論的議論に挑戦するよりも、官僚を相当な裁量権をもとに重要な選択を行う主人公と見なし、説明の核心をなす組織自身とその要求のなかに官僚の存在を加えることが多い。[*31]

このような考え方に関する画期的な著作は、アメリカの経営学者リチャード・サイアートとジェームズ・マーチの『企業の行動理論』(ダイヤモンド社刊)である。企業行動を市場要因の観点から説明する主流派経済理論とは対照的に、両者は目標の策定、計画の立案、選択肢の実行に及ぼす組織の体制と慣行に焦点を当てている。「カーネギー学派」の組織理論の産物であるこの著作は、限定合理性という条件下での問題解決に対するハーバート・サイモンの関心をさらに発展させたものである。チェスター・バーナードに続き、サイアートとマーチは組織のことを(供給業者や顧客など、必ずしも組織の所属員ではないものも含め)参加者の連合体と見なしている。これらの参加者にはさまざまな要求があり、関心の対象も変わるが、すべての問題に同時に対応するには能力に限界がある。潜在的な連合体の成員の間で駆け引きが行われ、組織を制約する一連の事実上の合意事項が生まれる一方、独特なアイデンティティも構築される。*32

特定の任務を達成するための業務目標が進展していくと、組織文化に影響が出てくる。後年、マーチはノルウェーの政治学者ヨハン・オルセンとともに、組織は実際には行動を起こす

*30 John J. DiIulio, Jr., *Governing Prisons: A Comparative Study of Correctional Management* (New York: Free Press, 1987).

*31 責任者主体の新しい研究方法の有力な例は以下の通り。Moore, *Creating Public Value*; Philip B. Heymann, *The Politics of Public Management* (New Heaven: Yale University Press, 1987); Robert Behn, *Leadership Counts: Lessons for Public Managers from the Massachusetts Welfare, Training and Employment Program* (Cambridge: Harvard University Press, 1991); Laurence E. Lynn, Jr., *Managing Public Policy* (Boston: Little, Brown, 1987); Richard N. Haass, *The Power to Persuade* (Boston: Houghton Mifflin, 1994); Hal G. Rainey, *Understanding and Managing Public Organizations* (San Francisco: Jossey Bass, 1991); Martin A. Levin and Mary Bryna Sanger, *Making Government Work* (San Francisco: Jossey Bass, 1994). 物語的な見方による公的管理、行政、公共政策の描写方法に関する優れた概説は以下を参照のこと。Laurence E. Lynn, *Public Management as Art, Science, and Profession* (Chatham: Chatham House, 1996).

*32 Richard M. Cyert and James G. March, *A Behavioral Theory of the Firm* [1963] 2d ed. (Cambridge: Blackwell Publishers, 1992).

ことで自らの本質を明らかにすると説いている。状況が混乱していれば、参加者が奮い立つことで問題が具体化され、参加者が自らをどのように見ているかも明確になる。国防総省の玄関ホールを歩く訪問者は、過去の活動を表現した数多くの絵画や写真を見るだろう。そのなかには日常的な光景もあれば、英雄的な場面もあるが、いずれも決断を下す場面である。この決断は自らの独自性を示す力強い象徴であり、将来的な活動のための規範をもたらす。組織に関し、マーチとオルセンは次のように指摘している。すなわち、意思決定は「他の何かの機会を与える。具体的には、標準作業手続きを実行し、期待される役割や義務または以前の約束を履行する機会である。また、組織に起きた出来事、組織がこれまで行動してきたことや現在行動していることに対し、組織が理解や解釈を施してそれらの美徳や真実を明らかにする機会である。さらに、栄光や非難を浴びる機会、自分や集団の利益を理解する機会、そして素晴らしい時間を与えてくれる*33」

業務活動が組織文化を形成するという主張は、重要な判断や情報が組織の頂点ではなく、最下層部に集中しているという現実によって説得力が大いに増している。業務目的が「一般官僚」や「現場学習」を通じて策定されるのであれば、組織が一般官僚を信頼する根拠は外部ではなく、内部に由来する。*34

現場での業務経験は能力や定型業務の精度を高めるだけでなく、外部との対応や組織内部に正当性を感じさせる公的な権威を感じさせることもある。結果としての文化は、組織の主要な担当者の専門化を通じて格段に強化される。専門職は素人との手腕の違いを際立たせようとする。そのために、（服装の着こなし方や話し方など）適切な行動規範を設定し、特定分野の組織は「同型化」（共通の理想に同調すること）によって士気を高揚させる。有名な言葉では、アメリカの経営学者ロザベス・モス・カンターはこれを「同性管理職の再生産」と名付けた。アメリカの作家トム・ウルフは自著『ザ・ライト・スタッフ　七人の宇宙飛行士』（中公文庫刊）において、マーキュリー計画の宇宙飛行士はどのようにして戦闘機テストパイロットに共通の専門職的組織的規範を通じて育成されたかを説明している。組織文化に由来する定型業務は効率性基準と衝突することもあるが、譲歩を余儀なくされるのは後者の場合が多い。[*35]

*33 James G. March and Johan P. Olsen, *Ambiguity and Choice in Organizations* (Bergen: Universitetsforlaget, 1976), p. 11. 同じ点については、Wilson, *Bureaucracy*, pp. 55-59 でも強調されている。

*34 Michael Lipsky, *Street Level Bureaucracy* (New York: Russel Sage Foundation, 1980); Arthur Stinchcombe, *Information and Organizations* (Berkeley: University of California Press, 1990); Robert Behn, "Management by Grouping Along," *Journal of Policy Analysis and Management* 8 (1988): 643-63; Eugene Bardach and Robert A. Kagan, *Going by the Book: The Problem of Regulatory Unreasonableness* (Philadelphia: Temple University Press, 1982).「現場学習」に関しては、Levin and Sanger, *Making Government Work*, pp. 127-48 を参照のこと。

個人も「適切性の論理」に頼ることはあるが、組織はこの傾向をさらに強める。具体的には、組織は状況を分類し、適切な規範を適用することで、独自性を特徴づけるモデルを提供する。所属員に肩書を与え、所定の役割を割り当てることで、組織の意図を伝え、「適切性の論理」に従うように駆り立てる。さらに、経験を与えて、新たな規則を学び、適応し、進展させるような行動を促す。[*36]

その結果は同じかもしれないが、「効率性基準」を重視した組織行動の説明と「組織文化」に基づく説明、あるいは「旧制度学派」と「新制度学派」の説明には重要な違いがある。ここでは、以下の四点に注目し、ポール・ディマジオとウォルター・パウエルの研究に依拠しつつも、さらに掘り下げてみたい。

**1　組織における優先順位の根拠は何か。**

効率性を重視する人々は、組織のことを協調と集団行動の問題を解決するという利益を得る集合体と考える。これらの問題を解決する費用は、周囲に気晴らしになるものを備えた巨大組織を立ち上げることである。だが、これが成功したといえるのは、組織を立ち上げなければ問題解決に向けた衝突や取引コストがさらに大きくなる場合である。このような人々は、組織を理解する鍵としてプリンシパル・エージェント関係を強調する。[*37] 一方、組織文化を重視する人々は前述の論点をいくつか認めているが、このような利益は組織が置かれた制度的背景に左右される社会構造として見る傾向がある。また、この利益は「結果の論理」よりも「適切性の論理」に基づいて選択されると考えている。実際には利益が決定の結果から得られるのであり、その逆ではない場合、マーチやオルセンなどと同じように、組織文化を重視する人々も、行動理論や一般官僚に注目する。組織が自ら真に求めて

*35 専門的規範については以下を参照のこと。Wilson, *Bureaucracy*, pp. 59-65. アメリカの政治学者ジェームズ・Q・ウィルソンは、専門的規範は組織外から生まれることもあり、実際に組織内部の管理職の優先度と衝突する可能性があると考えている。政治家や一般市民には、その規範の由来が組織内部かそれとも現場なのかは区別できないかもしれない。カンターの引用に関しては以下を参照のこと。Rosabeth Moss Kanter, *Men and Women of the Corporation* (New York: Basic Books: 1977); Tom Wolfe, *The Right Stuff* (New York: Farrar, Straus, Giroux, 1979). 専門職的影響の効果に関する学問的労作については以下を参照のこと。Meyer and Rowan, "Institutionalized Organizations: Formal Structure as Myth and Ceremony;" Dimaggio and Powell, "Institutional Isomorphism and Collective Rationality," pp. 70-74; Lynne G. Zucker, "The Role of Institutionalization in Cultural Persistence," in Powell and DiMaggio, *The New Institutionalism in Organizational Analysis*, especially pp. 103-04.

*36 March, *A Primer on Decision Making*, pp. 71-73.

*37 国防政策決定分野において、文民指導者が組織的傾向を形成するために士気を鼓舞する体制をどのように構築するかについての議論に関しては、以下を参照のこと。Deborah D. Avant, *Political Institutions and Military Change: Lessons from Peripheral Wars* (Ithaca: Cornell University Press, 1994).

実行することを決めれば、行動は利益をもたらす。組織の要求は組織外部ではなく、組織内部に由来するものがほとんどである。[*38]

**2** 組織行動が「合理性」を抑制するのはなぜか。

効率性を重視する人々は、現行の所定の手続きの効率性を実現するために、最適選択を常に抑制する規則の存在を指摘する。また、望ましい成果を得るための組織の基本的能力を保ちつつ、これらの規則が組織とその所属員の交渉結果を反映しているかもしれないことを説明している。結局、官僚とは抵抗する存在と見ているのかもしれない。官僚は、ある上司が別の上司の指示に従うことを巧妙に避けさせ、あるいは単に指示に対する反応が鈍く、その結果不測の事態を発生させるのである。その一方、組織文化を重視する人々は、有能か否かを問わず、担当者を外部アクターの手先とは見ない。その代わりに、組織がどれほど正当性と地位と理想を希求しているかを強調する。組織は外部の人間よりも組織内部や現場の人間をよほど重視しているからだ。外部から与えられた目的や価値に従うという点では、それらは組織の担当者が考慮する単なる事情にすぎない。「(組織を)作っている要素は規範や価値ではなく、日常的な言葉や規則や分類なのである[*39]」

**3** 組織が特異な構造を持つことがあるのはなぜか。

## 4

効率性を重視する人々は、利益集団がインフォーマルな構造を生み出す派閥や相互作用のパターンを助長する様子に注目する。目立たない次世代の有力者が望む目標を達成するためには、このインフォーマルな構造があれば、組織創設者が導入したフォーマルな構造を破壊できる。組織文化を重視する人々が着目するのは、「果たすべき役割よりも、むしろフォーマルな構造自体に潜在する非合理性である。すなわち、特定の部門や作業手順が広がりを見せるのは、部門間を超えた影響力や組織内部に同調傾向があり、組織文化的な有用性が認められて波及していくからだ」*40

組織は環境とどのように関係するのか。

効率性を重視する人々は、組織が運営する場所に注目するが、部局の成果を取り入れるために、その地域や利益集団が必要とすることなどにも力点を置く。組織文化を重視する

*38 この点は最近では以下の論文で強調されている。James G. March and Johan P. Olsen in "Institutional Perspectives on Political Institutions," *Governance* 9 (July 1996): 247-64.

*39 DiMaggio and Powell, "Introduction," p.15. だが、組織の要求に関するこの一般的な説明は納得できるし、公共的価値に連なる「正当性」という考え方もあり得る。ただし、その価値を選ぶのは部外者ではなく、組織内部の責任者かもしれない。Moore, *Creating Public Value*, pp. 105-92; Heymann, *The Politics pf Public Management* の全内容と、多少皮肉な見方としては Haass, *The Power to Persuade*, pp. 28-43, 48-51 を参照のこと。

*40 前掲書一三ページ。

人々は、特定の地理的場所よりも、組織が関係する部門や分野に注目する傾向がある。例えば、ヒューストン市警察の活動を説明するときには、テキサス州の特定の条件を考えるよりも、警察官が一般的に考える自己像や自分の職務を分析するだろう。この見地に立てば、主要な所定の手続きは、各職場特有の要請に対応したものではなく、むしろ地域的な多様性を乗り越えて現場の至る所で進展を見せ、その分野の全組織が共有するようになるかもしれない。[*41] 換言すれば、ヒューストンの警察官は同市の一般市民よりもシカゴの警察官のほうに多くの共通点を見出すだろう。

われわれは読者に対し、効率性と組織文化のいずれかを選択するように求めているわけではない。本書の目的は、どちらの考え方であっても、組織の使命、特定任務の実行に向けた業務目的に関する特別な能力の開発、関連する所定の手続きへの信頼など一定の基礎の存在までは合意している点を重視することにある。双方とも、組織が特有の様式（特定の目的や成果の評価方法の制定などに相当な自主性が見られる）を持つことをそれぞれの考え方で認めている。[*42] 特にロバート・コヘインやスティーヴン・クラズナーなど国際関係学者の多くは、これらの様式が政府行動の理解にどれほど重要であるかを実証してきた。コヘインは、「組織は単に優先順位や構成部門の力量を反映するだけではない。組織自体がそれらの源泉なのである*43」と簡潔に説明している。

一九一四年における第一次世界大戦の戦端を開くための所定の手続きの影響を研究した結果、国際政治学者ジャック・レヴィは、この所定の手続きを用いたことだけが破滅に至った原因ではないと断じた。だが、レヴィの指摘通り、所定の手続きに対する依存心は「合理的な戦略的計算で説明できるものではない」。所定の手続きとそれを作った組織の論理は影響力が強

*41 この点は、所属国の違いに関係なく、同じ分野の組織は外見的にも似ていることを示唆する。これはある程度まで正しいことは間違いない。例えば、よく聞く話としては、ある国出身の警察官と共通点が多いのは、故郷の一般市民よりも世界各国の警察官のほうであるという。一方、「独自性」を力説する研究者でも、この独自性は特定の政治形態に起因する組織的背景のなかで形成されたものと考える向きが多い。かくして、異なる政治形態は国境を越えた独自の組織的同型を生み出すのかもしれない。このような組織的同型の変種に関しては以下を参照のこと。Ronald L. Jepperson and John W. Meyer, "The Public Order and the Construction of Formal Organizations," in Powell and DiMaggio, eds., *The New Institutionalism in Organizational Analysis*, pp. 204-31.

*42 Moore, *Creating Public Value*, pp. 33-36.

*43 Robert O. Keohane, "International Institutions: Two Research Programs," *International Studies Quarterly* 32 (1988): 379, 382; Stephen Krasner, ed., *International Regimes* (Ithaca: Cornell University Press, 1983); Friedrich Kratochwil and John Gerard Ruggie, "International Organization: A State of the Art on the Art of the State," *International Organization* 40 (1986):: 753-76; Oran R. Young, "International Regimes: Toward a New Theory of Institutions," *World Politics* 39 (1986): 104-22.

い。具体的には、枢要な地位にある高官に影響を与える複雑な相互作用において因果的に独立して変化し、高官を「適切性の論理」の側に引き寄せ、想定内の反応を示すように仕向け、「結果の論理」から遠ざける役割を果たす。[*44] 二〇世紀初頭から最近一〇年間までの展開に基づき、安全保障問題の専門家バリー・ポーゼンは冷戦末期のアメリカ軍の対ソ通常戦争遂行計画がどのようにして軍事力、作戦目的、所定の手続きを進化させてきたかを説明しているが、これは軍組織論理の部外者には理解困難である。特に、不注意のために核戦争に至ってしまう危険な道がいくつも切り開かれてからは余計にわからなくなっている。[*45] 幸いなことに、一九一四年の場合と異なり、ポーゼンの仮説が試されることはなかった。

政治学者エリザベス・キア著『仮定の戦争』（未邦訳）では、第二次世界大戦の何年も前から、イギリスとフランスが攻撃的な軍事方針ではなく防御的な軍事方針を採用した理由を研究している。キアは組織文化と国内政治状況が組織に許容する範囲との関係を強調しているが、組織文化の適応力も力説している。「集団の国家的背景が異なれば、似たような境遇だから優先順位の決め方も似ていると考えるべきではない」。例えば、すべての軍隊が必ずしも攻撃的方針を求めているとは限らない。同じ軍隊でも、空軍と陸軍は根本的に異なる軍事方針を追求しているかもしれない。その違いは、各軍特有の特殊能力や組織文化を持つ下部組織の間に根強く残っているものだ。全体的に見て、「軍事的優先順位は、軍事組織の機能的必要性からは推測できない」[*46]。あるいは、少なくともこれらの機能的必要性は、客観的現実、政治的事情、および組織上層部が持つ信条と任務に関する共通認識が独特に混じり合っているものである。

*44 Jack Levy, "Organizational Routines and the Causes of War," *International Studies Quarterly* 30 (1986): 193, 219.

*45 ポーゼンは、特に空軍が策定した敵防空制圧のための先制攻撃計画および海軍が策定したソ連領土近海のソ連海軍部隊（核ミサイル原潜など）攻撃作戦計画に注目した。Barry R. Posen, *Inadvertent Escalation: Conventional War and Nuclear Risks* (Ithaca: Cornell University Press, 1991). 現在、一九八〇年代初期の米ソの軍事行動を示した断片的な証拠がポーゼンの仮説や懸念に信憑性を与えている。

*46 Elizabeth Kier, *Imagining War: French and British Military Doctrine Between the Wars* (Princeton: Princeton University Press, 1997), pp. 142, 143. キアの著作は以下の諸説に異議を唱えるものである。まず、アメリカの政治学者ジャック・スナイダーによれば、（第一次大戦以前の）軍事組織とは、自己利益を追求するために単純かつ攻撃的な考え方をする組織的価値観を進展させる傾向のある機関である。次に、バリー・ポーゼンの似たような見解（第二次大戦前の期間の研究に基づく）によれば、軍隊は攻撃的方針を優先する。ただし、国益（および第一モデルの結果の論理）を踏まえるように命じるなど、文民の政治指導者が干渉してくる場合を除く。Jack Snyder, *The Ideology of the Offensive: Military Decision Making and the Disasters of 1914* (Ithaca: Cornell University Press, 1984); Barry R. Posen, *The Sources of Military Doctrine: France, Britain, and Germany between the World Wars* (Ithaca: Cornell University Press, 1984).

## 相互作用的複雑性

組織は実行に向けた特別な能力と定型業務を進展させる。これらが理解されると、次の段階はこれらがどれほど相互に影響し合っているかを知ることだ。計画や定型業務の相互作用はさまざまな形で起きる。巨大組織には多くの下部組織があるかもしれず、関連する機能を果たす各自の定型業務は重複している場合がある。行政府の政府部門のいくつかは、多種多様な組織を傘下に置く持ち株会社に似ている。例えば、一九八六年、国防総省の体制は大幅に再編された。その要因の一つは、同省内部の各種業務で実施されていた指令や管理手順が統一されていないために、時には互いに対立することから生じる問題に対し、各方面から警鐘が鳴らされたことにある。

また、慣れていない新規の任務が従来の定型業務に付け加えられると、部局内の相互作用を損なうことがある。例えば、社会保障局はこれまで老齢年金をうまく処理していたのに、メディケア（高齢者・障害者向け公的医療保険制度）による新たな支払い責任を引き受けたために、社会保障局としての優れた実績に傷がついた。[*47]

現在、主要な公共活動に携わる多くのさまざまな組織が何かを実行しようとすれば、新たな次元の複雑性を生み出す相互作用を起こすことになる。政策実施研究の草分けであるジェフリー・プレスマンとアーロン・ウィルダフスキーの共著『政策実施』（未邦訳）によれば、連邦政府機関がカリフォルニア州オークランド市で雇用を創出する方法を説明している。この二人は、関連する連邦政府、州政府、郡政府、地方政府、民間組織の交差する責任およびこれらのさまざまな規則と定型業務の相互作用について研究した。彼らが見つけた驚くべき「共同行動の複雑性」は政府努力の大半と共通している。[*48] 単純化が難しいのは、それが単に異なる管轄当局が異なる利害関係を有するからだけでなく、往々にして問題に対して複数の組織から重複する注目を集める十分な理由があるからだ。[*49]

*47 一般的な著作としては以下を参照のこと。Harold Seidman and Robert S. Gilmour, 4th ed. *Politics, Position and Power* (New York: Oxford University Press, 1986). 国防総省の指揮命令系統の分散化、およびその結果として求められる共同行動の最近の苦労に関しては、以下を参照のこと。C. Kenneth Allard, *Command, Control, and The Common Defense* (New Haven: Yale University Press, 1990). 社会保障局の例に関しては、以下を参照のこと。Martha A. Derthick, *Agency Under Stress: The Social Security Administration in American Government* (Washington, DC: Brookings Institution, 1990).

*48 Jeffrey L. Pressman and Aaron Wildavsky, *Implementation* 2nd ed. (Berkeley: University of California Press, 1983); Eugene Bardach, *The Implementation Game: What Happens After a Bill Becomes Law* (Cambridge: MIT Press, 1977).

*49 Jonathan B. Bendor, *Parallel Systems: Redundancy in Government* (Berkeley: University of California Press, 1985)

アメリカの社会学者チャールズ・ペロー著『必然的な事故』（未邦訳）は、巨大組織がこれまで以上に複雑で危険な任務を託されると、定型業務の数が増加傾向を示すという相互作用が起きる原因を説明したことにより、新たな地平を開いた。危険性が高ければ、信頼できる実行を確保するために設計された新しい定型業務が数多く定められるが、新たに追加された定型業務は相互作用も引き起こす。ペローによれば、その結果、相互作用は想定外の事態を引き起こし、不可避の些細な失敗を深刻化させることがある。相互作用的に複雑な環境で発生する失敗が（原子力発電所の原子炉など）各部署の作業が緊密に連結した（「タイト・カップリング」な）システム内で起きると、危険な状況に陥る。多くのシステムでは、「組織や技術革新の力ではシステム上の事故発生を抑えるのは難しいように思える。実際、これらのシステムは、相当な内部矛盾を抱えた組織構造や相互作用的複雑性を増すだけの技術的調整を必要とするだけでなく、各部門の関係を緊密化させるものだからだ。このようなシステムでは、ある種の事故が発生する傾向は余計に強くなる」。このゆえに、ペローは著作を「必然的な事故」と名付けたのである。[*50]

われわれは効率性の追求や組織論理の独自性を検討したが、国家が「適切性の論理」の影響を受けると、危機的状況において合理的な選択肢とは異なる行動に出るという事実を強調したい。アメリカの政治学者スコット・セーガンが指摘する通り、組織が国家の行動を支配している事例では、「競合的な国際体制下ではうまく機能しない」行動と関連性があるかもしれない。[*51] いずれの例においても、研究者、各部署の責任者、政治指導者は、組織的傾向がもたらす引力の存在に十分留意すべきである。政策運営を成功させるには、政治指導者は自らの目的と組織的体質に蓄積された影響力の間で均衡を保つために尋常ならざる努力を払う必要がある。

結論としては、組織は必ずしも政治指導者が阻止すべき機能不全的行動に出る傾向があるわけではない。一般的には、組織は単に能力を向上させるだけでなく、新しい戦略的環境に対応する優れた能力も提供する。[*52] だが、危険な機能不全に陥る可能性は存在するのであり、管理に際しては運営上の細部に対して配慮と注意を払い続けなければならない。

*50 Charles Perrow, *Normal Accidents: Living with High-Risk Technologies* (New York: Basic Books, 1984), p. 5.

*51 Scott D. Sagan, "Culture, Strategy, and Selection in International Security,"（未発表論文）。

*52 技術革新に関しては以下を参照のこと。Stephen Peter Rosen, *Winning the Next War: Innovation and the Modern Military* (Ithaca: Cornell University Press, 1991); Kimberly Martin Zisk, *Engaging the Enemy: Organization Theory and Soviet Military Innovation, 1955-1991* (Princeton: Princeton University Press, 1993); Kier, *Imagining War*, pp. 92-97（ヨーロッパによる関与の必要性に対するイギリス軍の予見的な理解に関するもの）。戦争遂行の抑制に資する軍事文化に関しては、Jeffrey W. Legro, *Cooperation Under Fire: Anglo-German Restraint during World War II* (Ithaca: Cornell University Press, 1995) を参照のこと。

## アメリカ航空宇宙局（NASA）――主役と犠牲

アメリカ航空宇宙局（NASA）は、組織が持つ数多くの強みと弱み、組織の論理、組織文化の影響力を一身に体現している存在である。アメリカ映画『アポロ13』は組織自体が主役であるが、アカデミー作品賞の候補作に選ばれた（受賞は逃している）。この映画の実際の主役としては、船長ジム・ラヴェル役の俳優トム・ハンクス以下複数いることは間違いない。だが、映画のなかでも実際でも、月に向かう途中の地球から二〇万マイル（三七万キロメートル）離れたところで船内の酸素タンクが爆発した後、ラヴェル船長や乗組員の命を救うために大活躍したのは船長自身ではなかった。

一九七〇年代のNASAには、人類を月に送り込み、月面に着陸させて月の表面を探査させた後、無事に帰還させるという使命があった。この使命を達成するために、莫大な費用をかけて、極めて危険な航空システムの運用を中心とする優れた能力の持ち主を多数採用し、特有な工学的問題を実質的に解決できる集合知を土台とした。この有能な人材集団を定期的に動員するために複雑な手順と定型業務が定められた。職場環境としては、一方では間違いをほとんど許容しない方針を堅持しつつ、他方では許容範囲を逸脱させるような不可避的な些細な問題が生じた際には技術的解決を即興的に図ることが求められた。

アポロ13号の酸素タンク爆発は、三つの事象が重なって発生したものであった。第一に、一九六八年に酸素タンクがコロラド州で製造された際、六五ボルト用の温度自動調節器を備えていたために、今般誤って取り付けられた二八ボルト用の温度自動調節器を故障させてしまった。第二に、一九七〇年代初頭に工場で修理する際、酸素タンクなどを載せた棚が不手際で二インチ（五センチ）ずれたことでタンク内の酸素放出用パイプが外れ、酸素が抜き取れなくなった。第三に、出発日から二日を切った時点で、この酸素放出用パイプの問題が判明し、（タンク全体の取り換え作業は計画の大幅遅延につながるため）ヒーターで液体酸素を加熱して気化させることで酸素を放出するという決断が下された。この決断はラヴェル船長の熟慮と承認を経ており、不適格な温度自動調節器の問題がなければ深刻な事態にはならなかったであろう。だが、二八ボルト用の温度自動調節器が溶着したために、ヒーターは連続通電状態となり、温度計の表示も華氏一〇〇度（摂氏三八度）までだったために、誰も異常に気付かなかったのである。三つの技術者グループが手順に従い、二年前に当初の酸素タンク構造の品質を検証していたが、温度自動調節器が不適格であることには誰も気付かなかったのである。[*53]

酸素タンクは通常飛行の際に爆発した。宇宙船は二時間以内に「漂流して死に至り」、酸素の大半は手動操作に使える制御噴射の際にほとんど失われるからだ。すでに新たな定型業務が導入されていた。宇宙船の電力は緊急時の手順に基づき、多くの段階を踏んで電源を切った。この緊急手順の詳細は、宇宙船内に貼ってあるベルクロ（二種類の異なるナイロンテープが互いに接着し、簡単にはがせる）にくっついている本に書かれている。ヒューストンの宇宙管制センターの指示に従い、乗組員は「ピンク色の緊急対応一ページから五ページ」を使った。その後、乗組員が司令船に接続されていた無傷の月着陸船に避難すると、「救命ボート」として役立つように、電気・環境システム用制御装置を動かし始めた。NASAはすでに「月周遊船（初期の月着陸船の呼称）の救命ボート手順」を用意しており、何ヶ月も前に模擬実験を実施していたのである。

次に、技術者は宇宙船を最適な地球帰還軌道に乗せる主エンジン点火方法を考えた。これについては定型的な手順というものはないが、各主要専門分野から超一流の専門家一五人のチーム（「タイガー・チーム」と命名された）が集められ、さまざまな問題に取り組んだ。彼らには豊富な経験があり、特別な訓練を積んでおり、確立された分析手法を持ち、技術的支援体制があり、彼らの計画を実施するための定型手順も持ち合わせていた。さらに、模擬実験装置も他の宇宙飛行士の協力の下で稼働しており、着想を実験した後で実施に移す準備はできていた。地球帰還に必要な四日間以上の間、乗組員の生命を維持するために、どうすれば酸素や電力を十分に供給できるかという一連の問題があった。そこで、各計画を実施するのに必要な多くの手順を踏むように乗組員を臨機応変に誘導した。選択肢が明示された。各選択肢はいずれも利益と危険の二律背反的な内容を伴っており、技術者、宇宙飛行士、飛行主任、NASA管理官の間で詳細に検討された。*[54]

このチームは素晴らしい成果を上げた。その成功を説明するために、ニクソン大統領やアメリカ政府からのわかりきった願望を調べても意味はない。実際、行政官からの関連性のある重要な指導は一切なかった。飛行主任、管制官、技術者の活躍に比較すれば、組織の手順に基づいたNASA上層部の指導もそれほど頼りにはならなかった。さまざまな意味において、アポロ13号の物語は「やればできる」という精神に裏打ちされた「純粋な」技術文化に対する最高の賛辞であろう。*[55]

*53 コートライト委員会の結論は以下に要約されている。Jim Lovell and Jeffrey Kluger, *Lost Moon: The Perilous Voyage of Apollo 13* (New York: Houghton Mifflin, 1994), pp. 372-80. (邦訳はジム・ラベル、ジェフリー・クルーガー『アポロ13』河合裕訳、新潮文庫)

*54 前掲書一〇四〜二四〇ページ。

一九八六年一月二八日、NASAは宇宙輸送システム・ミッション五一－L（チャレンジャー号）を打ち上げた。これはスペースシャトルとして知られ、約五年間成功し続けた有人宇宙船の最新任務であった。この打ち上げは悲劇的な失敗に終わった。一分間を少し過ぎた後、チャレンジャー号の爆発はテレビで全国的に報道された。乗組員七名全員が死亡した。このなかには、スペースシャトル計画に国民の関心を集めるプロジェクトを通じて参加した学校教師も一名含まれていた。

その後、大統領諮問委員会（ロジャーズ委員会）による調査団が設置された。固体ロケットブースター（スペースシャトルを軌道に乗せる推進装置）に対する積年の不安よりも、打ち上げ日程のほうが優先されていた。ロジャーズ委員会は意思決定過程の不備を非難し、他の批評家はスペースシャトル計画の頭痛の種である打ち上げ日程遅延をNASAに回避させようとした政治的圧力を批判した。

これらとは別に、アメリカの社会学者ダイアン・ヴォーンによる大規模な調査によれば、チャレンジャー号打ち上げの直前まで行われていた長期的検討会では異常な事象はほとんど見つからなかった。長年にわたり、NASAはゆっくりと進化していた。「ロケット打ち上げの決定を迫られるたびに、技術専門家は理路整然とした技術的分析をまとめ、不確実性の淵から確実性を手に入れた。……そのうちに、作業グループは繰り返し起きる異常も徐々に想定内とするようになり、いつの間にか従来よりも安定した科学的な規範的考え方を発展させたのである」[*56]。

ヴォーンは、チャレンジャー号の打ち上げに対して特段の政治的圧力はなかったと断じている。「今回の決定は、高度に統制され、公開された決定過程において、同じ技術目標に関して繰り返し登場する選択肢から成り立っていた」。ヴォーンによれば、この事件は打ち上げ決定者が費用対効果を計算するような従来型の合理的選択モデルで考えてはならないという。あるいは、意思決定者が「集団思考（小集団が合議する際に、結束力の強さゆえに不適切な決定を下してしまう傾向のこと）」に悩まされていたとも思えない。ロケット打ち上げの決定には何十人もの人々と複数の下部組織が加わっており、厳格な規範と規則に基づき、組織を律する技術文

*55 一般的な解説書としては、Howard McCurdy, *Inside NASA: High Technology and Organizational Change in the U.S. Space Program* (Baltimore: Johns Hopkins University Press, 1993) を参照のこと。アポロ13号の物語に組織内の主人公がいたとすれば、おそらく飛行管制に共同責任を負う四「色」チームの一つ（マルーン（栗色）チーム）のジョン・アーロンであろう。彼は電気・環境・消耗品担当管制官という地味な肩書きを持っていた。

*56 Diane Vaughan, *The Challenger Launch Decision: Risky Technology, Culture, and Deviance at NASA* (Chicago: University of Chicago Press, 1996), pp. 400-401.

化から見て適切とされる技術的議論を重ねていた。打ち上げに対する圧力や不十分な資金が背景にあったとしても、これらは組織が内在化して久しく、この計画の参加者にとってロケット打ち上げを有益なものにする「常識的な前提、性質、行動予定、慣例、分類体系」の一部を構成するにすぎない。後日「結果の論理」に基づいて事件を考えた部外者は、一連の判断を規範から逸脱したものと見た。当時蓄積された「適切性の論理」に基づいて事件を見ていた部内者は、これらに理解を示した。当然ながら、個人合理性というものはあるが、この事件の場合、各判断は「組織内の立場と修復不可能なほどに絡み合っていた」。チャレンジャー号打ち上げに関し、個人の裁量は一切批判されるべきではない。この事件はあくまでも組織が作り出したものに過ぎないと考えるべきである。[*57]

ヴォーンはこの打ち上げの決定状況が前例のないものであったことを指摘している。だが、組織的な意味では誰もこれを認めなかった。彼らは不確実性に直面すると、自分たちの技術文化のなかで育まれた通常の規則と所定の手続きに従った。それらを刷新する代わりに、順守したのである。換言すれば、この悲劇的な結果の責任は規範を逸脱したことではなく、順守したことにあった。

NASAの経験は決して例外的なものではない。例えば、一九九四年四月、世界最先端の飛行管制システムに支援されたアメリカ空軍のＦ15戦闘機二機は、イラク北部の晴れ渡った空を飛行していたアメリカ陸軍のヘリコプター「ブラック・ホーク」二機を撃墜し、平和維持軍二六名の命を奪ってしまった。パイロットか管制官の過失という誰もが考える前提のもとに二年間に及ぶ調査が実施されたものの、元陸軍大佐で組織行動学者のスコット・スヌークは極めて綿密な検証作業の結果、この事件は「普通の組織において普通の人間が普通に行動した結果」と考えるしかないことがわかった。悲劇の連鎖をつないだそれぞれの関係は、情報とその対応措置を前提として適切に行動を起こした結果なのである。

空中警戒管制機（ＡＷＡＣＳ）の乗員は、惨事を回避できたかもしれないが、所定の手続きから逸脱する恐れのある行動を取ろうとはしなかった。彼らは誰が重要な判断を下すことになっているのかわからずに戸惑った結果、動けなかったのである。空軍はこのような事態を予測していたので、乗員の結束を促す方針を採用し、「相棒」と頻繁に飛行を共にすることを奨励した。だが、実際にはこの方針は無視されることが多かった。なぜなら、組織としては他の

＊57　前掲書四〇三、四〇五ページ。また、この組織的行動と「集団思考」の違いは同五二五ページ脚注四一を参照のこと。さらに、以下も参照のこと。Diane Vaughan, "The Trickle-Down Effect: Policy Decisions, Risky Work, and the Challenger Tragedy," *California Management Review* 39 (1997): 80-102.

慣習を優先していたからだ。ある高官が指摘した通り、「作戦の進展度と現在の人員配置から考えれば、『相棒』方針に従うのは不可能に近い。もちろん、状況が許すなら『相棒』を飛ばすが、それがほとんど無理な注文であることは誰でも知っている」。[58]

失敗回避を目的とする責任の重複も結果的には責任の分散化となり、逆説的であるが、失敗を可能ならしめたのである。所定の手続きの多くは互いに影響し合う。「陸軍は敵味方識別（IFF）信号を耳にすることはなかった。F15戦闘機のパイロットは、当日のヘリコプターの任務について注意を喚起されていなかった。ブラック・ホークは飛行禁止区域の周波数に切り替えずに同区域に入った。加えて、F15戦闘機とブラック・ホークは異なる周波数で交信を続けていた」。ある研究者が洞察したように、所定の手続きを統合するための所定の手続きでさえ、「放置されたままでいると、（そのうちに）バラバラに分解してしまう」のである。[59]

## 組織行動のパラダイム

この組織理論の要約は、外交政策と国際政治に関する組織行動のパラダイムを概説するものである。組織行動として知られているのは、政府行動を説明し、予測する第一モデルの重要な限界と不可欠な補足を提言するのに十分なものである。

## 1 分析の基本単位——組織成果としての政府行動

国際政治上の事件は、三つの重要な意味で組織的手続きが作り出したものである。

第一に、現実の出来事は組織が作り出したものである。例えば、湾岸戦争におけるアメリカの軍事介入（「砂漠の盾作戦」と「砂漠の嵐作戦」）を考えてみよう。一九九〇年八月、アメリカ軍兵士はサウジアラビアとクウェートの国境沿いに駐留した。一九九一年一月、アメリカ軍機はイラク全土にわたる目標を破壊した。これらは組織行動である。具体的には、小隊の兵士の行動であり、小隊が中隊を構成し、中隊から大隊、旅団、師団、兵団を順繰りに構成し、戦域統合軍の一部となる。構成員としては、二等兵から次々と続き、大尉に責任を負う中尉などがあり、最高位は総司令官である。アメリカ軍の所定の手順に基

*58 Scott A. Snook, “Practical Drift: The Friendly Fire Shootdown Over Northern Iraq,” Ph. D. diss., Harvard University, 1996, pp. 281, 290.

*59 前掲書二九五〜九六ページ。一般的な解説は以下を参照のこと。Karl E. Weick, “Organizational Culture as a Source of High Reliability,” *California Management Review* 29 (1987): 112-27; Weick, “The Collapse of Sensemaking in Organizations: The Mann Gulch Disaster,” *Administrative Science Quarterly* 38 (1993): 628-52.

づいてクウェートやイラクに移動し、敵軍に向かって前進し、攻撃する。政府指導者の決定によって組織的手順の運用が開始される。政府指導者はこの結果を調整できるし、結果を統合する選択権も行使できる。だが、行動の大半は所定の手順に従って事前に決定されているのである。

第二に、政府指導者はどのような問題にも対応するように迫られるが、その指導者が選べる有効な選択肢の範囲は、現在の物的資産を運用する既存の組織能力によって決まる。例えば、アメリカの指導者が湾岸戦争への突入を現実の選択肢として考えることができたのは、ペルシャ湾までの数千マイルを移動する能力を持ち、戦闘部隊としての訓練を受けた武装する男女がいたからだ。指導者が選べる選択肢の範囲は所定の計画(特定時期に存在する装備、人員、定型業務など)に左右されるという事実は、指導者自身には必ずしも理解されていない。だが、どの場合においても、この事実は現実に実行される内容を理解するうえで決定的に重要である。

第三に、組織が作り出したものは、指導者が争点に対して決定を下す必要のある状況を規定し、問題を浮かび上がらせ、情報をもたらし、その争点に影響を及ぼす最初の一歩となる。大統領特別顧問セオドア・ソレンセンが指摘した通り、「白紙に決定事項を書くという意味なら、大統領が決定することはほとんどない——特に外交問題はそうだ。（略）選択肢が限定されている状況下では、基本的な決定は事前に決められていることがあまりにも多い」[*60]。状況が決まる仕組みと問題の様相（どちらも組織が作り出したものに左右される）がわかっている人々にとっては、指導者が公的に選択したものは期待はずれであることが多い。

新機軸。指導者は確立された組織能力や所定の手続きが存在しない新たな活動を引き受けようとするかも知れない。有効な組織成果を挙げる前提条件を作り出すために要する努力を理解していれば、その努力は目の前の危機よりも将来の危機に備えたものとして報われることがわかると思う[*61]。だが、大抵の指導者はこのことを理解していないか、選択肢自体を持たないものだ。例えば、湾岸戦争の頃、アメリカはイスラエルとサウジアラビアに向けて発射されていたイラクのスカッド・ミサイル移動式発射台を発見して破壊せよという

*60 Theodore Sorensen, "You Get to Walk to Work," *New York Times Magazine*, March 19, 1967.

*61 ジェフリー・プレスマンとアーロン・ウィルダフスキーの共著『Implementation（政策実施）』（未邦訳）は、現在進行中の喫緊の課題を解決するために新たな組織能力や所定の手続きを作り出す努力の危険性に関する膨大な事例研究として見ることができる。概説は以下を参照のこと。Wilson, *Bureaucracy*, pp. 218-32.

尋常ならざる圧力を受けていた。アメリカ中央軍司令部で戦域軍を指揮していたノーマン・シュワルツコフ大将は、この任務を厄介な問題だと見ていた。彼の組織的観点に立てば、イラクのミサイルはそれほど深刻な軍事的被害を与えていなかった。また、彼の指揮下にある部隊は、ミサイルの発射場所を特定し、目標を設定し、破壊するための確かな能力や定型的な作業手順を持ち合わせていなかった。数千マイルに及ぶ広大なイラク西部から移動式ミサイル発射台を探し出す任務（スカッド狩り）は軍事資源を大量に消耗させるので、アメリカ中央軍はイラクを戦場から叩き出す既存の作戦用の資源を活用すれば、スカッド・ミサイルの脅威を効率的に除去できると考えた。だが、この考えは却下された。ディック・チェイニー国防長官は、「私が国防長官である限り、国防総省は私の指示通りに動く。その私の最優先課題とは、イスラエルをこの戦争から遠ざけておくことだ」と声を荒げたのである。かくして、アメリカ中央軍はイスラエルの諸都市を攻撃しているミサイルに精力的に対応し、その様子を見せるように指示された。シュワルツコフ大将はチェイニー国防長官の干渉に不満を口にし、継続中の攻撃作戦を大混乱に陥れるような提案を回避し続けたが、「スカッド狩り」はついに開始された。また、アメリカ中央軍も他の軍事組織である特殊作戦軍から「スカッド狩り」に注力せよと要求する対立的な提案に抵抗を示した。この提案は、戦争の効果的遂行のためのアメリカ中央軍の既存戦略と所定の手続きを邪魔するものであった。戦争が終わると、政治指導者はイスラエルが戦争に加わらなかったことに（臆面もなく）満足の意を表した。だが、アメリカ中央軍による不本意かつ応急措置的な「スカッド狩り」の軍事的成果は、落胆するほど地味なものであった。[*62]

分析単位が組織成果としての政府行動なら、政府の正式な選択肢の分析が集中する対象は、組織が提供する情報や選択肢、指導者に向けられた有効な選択肢からなる既存の組織能力、および問題の状況に微妙な影響を与え、戦局の駒の位置を決める関連組織の活動結果である。実際の政府行動に関する分析で注目されるのは、組織能力、戦局の駒の組織的な位置調整、各組織の実行可能な結果である。

## 2 組織の概念

### A 組織的アクター

アクターは一枚岩の国家や政府ではない。むしろ、政府指導者を上層部とする結束力

*62 概説は以下を参照のこと。Michael R. Gordon and Bernard E. Trainor, *The Generals' War: The Inside Story of the Conflict in the Gulf* (Boston: Little, Brown, 1995), pp.227-48.

の緩い同盟組織の集まりである。この集合体の構成組織が行動するのは、所定の手続きに基づいて動く場合に限る。アメリカ政府の場合、政府の部局（空軍、国務省、アメリカ通商代表部など）は主要なエージェントである。または、アクターは巨大組織の下部組織かもしれない。例えば、海軍の潜水艦乗組員、あるいは一般的に独特な規範と固有の所定の手続きを有する組織の精鋭軍である。

### B　問題の要素化と権限の分散化

外交問題の諸側面の調査は、問題を切り分け、様々な組織に分担させることが必要である。アメリカ政府内では各部局が各分野の主たる責任を負う。具体的には、国務省が外交分野、国防総省が軍事や安全保障分野、財務省が経済分野、アメリカ中央情報局（ＣＩＡ）が情報評価分野などの主務官庁である。混乱を避けるために、主たる権限は主たる責任を伴うものとする。国防総省は安全保障の確保に必要な兵器を調達する。ＣＩＡは関係する秘密情報を収集する。組織が許容する活動であれば、その大半は組織内で決定される。このように、各組織は問題を把握し、情報を処理するなど、（国策に関する一般指針の範囲内で、多くの制約事項を伴いながらも）相当な自律性に基づいてさまざまな活動に従事している。

巨大組織に関する極めて重要な事実は、その規模の大きさのゆえに、一つの中央権力がすべての重要な決定を下したり、すべての重要な活動を運営したりすることはできないということだ。問題の要素化と権限の分散化は両刃の剣である。要するに、問題を要素化して各組織に分担させれば、政府指導者が自ら問題に対処するよりも、問題特有の側面に対する専門的な対応が可能となるであろう。だが、組織が対応する対象の選択や組織としての対応方法は、組織の自由裁量に委ねなければならない。

### c　組織の使命

使命の内容が正式に定められているかどうかはともかく、多くの組織（特に企業）には明確で簡潔な綱領がある。これは所属組織の事業内容や実現しようとする目標を所属員と顧客のために明らかにするものだ。政府組織には正式な設立趣意書を作成したところが多い。その趣意書には権限内容、運営を指示された業務範囲、禁じられた活動内容などが定められている。組織は指示された内容を組織独自の条件に基づいて解釈する。これは特に広範な目標が指示内容と矛盾しているか、業務指導がほとんどないときに顕著に現れる。したがって、アメリカの政治学者モートン・ハルペリンによれば、組織的本質の概念としては「あるべき使命や能力に関する組織内有力グループの考え方」も追加したほうがよいと指摘している。*63

**D** 業務目的、特別な能力、組織文化

主たる責任を有する問題の範囲が限られているために、使命の実行方法と必要な能力に関しては、独特な考えを助長する本質的で日常的な環境が生まれる。このような考えは、以下の点で極めて特徴的な組織文化を育てる。①組織が業務的な意味で何を成功と考えるか、②組織が入手可能な選別された情報、③任務遂行の際に組織が運用する特別な制度や技術、④人員採用の専門的基準と任期、⑤「担当者レベル」の決定を下す経験、⑥組織が分配する報酬。顧客（利益団体など）、政府の協力者（議会の委員会など）、国外の対応機関（国防総省の国防長官府に対するイギリス国防省、国務省ヨーロッパ・カナダ局に対するイギリス外務省など）は、この狭量な考えに刺激を与える。このように、組織は、業務の優先順位、業務目的、認識、問題に関して比較的安定した傾向を示すものだ。例えば、軍当局は制度化された出世階段を駆け上った立身出世主義者で構成されている。出世するか否かは、軍の使命に対して優れた貢献をしてきた年数次第である。仕事の手順、協調の仕方、情報網を議会内の組織化されたグループや友人からの外圧と組み合わせれば、（空軍による新型有人攻撃機の調査のように）軍

当局は現在割り当てられている役割や使命に合致した新兵器を継続的に求めるだろうと簡単に予測できる。

## 組織成果としての行動

組織行動の明らかな特徴は事前に計画されたものであることだ。すなわち、具体的事例における行動はすべて所定の手順を現実に実行したものである。成果を挙げる場合、各組織の活動は以下のような特徴がある。

①目的――許容範囲内とする成果の規定に合致すること

組織の業務目的が正式な指示で明らかにされることはほとんどない。むしろ、組織の各業務目的は、制約事項と重要任務の成果を規定する一連の目標として提示される。担当者はこの制約事項と任務を順守して作業することを求められる。担当者がこれらを順守できれば、上々の成果を挙げたに等しいのであり、数字で説明できる。例えば、面談した顧客数、一時間前の通知で離陸態勢を整えた航空機の割合、無事故飛行時間などである。また、研修計画分野や順守す

＊63 Morton H. Halperin, *Bureaucratic Politics and Foreign Policy* (Washington, DC: Brookings Institution, 1974), p. 28.

べき調達規則などの手続きに関するものもある。だが、これらは担当者にとって「適切性の論理」に従う余地があるように見える。制約事項と任務の順守に対する要求は、他の組織または他の分野や政府部内の専門家からの期待と要求、法定権利、市民や特別な利益団体からの要求、組織内部の駆け引きが混ざり合って出てくる。目的と制約事項は問題の解決に準じるものである。すなわち、制約事項の内容はあまり変わらないので、ある程度の解決は可能である。ただし、時間の経過とともに、必ずしも望ましい状況が続くとは限らない。したがって、これはあくまでも解決に準じたものでしかない。一般的には、制約事項とは、大まかに特定された問題や災難を避けるための義務として定められるものだ。例えば、アメリカの各軍（陸軍、海軍、空軍）の行動の特徴として、次のことを回避せよという事実上の指示に従っているように思われる。①予算削減、②人員削減、③重要専門職（例、空軍のパイロット）の人数削減、④各軍に割り当てられた軍事予算比率の低下、⑤自軍の役割と任務に対する他軍の侵害、⑥種類の如何を問わず、敵軍の兵器に劣後すること。

②目的に対する継続的配慮

業務目的と制約事項の対立は継続的配慮という方法で解決される。問題が起きると、組織のなかでその問題に最も関係のある下部単位が最も重要とされる任務と制約事項を勘案して対処する。次の問題が起きると、他の下部単位が別の任務と制約事項に焦点を合わせながらこれに対処する。

### ③標準作業手続き

制約事項と任務を順守したうえで重要な役割を確実に果たすには、標準作業手続きが必要である。経験則は、各人が基本的な指示に従いながら対応する多くの人々による協調行動を可能にする。この経験則とは習得が容易であり、疑問の余地なく適用できるほど単純なものである。手続きは「標準的」であるから、すぐに変更することもなければ、簡単に変化することもない。

一九八九年一一月九日の夕方、東ドイツ政府は記者会見の席上で同国市民の西側への旅行申請方法の変更を発表した。発表内容が一部拙劣だったために、たちまち誤解が生まれた結果、数万人もの市民がその夜のうちにベルリンの壁に殺到し、西ベルリンへ渡ろうとした。国境警備隊は政府の発表が突然すぎて、その内容もよくわからなかったことに加え、大群衆への対処方法や彼らとの応酬に関する標準作業手続きもない状態であった。困惑して平静を失った国境警備隊は、たちまち群衆に発砲するか検問所を開放するかの選択を迫られた。結局、彼らが後者を選んだことで、ベルリンの壁は崩れ去ったのである。[*64]

標準作業手続きがなければ、一定の協調行動を取ることは難しいだろう。だが、そのゆえに、特定の状況での組織行動はあまりに形式的であり、反応が鈍く、時には不適切でさえあるように思われる。標準作業手続きのなかには、規則正しい、あるいは協調的な行動を可能にする慣行にすぎないものもある。だが、重要な標準作業手続きの大半は、組織の奨励制度、組織の規範、所属員の基本的態度、専門的文化、作業様式に基づいている。その基盤が強固であるほど、変化に対する抵抗も強くなる。

④プログラムとレパートリー

組織は、多くの人々の行動が的確に調整された動きになるような能力を備えておかなければならない。特別な能力を発揮するには、特定の行動（敵軍との戦闘や大使館の電報に対する応答など）用の標準作業手続きに習熟しておくことが必要である。この標準作業手続きの集合体は、ある状況に対応するために組織が利用できる「プログラム（演劇やコンピュータで用いられている意味で）」で構成されている。組織のレパートリーは、（戦闘など）ある種類の行動に関連するプログラムのリストで構成されている。あるレパートリー内のプログラムの数は常に相当限られている。スイッチが適切に入れば、組織はプログラムを実行する。プログラムの変更は、ある特定の状況では実質的に不可能である。行動が複雑で関係者が多数に上るほど、プログラムとレパートリーは組織行動の決定的要因として重要な意味を持つ。

⑤不確実性の回避

組織は、将来における出来事の発生確率分布を予測しようとはしない。むしろ、不確実性を回避しようとする。組織は、環境を意識的に設定することにより、自律性を最大化するように努め、組織が対応する必要のある他のアクターの反応を規則化しようとする。一九六九年、メルビン・レアードは国防長官に就任すると、国防費を大幅に削減したが、予算の使途に関しては軍部に相当な

＊64 Philip Zelikow and Condoleezza Rice, *Germany Unified and Europe Transformed: A Study in Statecraft* (Cambridge: Harvard University Press, 1995), pp. 98-101.

裁量権を認めた。アメリカの政治学者モートン・ハルペリンが説明する通り、官僚組織は「自由度の低い多めの予算よりも、自由度の高い少なめの予算」[*65]を好むものだ。裁量権が認められない場合、一次的環境（政府を構成する他機関との関係）は、合意された予算配分、認められた責任範囲、確立された慣行などによって安定する。二次的環境（国際関係）は、契約（同盟、公的か否かを問わず）や「クラブ関係（アメリカ国務省とイギリス外務省、アメリカ財務省とイギリス大蔵省）」などによって安定する。

国際環境に交渉の余地がなければ、組織は備えるべき偶発的事態を想定した標準的シナリオ（作戦）を策定することで不確実な状況に対処する。例えば、一九六〇年代のアメリカ陸軍は火力的な優位を際立たせるために大規模な地上作戦を準備した。だが、戦火を何度か交えた後、この作戦はベトナムで日の目を見ずに終わった。現地でこれを展開するにはあまりにも無理が多いことがわかったからだ。[*66]

⑥問題指向的調査

状況が標準的ではないと考えられる場合、組織は調査を開始する。調査方法と中止点は現行の手続きでほぼ決定される。行動の選択肢に関する組織の調査は、問題指向的である。要するに、回避すべき非標準的な問題に焦点を合わせる。これは単純なものである。すなわち、まずは問題の兆候の周辺を調査し、次に当面の選択肢の周辺を見る。調査方法には、専門的訓練、組織の他部門での経験、組織内部における意思疎通の仕方などを反映した先入観が見られる。ベトナム戦争のアメリカ陸軍は、敵を大規模な戦闘に引き込めなかったので、既存の資源と通常の手順を用いて火力とヘリコプターの機動性を軸とした大規模な掃討作戦（ヘリボーン作戦）を試みたのである。

### ⑦組織学習と変化

*65 Halperin, *Bureaucratic Politics and Foreign Policy*, p.51.

*66 一九六五年一一月、北ベトナムはイア・ドラン渓谷で大規模な戦闘を試みたが、大打撃を受けた。これ以降、一九六八年春のテト攻勢まで別の戦術を採用することになった。テト攻勢の結果、北ベトナムは軍事的な損害が大きかったものの、アメリカや南ベトナムは政治的に甚大な影響を受けた。その後、北ベトナムは、アメリカの戦闘部隊がベトナムからほぼ完全に撤退するまで、地上部隊の展開を従来よりも抑制した。アメリカ軍の標準的作戦と現地での非現実性に関する優れた著作としては、以下を参照のこと。Andrew Krepinevich, *The Army and Vietnam* (Baltimore: Johns Hopkins University Press, 1986); Robert Buzzanco, *Masters of War: Military Dissent and Politics in the Vietnam Era* (New York: Cambridge University Press, 1996).

組織行動の特徴は大半が存続する。標準外の問題に対応するに際し、組織は調査を実施するとともに、手続きを定めることで、組織文化の世界観の範囲内ではあるが、相当な熟練に伴って新たな状況を吸収していく。このような学習と変化はほとんどが現行の手続きから生じるものであるが、組織では劇的な変化が起きることがある。これが起きやすい状況には以下の場合がある。

ⓐ予算の大幅増額。一般的には、組織は既存の要求リストの上位から順番に充当することで、予算の大幅増額を消化していくものである。だが、予算権を持つ政府指導者が大幅増額を約束している場合には、徹底的に見直した重要な役割を実行可能とする新たな組織能力を調達するために余裕資金を利用できる。一九七〇年代半ばの頃、イギリス政府は北アイルランドで国内紛争を仕掛けていたが、軍隊に頼ることを断念し、「警察の優位」の方針に転換した。これにより、真の市民自治を回復し、テロ行為を刑事司法の問題として対処するように努めた。具体的には、新たな警察力、新たな規範、新たな手続きを備えた警察当局（北アイルランド警察庁）が膨大な予算を投じて再建されたのである。*67

ⓑ長期的予算不足。一般的に、一年だけの予算不足ぐらいでは組織の体制や手続きに基本的な変化が生じることはまずないが、プログラム実行の効率性が低下することは多い。だが、予算不足が長期にわたると、組織は大幅な縮小を迫られることになる。例を挙げれば、国務省では数年もの間在外公館支援資金が不足したために、多くの拠点を閉鎖した。その代わりに、新たな「特別大使館プログラム」を策定し、いくつかの小国に低コストの外交代表部を設置することにした。

ⓒ実行上の大失敗。劇的変化は大失敗に反応して起こるものだ。このような場合、組織文化には衝撃が走るか、組織の使命に対する信用が失われ、特別な能力はすべて見直しの対象となり、新たな組織文化が形成される。特に、アメリカ陸軍はベトナム戦争の経験によって深く傷ついた。否定できない失敗が手続きやレパートリーに起きた場合、外部の権力から変化を求められる。現所属員の抵抗は弱いものとなり、組織の主

*67 Philip Zelikow, "Policing Northern Ireland," Parts A and B (Cambridge: Kennedy School of Government Case Study, 1994).

要メンバーは更迭され、変化を約束する者がその後を引き継ぐ。

## F 中央による調整と統制

政府行動は責任と権限の分散化を必要とする。だが、問題は異なる権限領域にうまく適合しない。各組織による任務の実行は他の部署にも大きな影響を及ぼすが、重要な問題の管轄は複数の組織にまたがるものである。このように、権限分散化の必要性と行動調整の必要性は真正面から対立することになる(政府の組織再編に関する要求の多くは、この矛盾——迅速な行動のために権限を分散するか、行動調整のために権限を中央に集中するか——のいずれかを主張する)。

調整の必要性と国家の繁栄にとっての外交政策の重要性を考えれば、政府指導者が権限を共有する組織の一連の行動に関与するのは当然なことである。各組織の傾向と通常の手順は、政府指導者の介入に影響を受けることがある。だが、中央からの業務命令を長く継続すること、あるいは組織行動を長く統制し続けることはできない。結局は、任務や制約事項を定める際の重点を見直すことになる。しかしながら、制約事項を定めることは、洗練された統制手段とは思えない。ほとんどの政府組織の活動に当てはまるような業務基準や順守目標を明示することは極めて難しい。例えば、この基準を用いれば、アメリカの政治学者ジェームズ・Q・ウィルソンが命名した「作成型」組織（年金の小切手を郵送する社会保障局のような組織）では作業内容や成果を見てごく簡単に評価できる。だが、労働安全衛生局などの「手続き型」、陸軍工兵部隊などの「専門技能職型」、警察などの「対処型」の各部局では、政策の結果や成果を確認することは難しく、効果的に測定することも困難である。*68

政府指導者が介入して組織の活動を意図する方向に変更させることもあるが、そのような例は考えられているほどには多くない。政府組織はスイッチ一つで簡単に操作できるようなものではないのである。一九七〇年、当時のリチャード・ニクソン大統領とヘンリー・キッシンジャー国家安全保障問題担当大統領補佐官は消極姿勢のＣＩＡにチリ政府に対する破壊工作を二つの方法で実行するように強制した。一つは、外交面と経済面からの圧力をかけることであり、もう一つは、さらに秘密的活動である軍事クーデターを組織することであった。中途半端なＣＩＡの支援を受けたクーデター作戦が失敗に帰した後、当惑したニクソンはＣＩＡに「作戦中止」を指示したと当時

*68 Wilson, *Bureaucracy*, pp. 158-71.

のことを回想している。後に、CIAの工作員は「キッシンジャーは最初の工作だけを中止し、第二のクーデターによる工作は継続せよと命じた」と証言している。もっとも、キッシンジャー本人は第二の工作も中止を命じたと証言している。二つの工作が混乱するなかで、事態の推移の追跡調査もほとんどなされないまま、第二の工作が急に動き出した。CIAは一九七三年に成功したチリの民主社会主義政権に対する軍事クーデター計画の存在を承知していた（当事者ではなかったが）。換言すれば、ニクソンは自らが望むことにCIAを巻き込むことに一苦労した。その一方、ニクソンとキッシンジャーの説明によれば、その後に作戦を中止させることにも難儀したという。*69

また、一般的には、政治家は組織に入り込み、基本的な計画や標準作業手続きを変更させようとしてもうまくいかないことに頭を悩ます。政府組織を動かすことに長けていたフランクリン・ルーズベルト元大統領も、次のように述懐している。

財務省は組織の規模が大きく、業務内容も多岐にわたり、その慣行も根深いものがあるので、私の思う通りに動かし、望むような結果を得ることはまず無理であると思う。（略）だが、国務省はこの財務省でも比較にならないほど手強い。まず、キャリア外交官の考え方、政策、行動を変更させようと試してみればよい。そうすれば、本当の問題の所在がわかるだろう。だが、この財務省と国務省が束になっても、海軍にはとてもかなわない。（略）海軍を変えようとするのは、羽毛布団にパンチを叩き込むようなものだ。疲れ切るまで左右のパンチをいくらお見舞いしても、あの憎たらしい布団の奴はパンチを叩き込まれる前とまったく表情を変えないのである[*70]」

## G

### 政府指導者の決定

政府が持続的であるということは、政府の行動に変化がないという意味ではない。政府指導者は組織の集合体の頂点に立っている。ある特定の組織の目標や標準作業手続の変更を統制する指導者の能力は限られているが、これらの指導者は政府の行動の

*69 John Ranelagh, *The Agency: The Rise and Decline of the CIA* rev. ed. (New York: Simon and Schuster, 1987), pp. 514-20.

*70 Marriner S. Eccles, *Beckoning Frontiers: Public and Personal Recollections*, ed. Sydney Hyman (New York: Knopf, 1951), p. 336.

重要な問題の多くについてプログラムの内容とそれを実行する組織を決定しなければならない。かくして、政府の行動の重要な変更は特定組織の狭量さや標準作業手続きの変更をほとんど伴わずに実行されることもある。この変更の程度は、現行の組織プログラムの範囲内に限られる。

どの時点であっても、政府の行動を変更する場合、政府指導者が有する選択肢には次のものが含まれる。(一)レパートリー内のプログラムBよりもプログラムAを始動させること。(二)組織の現行定型業務を新たな背景のもとで始動させること。(三)複数のプログラムを同時に始動させること。追加的な余地としては、組織のある問題に別の問題を組み入れる方法もある――例えば、予算編成を口実として戦略的問題を持ち出す、あるいは戦略的問題を口実として予算編成の問題を持ち出す。将来的には、指導者は新たに組織を立ち上げることもできる。時には、指導者は組織の既存の傾向を支える要因を操作することで組織を思うように変化させることも可能である。これらの選択肢を選ぶ場合にも、指導者は組織のプログラムが提供する情報、プログラムが下した評価、プログラムに明示された選択肢に依存するところが大きい。

## 3

有力な推測方法

今日ある国家がある種の行動を起こしたなら、その構成組織の今日の行動は昨日の行動と些細な違いしかない（または、そのような行動を起こすための定型的な手順を確立していた）はずである。ある特定の時点「t」における政府は、既存の重要任務の意識、特別な能力、プログラム、レパートリーを持つ確立された組織の集合体によって構成されている。どの場合でも、政府行動の特徴は、確立された手続きと、政府指導者が確立されたプログラムのなかから——既存の手続きに基づいて提供される情報と予測により——選択するものによって決まる。「t」時点における組織行動を最もよく説明するのは「t－1」であり、「t＋1」時点で何が起きるかを最もよく予測するのは「t」である。第二モデルの説明力は、謎めいた出来事からなる結果を生み出した組織の手続きとレパートリーを見つけることで得られる。一方、研究者が確立された手続きに従った組織所属員の行動を注視しても、その行動自体は特定の場合における国家指導者の特別な意図を示す証拠にはならないとわかるはずだ。

この推測方法は、一九四一年一二月七日に実行されたハワイ真珠湾のアメリカ太平洋艦隊に対する日本軍の奇襲攻撃に関するさまざまな研究によって明確に説明されている。*71 ここで必ず取り上げられる問題は、なぜアメリカは何も動かずに寝ていたのかということだ。すなわち、アメリカは驚くほどの質と量の情報（特に、日本の外交的伝達事項に使用されていた暗号は解読済みであった）を得ていたにもかかわらず、アメリカが日本の奇襲攻撃を予測できなかった理由を探し出すことである。合理的アクター・モデルはこれに対する答えを出しているかのように思われる。要するに、混乱か陰謀（一般的には、フランクリン・ルーズベルトがアメリカを戦争に巻き込むための陰謀であると説明されている）、あるいは無能か策略によるものである。

一二月七日までに、太平洋艦隊司令官のキンメル提督は以下の情報を入手していた。㈠「場所はわからないが、フィリピンまたはグアムに対する奇襲など予期せぬ攻勢に出る可能性がある」という海軍からの警告、㈡「外交折衝が物別れに終わり、いつでも戦争突入の可能性あり。緒戦の場所はおそらく東南アジアではないか」というワシントンからの継続的な警告、㈢日本軍空母の無線呼び出し符号変更と疑わしい空母位置情報不明に加え、日本海軍の暗号の不規則な変更、㈣東南アジアのさまざまな地域に対する日本の艦隊と部隊の攻撃準備行動に関する多すぎるほどの情報、㈤日本大使館に対する秘密文書の破棄と暗号機の破壊に関する解読済み指示事項、㈥連邦捜査局（ＦＢＩ）から

「在ホノルル日本領事館が文書を焼却中」という通報。さらには、アメリカの暗号解読機も在ホノルル日本領事館と東京の外務省を往復する暗号情報を傍受し、解読した。これによれば、彼らは真珠湾に停泊する艦船の位置情報作成と追跡調査に異常なほどの強い関心を示したという。

人は誠実さと有能さを備えていることを前提にすれば、第一モデルの研究者は次のような予測結果に至るであろう。（一）キンメル提督の本部は、ホノルルと東京間の傍受内容を提供または通知されていたであろう。（二）攻撃を受ける可能性を予測し、太平洋艦隊は真珠湾を離れていたか、停泊中の艦船を対魚雷網で防護するなど万全の防御態勢を敷いて

*71 真珠湾攻撃に関する背景については、他に言及していない限り、次の資料に基づく。Gordon W. Prange, *At Dawn We Slept: The Untold Story of Pearl Harbor* (New York: McGraw-Hill, 1981); Edwin T. Layton with Roger Pineau and John Costello, *"And I Was There": Pearl Harbor and Midway-Breaking the Secrets* (New York: William Morrow and Company, 1985); John Costello, *Days of Infamy* (New York: Simon and Schuster, 1994);（初期の代表的著作としては）Roberta Wohlstetter, *Pearl Harbor: Warning and Decision* (Stanford: Stanford University Press, 1962).（邦訳はロベルタ・ウールステッター『パールハーバー——トップは情報洪水の中でいかに決断すべきか』岩島久夫他訳、読売新聞社）真珠湾攻撃のことを本格的に研究したければ、軍事研究に限定された研究だけでなく、より広範な視点から論じた以下の優れた研究にも目配りしてバランスを取るべきである。Waldo Heinrichs, *Threshold of War: Franklin D. Roosevelt and American Entry into World War II* (New York: Oxford University Press, 1988).

いたであろう。（三）ハワイ島上空では、利用可能な資源を最大限に駆使して空中偵察隊が巡回していたであろう。（四）航空警戒業務には人員が配置され、レーダーを徹底的に活用していたであろう。（五）陸軍には現行の緊急事態計画（統合沿岸地帯防衛計画）に基づいた通報がなされたであろう、また、同じような警告をいくつか受け取ったであろうから、対空砲火用弾薬が配備され、他の防御用警戒措置も講じていたであろう。だが、以上のどの予測も外れていたことが証明されている。それどころか、海軍の一二月七日の行動は一二月六日と同じであったし、一二月六日の行動も一二月五日とほとんど違いがわからないほど同じであった。その前日もまた同様であった。アメリカの歴史学者ゴードン・プランゲは、「（アメリカは）明らかな警告に直面しても、（空中偵察用）警戒対策は通常の手順に従っていた」と指摘している。さらに、「艦隊の予測可能な行動のおかげで、日本の工作員は東京に対し、主要な艦船は週末も湾内に停泊していると報告できたのである。この情報は日本の攻撃計画の基礎となった」と付け加えている。かくして、真珠湾攻撃に関係するアメリカの組織は、当日もいつものように所定の手続きに基づいて動き続けたのである。*72

## 4 一般的命題

*72 引用部分は、Prange, *At Dawn We Slept*, pp.732-33 を参照のこと。解読済み暗号文書（「マジック」と称された）のように、ホノルルと東京間を往来した情報は、ワシントン（一部はフィリピン）の海軍と陸軍省の暗号解読機によって傍受されていた。情報がうまく伝わらなかったのは、第一に、実際問題として、ホノルルと東京間の情報には秘匿性の低い暗号が使用されていたので、情報の優先度も低いと考えられていたからだ（秘匿性が低い情報は重要性も低いとされていた）。第二に、太平洋艦隊にとって重要な「マジック」を海軍作戦部長から伝達する手続きが形式的すぎた（後述の通り、海軍の戦争計画部と情報部の高官が緊迫した関係にあったことも一因）ためである。「マジック」にはあまり関心が寄せられなかったことから、日本海軍の暗号（ＪＮ―２５Ｂ）を解読できた一九四一年初めまで、アメリカ政府は資源や人員を配備してこなかった。真珠湾攻撃後、資源が全力で投じられ、日本海軍の暗号の改訂版も四カ月で解読された。アメリカは（ＪＮ―２５Ｂ）を用いた日本海軍の情報を傍受した。（後日この暗号は見破られたので）、一九四一年後半の日本軍の作戦に関する重要なヒントをもたらしたはずであるが、実際にも、アメリカは当時この暗号を解読できていたのである。この最後の部分については、Costello, *Days of Infamy*, pp. 278-301を参照のこと。

真珠湾内に艦船を停泊させ続けた問題については、キンメル提督と彼の側近は一二月六日に何隻かの戦艦を湾外に移動させようと考えてみたが、やはり太平洋艦隊による戦争開始後の戦争計画の実行準備のために引き続き湾内に留めることに決めたのである。因みに、戦艦は攻撃を受けやすかったであろう。なぜなら、キンメル提督の空母二隻は航海中であり、ミッドウェイ島とウェーク島の守備隊のために航空機を輸送中だったからだ。以上に関しては、Layton, "*And I Was There*" p. 275. を参照のこと。おそらく、ハワイ島の太平洋艦隊は地上からの上空援護を計画していたのであろうが、そのような援護手段は翌朝の日本軍空襲時点でもまだ準備が整っていなかった。また、キンメル提督は二隻の空母の派遣を早める指示に異議を唱えておらず、カリフォルニアで整備中であった（手持ちの空母全三隻のうちの）残りの空母の帰還を急がせる要請も行わなかった。ハワイ海軍区の司令官は統合沿岸地帯防衛計画を始動していなかったのである。

**A** 既存の組織能力が政府の選択に影響を与える。何かの任務を遂行するための特別な能力を備えた組織が存在すれば、組織と政府が指導力を発揮して選択する結果や行動や選択肢の実現可能性も高くなる。そのような選択肢は明らかに想定可能なものであり、組織が存在しない場合よりも低めのコストで利用可能である。なぜなら、能力の開発コストはすでに支払っているからだ。その選択肢は仮説や仮定というよりも現実的で実行可能なものとして存在するので、指導者も政治的意思としてそれを選ぶのに苦労することはない。選択肢提供のために設立された組織も、その実行可能性が高くなるように調整した情報や評価を作り出す。このとき、その組織や下部単位は真実を隠さず、その選択肢を支持する見解を探すことに注力し、他の組織も意思決定者の期待する役割を果たすものと考えている。この意思決定者は順繰りに選択肢の評価者となる。

**B** 組織の優先順位が組織的実行を具体化する。行動が目標や命令に反する場合、組織は目標や命令を優先し、その矛盾を明らかにする。

①実際問題として、組織は特別な能力や組織文化における考え方の序列に最も合致する目的を強調する傾向がある。第二次大戦後、軍事大国の米ソ両国は一九

四一年に受けた奇襲攻撃による甚大な被害の記憶に悩まされた。軍上層部は軍法会議にかけられ、専門家も壊滅状態になった。例えば、ソ連では死刑に処された例もある。この経験は、特にアメリカの海軍と空軍およびソ連の陸軍と空軍の記憶に焼き付いた。戦後、これらの組織は常に高度な準備態勢という美徳を重視したが、危機的状況下では矛盾する命令に直面した。具体的には、準備態勢第一か、あるいは安全第一か。核兵器の集中管理か、それとも核兵器使用に有利な分散的準備態勢か、である。実際には、組織は危機的状況に際し、望ましい状態や任務の観念(行動に向けた準備態勢を整えることであり、軍隊は不意打ちを食らわないと自信を持つこと)にとって最重要視すべき目標に基づいて行動を選択した。

②矛盾する目標が組織の能力と文化に合致するなら、矛盾した制約事項は一つずつ対処される傾向がある。組織は一方を先延ばしするか無視しながら、もう一方を満足させていく。[*73]

*73 組織が矛盾する目標に対応せよという指示は重要な要素である。

ハワイに駐屯していたアメリカ海軍の航空隊は二つの命令を受けていた。第一に、日本委任統治諸島（主にマーシャル諸島）に対する攻撃のためにパイロットを訓練することであり、第二に、敵軍の行動に対する遠距離偵察を実施することであった。手持ちの航空機を前提にすれば、この二つの命令を同時に実行することは無理な相談であった。したがって、海軍は第一の命令に集中することにした。最優先課題（日本軍基地地域に対する攻撃）に向けた資源を節約するために、航空機は金曜日を含めた週末には維持管理のために基地に帰還した。一二月七日日曜日に何機かでも第二の命令を実行していたなら、基地は一時間前には警戒態勢を敷いていたであろう。だが、この命令は無視されていた。太平洋艦隊の戦争計画に基づく準備作戦に専念する必要があったからだ。

実行は従来から確立されていた手続きに基づく。標準作業手続きとプログラムに基づく行動は、（研究者が考えているような）問題に対する広い視野に立ちながら柔軟に適応するものではない。組織行動の細部や微妙な意味合いを決定するのは、主に組織内部の通常手続きであり、政府指導者の指示によるものではない。このため、第一モデルが前述の細部や微妙な意味合いを用いて指導者の巧妙な計画に関する選択的仮説を区別しようとする試みは見当違いである。

①標準作業手続き。これは標準的な状況に対応するための通常の手続きである。通常の手続きとは、多数の一般人が深く考えることなく多数の事例を日常的に処理できるようにするものである。この標準作業手続きが適切に考えられたものであれば、素晴らしい組織的成功も説明できる。例えば、第二次大戦時代のアメリカやイギリスによる暗号解読の成果が挙げられる。だが、活動を適切に実行するために規則化されたこの能力は、標準化という代償を支払うことで得られたものだ。標準作業手続きが適切ならば、平均的な実績――多岐にわたる事例の平均実績――は（能力、タイミング、資源的制約が同じであれば）個別に対応した実績よりも良好な結果が得られるであろう。ただし、一般的には「標準的」特徴のない重大な事例に対しては、その対応は緩慢なものとなり、不適切な結果に終わることが多い。

②プログラム。プログラムとは、要するに標準作業手続きの複雑な集合体のことであり、それが実行される具体的な状況にうまく当てはまるように作られていることはほとんどない。むしろ、そのプログラムは、（よくても）既存レパー

トリーのプログラムのなかでは当面の状況に対して最も妥当であるというにすぎない。

③レパートリー。レパートリーは、視野の狭い組織が自ら定めた標準的シナリオのために作成したものなので、（標準的ではない）特定の状況に対応するために利用可能なプログラムはその状況にあまり適していないことが多い。

一九四一年一二月七日、ハワイの陸軍情報部は何を準備していたのか。陸軍司令官は戦争突入の恐れありとの警告をワシントンから受け取っていたが、（司令官の伝達事項に示唆されている通り）実際に攻撃される恐れがあるのは東南アジアに違いないと思い込んでいたのである。これにより、三つの警戒プログラムのなかでも最も軽度な警戒水準1を選んだが、これは破壊工作に対する措置であった。破壊工作に対する防護を容易にするために、航空機はグループごとに集められた。高射砲の砲弾は掩蔽壕《えんぺいごう》内の施錠された保管庫に移された。だが、この警戒水準1の措置は柔軟性に欠けており、破壊工作阻止に注力するほど、空襲に対する脆弱性はますます高まるばかりであった。

**D**

指導者は自らの責任で行政的実行可能性を考慮しない。行動の詳細な計画には有利な状況と制約事項が規定される。この計画を実際に行動に移すと、また別のものが規定される。説明、分析、予測を適切なものとするには、主要な側面として行政的実行可能性に取り組む必要がある。指導者が選択するものと組織が実行するものとの間には相当な開きがあるものだ。例えば、真珠湾攻撃の数カ月前、日本との対決を求めるアメリカの意図は、日本の攻撃に対するアメリカの抑止力を背景にしたものであった。この抑止力の源泉である主要な組織的選択肢は、主にフィリピンに配備されていた実戦経験の浅い比較的小規模なB-17爆撃機部隊の威嚇的運用を頼りにしていた。ところが、戦争が始まると、政治指導者が考えていたこの爆撃機部隊の運用方法(部分的には軍部が想定していた方法でもある)と現実(激烈な戦闘活動によって、ほどなくほぼ運用停止状態に追い込まれた)との間に大きな隔たりがあることはすぐに明らかになった。行政的実行可能性を考慮すれば、指導者は次のことを念頭に置くべきである。①組織は動きの鈍い手段である。②既存の組織単位に対し、すでに制定されたプログラムから逸脱し、プログラム化ができていない任務を実行せよと要求するようなプロジェクトの場合、計画通りに実行されることはほとんどない。③複数の組織のプログラムの調整が必要なプロジェクトの場合、計画通りに達成されることは稀有である。

④複数の組織のプログラムをまとめるプロジェクトは、定型業務の相互作用を際立たせ、想定外でおそらく危険な結果をもたらすであろう。⑤割り当てられた問題の一部が既存組織の目標と相反するものであれば、組織から抵抗を受けるであろう。⑥政府指導者が各組織に期待できるのは、その組織が実行方法を承知している範囲内で「その役割を果たす」ことである。⑦問題のなかで各組織が担当する部分に関し、政府指導者が当該組織から期待できるのは、（指導者の視点に立てば）不完全で歪曲された情報である。

### E

限界的な柔軟性と漸進的な変化。組織行動の重要な方向性は直進的である。要するに、（t）時点における行動は（t－1）時点とほとんど変わらない。単純な予測ほどよく当たる。また、（t＋1）時点の行動は現時点とほぼ同じなのである。

①組織の予算は漸進的に変化する。総額または組織間の配分率のいずれにおいても、変化は漸進的である。組織は予算を新規に（目的や環境の変化に応じて）分割することも可能であるが、実際には前年度予算に基づいて漸進的な調整を施す。組織間または組織内部の単位間の予算を単年度で大幅に変更することを前提とした予測は回避すべきである。

②組織における文化、優先順位および認識は比較的安定している。組織文化の変化に関する問題は、民間部門で大いに注目を集めている。人事制度研究者のクレイグ・ランドバーグは次のように指摘している。「組織文化は現象的に複雑であること、文化的意味に深く影響を与えることは本来困難であること、新しくてより有意味な文化を伴う構想が求められること、必要とされる多様な介入の意図とそれらの優先順位付けは複雑極まりないことなどを考えれば、文化的変化を統制することは可能だとしても、実際にはほとんど無理である」[*74]。

③組織の手続きとレパートリーの変化は漸進的である。

④新しい活動は、一般的に既存のプログラムや活動を少しだけ修正したものである。

⑤プログラムは、一旦承認されると、客観的にコストが利益を上回る時点でも却下されることはない。組織としての勢いにより、プログラムは損失点を軽々と超えて存続する。

*74 Craig C. Lundberg, "On the Feasibility of Cultural Intervention in Organizations," in *Organizational Culture*, ed. Peter L. Frost, Larry Moore, Meryl Reis Louis, Craig C. Lundberg, and Joanne Martin (Beverly Hills: Sage, 1985), p. 183. 組織文化の粘り強さや持続性については、Diane Vaughan, *The Challenger Launch Decision* の研究の重要性を巡る以下の思索も参照のこと。Karl E. Weick's review, *Administrative Sciences Quarterly*, June 1997, pp. 395-401.

**F**

**長期的計画。**アメリカ政府の外交政策部門のなかに長期的計画を担当する部局——例えば、国務省政策企画本部——が存在することは、第一モデルの前提（政府は長期的計画を策定することで不確実な将来に対処する）を裏付けるものと思えるかもしれない。だが、第二モデルの命題は、政策結果に対するこのような部局の貢献の有効性を疑問視するものである。長期的計画は（その方向性にもっともらしさを装うために）制度化される傾向にあるが、ひとたび制度化された後は忘れ去られるものである。

日本軍による真珠湾奇襲攻撃の想定は、久しく軍事計画のテーマになっていた。一九四一年一月、海軍の戦争計画部は真珠湾防衛問題に関する優れた概要報告を作成した。これは海軍長官と海軍作戦部長の承認を受け、各方面に配布された。その内容は上空からの奇襲攻撃の危険性を的確に説明したものであり、「太平洋艦隊の大損害特有の可能性……各手順を最大限に迅速かつ確実に行い、陸軍と海軍が共同準備行動を起こせば、上述のような奇襲攻撃にも耐えられるであろう」と断じていた。そこには五項目の提言が示されていたが、完全に実行された唯一の提言には更なる計画立案の必要性が示唆されていた。一九四一年三月、ハワイに駐屯している陸海軍航空隊の上層部は攻撃に備えるためにハワイ島防衛計画に関する卓越した先進的な報告書を作成し、アメリカ政府はこれを賞賛した。だが、この計画で必要とされた防衛能力を発揮するはずの哨戒機はハワイに存在せず、(日本軍が来襲した)その九カ月後にも配備されていなかったのである——当該計画は依然として実施中だったのであるが。[*75]

## G

帝国主義。大半の組織は「保全」という中核的目標を「自律性」と同義であると理解している。したがって、予算や職員の拡大を追求し、新たな領分を主張する。このように、境界が曖昧で変化している分野に発生する問題や有益な新領域となる問題に関しては、帝国主義的な植民地化活動が活発になる。[*76]

日本の外交文書に使用されている暗号の解読に成功したとき、海軍にとっての問題は「この情報が何を意味しているのか」よりも、「敵国の意図を慎重に評価する任務を担当するのは誰か」ということであった。この点については、海軍の情報部と戦争計画部が激しく争った。結局、日本語に通じた言語学者も日本の専門家もいなかったが、恐ろしく有能だ

*75 一九四一年一月の海軍長官フランク・ノックスの書簡、一九四一年三月のハワイ陸軍航空部隊司令官フレデリック・マーチン少将とハワイ海軍航空部隊司令官パトリック・ベリンジャー少将による共同報告書『マーチン・ベリンジャー報告』、統合沿岸地帯防衛計画の付属文書については、Prange, *At Dawn We Slept*, pp. 45-47, 93-96 を参照のこと。大局的な見地からは、Lee Clarke, *Fantasy Documents* (Chicago: University of Chicago Press, 1998) を参照のこと。

が気の短い提督に率いられた有力組織の戦争計画部が、「情報源の如何を問わず、仮想敵国に関するすべての情報を解釈し、評価する」権利を勝ち取った。しかしながら、この結果はアメリカ政府を落胆させることになる。[*77]

**H** 指示による変化。既存の組織的方向性と標準的手順は、上層部からの指示による変化を受け付けないわけではない。標準的手順を支持する主要な要素——例えば、人員、報酬、情報、予算など——に注意深く焦点を絞ることにより、徐々に大きな変化を生み出すことはできる。だが、大半の政治指導者に付された任期と条件（短期間に優先課題に対処するという条件）のために、上層部からの指示による変化が効果的であったことはほとんどない。

## 5 具体的命題

**A** 核抑止。核攻撃の可能性は、均衡と不均衡、安定性と不安定性（第一モデルの戦略家が用いている意味で）よりも、複数の組織的要因に影響を受けやすい。報復される恐れがないほどに相手国の軍備を徹底的に破壊できるという信憑性の高い軍事力を持つ特別の場合を除き、核戦力の優劣が核攻撃の可能性に及ぼす影響は、さまざまな「適切性の論理」が働く可能性のあるいくつかの組織的事実の影響よりも小さい。

*76 アメリカの政治学者ジェームズ・Q・ウィルソンは、官僚が次の六つの帝国主義的任務に従うことを期待（要請）している。①「他者が着手していない役割を探し求めること」、②「自分の役割を横取りしようとしている組織と戦うこと」、③「組織の使命の中心から著しく乖離した役割を引き受けないようにすること」、④「共同的な事業や協調的な仕事には慎重を期すこと」、⑤「支持者が分裂するか、敵対勢力に変じてしまうような役割は回避すること」、⑥「攻撃されることに慣れないこと」。Wilson, *Bureaucracy*, pp. 181-95. 新しい領域の拒絶と植民地化活動の組み合わせに留意すること。また、組み合わせについては、以下の文献でも説明されている。Mathew Holden, Jr., "'Imperialism' in Bureaucracy," *American Political Science Review* 60 (1966): 943-51. ウィルソンはこの問題を帝国主義者としての混合行動を説明することで単純化しようと考えている (p. 195)。だが、彼の帝国主義者という定義を用いた説明はあまりに単純すぎると思う。実際、すべてを征服しようとしなかった帝国は多いかったのであり、わずかに——特に、古典的な重商主義を具現化したものとして——自治権と国富を確保するための財産を求めたにすぎない。例えば、一八八〇年代のイギリスがエジプトを支配したのはスエズ運河の支配権を確かなものとし、同時にインドに至る生命線を確保するためであった。イギリスにとってインドとの関係は、総じて帝国主義体制保全上不可欠なものと見なされていた。一方、この同じイギリス政府にして、例えばスーダンへの領土拡張については極めて懐疑的な態度を示していたのである。ウィルソンが論じていたのは行政府の話に過ぎない。議会の委員会に見られる類似行動に関する優れた分析に関しては、以下の文献を参照のこと。David C. King, *Turf Wars* (Ann Arbor: University of Michigan Press, 1996); King, "The Nature of Congressional Committee Jurisdictions." *American Political Science Review* 88 (1994): 48-63.

*77 戦争計画部は（当時の）リッチモンド・ケリー・ターナー少将が率いていた。彼の辣腕と強烈な個性は（上司である）海軍作戦部長ハロルド・スターク大将をも圧倒した。情報部との縄張り争いの本質と影響に関しては、Prange, *At Dawn We Slept*, pp. 87-88 および Layton, "*And I Was There*" pp. 95-102 を参照のこと。

組織行動のパラダイムが示唆するのは、既存の戦略論文で有力なシナリオは、均衡や不均衡の状況に関係なく発生するさまざまな追加的シナリオよりも相当味気ないということだ。

第一に、望ましからざる事態が発生すれば、それは組織的活動の結果である（例えば、ミサイル部隊がミサイルを発射したという事態）。これは重要な問題を提起する。敵を統制している仕組みはどういうものか。物理的機構や標準作業手続きが複数の施設に対してアメリカ向けの核兵器発射を選択肢として許容している場合、不均衡や不安定性の第一モデルで最大限に想定可能な範囲と比較すれば、望ましからざる事態が発生する可能性は相当高くなる。この問題を検証すれば、敵の核兵器発射を最大限に集中管理する機械装置の既知情報よりも多くのことがわかるかもしれない。

第二に、敵が戦略力を警戒態勢に入らせるのは、規則的行動のどのような側面なのか。このような行動を促す標準的手順が緩いものであれば、偶発的事件が発生するかもしれない。手順があまりにも規則化がなされていないために、軍隊が一度も警戒態勢を敷いた経験がないのであれば、これは緊張緩和の難しさとリスクの程度に関する極めて重要な情報となる。例えば、第一次大戦勃発前に、ロシア皇帝が——組織的手続きの面から——総動員令を指示することの重大性を理解していたのであれば、自分は戦争を選んだことがわかっていたかもしれないのである。

第三に、組織的手続きは敵国の指導者に開かれた有効な選択肢の範囲を決める。雌雄を決する場面において、指導者の前に供される計画や手続きはどのようなものか。一九一四年、ロシア皇帝には総動員令を命じるか否かの二者択一しかなかった。部分的な動員令というものは、組織が用意した選択肢にはなかったのである。

第四に、政府指導者が選択の問題に直面したとき、見るべきチェス盤と駒の動かし方を設定するのは標準的な組織的手続きである。敵軍はどのように訓練されているか。核兵器の運用方法はどうなっているのか。

第五に、組織的手続きの結果として、偶発的な戦闘が起きる可能性はどの程度か。また、アメリカの損害を軽減させ、誤認警報に対して取り返しがつかないような対応を防止することも、制度が目指すべき価値である。これらの価値を実現するには、戦略力を統制する組織に安全保障体制の展開を促すために、合理的な敵国（標準的な抑止理論が対象にしているもの）の抑止力を多少とも弱めておく必要がある。

これらの問題の側面の多くは、軍縮問題を背景として浮上してきたものである。最も洗練された抑止力論者（特にシェリングとウォルステッター、最近ではブルース・ブレアとスコット・セーガン）は、これらの問題に考え方について多大なる貢献を果たしてきた。だが、研究者や軍部および為政者の多くが交わす抑止力の議論は、より深めた考察をろくにまとめることもなく、相変わらず安定性と均衡を中心とした範囲内に終始しているのである。*78

**B**

軍備態勢。軍備態勢（特定の兵器を選定して生産し、かつ運用しているという事実）は、既存の軍部、研究所、実験室の目標と手続きによって決定される。政府指導者が選択できるのは、予算総額の決定であり、軍備調達に関する主要決定にも多少の影響力を行使することはあるが、軍備態勢の大半は組織の部局が所定の手続きを実行することで決定される。

ソ連軍の支配層内で空軍が劣勢にあったという事情は、ソ連が一九五〇年代に大規模な爆撃力を獲得できなかった決定的要因であったと思われる（この失敗により、アメリカ情報機関の「（アメリカ軍の対ソ比）爆撃機不足」発生の予測は外れた）。また、大陸間爆撃機を設計しようとする努力も倦怠感に見舞われた。ソ連の戦略計画は有力な組織に支配されており、実際にも政治指導者は「軍事顧問の技術的判断に大きく依存していた」。支配層の共産党政治局は「これらの（組織的）軍部の許容範囲内で判断せざるを得なかった。軍部の意向を勘案するだけでなく、頻繁に――おそらく効果的に策定された選択肢がないために――軍部の提言通りに承認していたのである」。アメリカの情報機関によれば、ソ連の軍備態勢は的確に予測できたという。なぜなら、ソ連軍は「積極的に推進していた最先端の手法よりも実績のある従来手法で考え出された解決策のほうを多く用いていた」だけでなく、組織の指示によって「確立された方向性に基づいて慎重に」動いていたからだ。*79 ソ連崩壊前の軍備態勢に関し、ソ連政府が下した最も重大な決定は一九七〇年代後半

*78 Bruce Blair, *Strategic Command and Control* (Washington, DC: Brookings Institution, 1986); Blair, *The Logic of Accidental Nuclear War* (Washington, DC: Brookings Institution, 1993); Scott Sagan, *The Limits of Safety: Organizations, Accidents, and Nuclear Weapons* (Princeton: Princeton University Press, 1993), pp.259-62. 抑止力に関する第1モデルと第2モデルのより直接的な理論的対立については、Scott Sagan and Kenneth Waltz, *The Spread of Nuclear Weapons: A Debate* (New York: W.W. Norton, 1995) も参照のこと。

*79 National Intelligence Estimate, "Issues and Options in Soviet Military Policy," NIE 11-4-72 (1972). これは次からの引用である。Donald P. Steury, ed. *Intentions and Capabilities: Estimates on Soviet Strategic Forces*, 1950-1983 (Washington, DC: CIA History Staff, 1996), pp. 291-93. 各情報機関の調整組織では、ソ連の戦略的軍事力の展開の規模や動きを過小評価していたかもしれないが、全体的な軍備態勢を理解するためのこれらの方法論的論点が有効であることは証明された。

に西ヨーロッパを標的とするSS－20中距離弾道ミサイル（多弾頭搭載型で高度な正確性を誇る）の多数配備である。第一モデルの理論によれば、西側はこれをヨーロッパの軍事的均衡を崩してしまうほどの威嚇的な動きと考えたはずである。現在、われわれが承知しているところから見れば、ソ連のSS－20ミサイル配備決定は第二モデルの考え方で加速されたものであったことがわかる。すなわち、軍事組織はヨーロッパの全目標に狙いを定めるという従来からの要請に基づき、旧ミサイルを新型ミサイルに置き換えていたのである。アメリカのソ連問題専門家レイモンド・ガーソフの見解によれば、この決定は「当然かつほとんど不可避な……通常の近代化計画であり、全体的な予算枠と定められた軍事予算配分の具体的な上限額の範囲内で対応可能であった」。*80 ソ連政府は政治的分析を実施しておらず、この動きが西側に及ぼす重大な結果のことも考えていなかったので、西側が強烈に反発したことに驚いてしまった。また、自らの動きが西側に戦域ミサイルの配備を決断させたことを何年間も認めようとしなかった。この西側のミサイル配備は、一九八〇年代初めに西ヨーロッパと東西関係を厳しい危機的状況に導いた中心的要因になったのである。*81

冷戦の最後の数十年間におけるソ連政府の動き方を前提にして、第二モデルの説明をソ連の軍備態勢の事例に適用すれば極めて説得力がある。第一モデルと第三モデルの要因が再浮上したのは、一九八〇年代半ばにソ連最後の最高指導者ゴルバチョフが軍部すべてに対する資源配分を根本的に変えようとしたときである。*82 また、アメリカの戦略的軍備態勢も、第二モデルを用いれば基本的には説明可能である。国家安全保障担当大統領補佐官マクジョージ・バンディが指摘した通り、「戦略航空軍団の戦略目標は、アイゼンハワー大統領からジョンソン大統領の頃に至るまで、第二次大戦後の戦略航空軍団司令官が継承してきた規範によって統制されていた」。戦略ミサイルに

*80 Raymond L. Garthoff, *Detente and Confrontation: American-Soviet Relations from Nixon to Reagan* rev. ed. (Washington, DC: Brookings Institutions, 1994), pp. 963-64.

*81 ソ連の元駐米大使アナトリー・ドブルイニンは次のように回顧している。「協議のために（SS－20中距離弾道ミサイルの配備決定）の間にモスクワに出張した頃、このような政治的に熟慮を要する案件に関し、共産党政治局員や上層部の将軍が議論はおろか話題にしているのも聞いたことはなかった。また、SS－20ミサイル配備に伴い、予想される政治的に有利な状況や西側の反応に関する政治局や外務省の文書も見たことはなかった。唯一示されたのは軍部の弁解だけであった。（SS－20ミサイル配備の結果生じた）政治的対立に直面するまで、外務省はこの国防省の計画にほとんど関与していなかった。……このような状況は信じがたいかもしれないが、正に現実に起きたことなのである」。Anatoly Dobrynin, *In Confidence* (New York: Random House, 1995), p. 432.

*82 概説については以下を参照のこと。Coit D. Blacker, *Hostage to Revolution: Gorvachev and Soviet Security Policy, 1985-1991* (New York: Council on Foreign Relations Press, 1993).

多弾頭を搭載する決定も、「ソ連が後に保有するかもしれない弾頭よりも多く配備することを評価する軍司令官には常に魅力あるものに思われた」。SS－20ミサイル配備に対するアメリカの反応が論議を呼んでいるのも、組織のレパートリーとプログラムに大きく影響されたものである。*83

## 6 証拠

この規範的考え方に示された組織の傾向は、視点の一大転換を促すものである。大まかに説明したこれらの概念と命題に基づいて政府行動を検証すれば、少なからぬ成果が得られるであろう。例えば、政府の構成組織の所定の手続きや標準作業手続きに関する情報が少なければ、研究者は合理的アクター・モデルによる予想のいくつかを相当改善できるであろう。だが、この規範的考え方に基づいてこれまでの具体例をより深く理解するには、関係組織の特徴に関する情報を用いて、これまでの概説に補足説明を行う必要がある。

＊83 膨大な文献を最も明快に要約したものとしては、以下を参照のこと。McGeorge Bundy, *Danger and Survival: Choices About the Bomb in the First Fifty Years* (New York: Random Hours, 1988). 特に五四八ページ、五五一ページ、五六八ページが参考になる。軍備態勢と兵器調達に関する他の有益な研究は以下を参照のこと。Robert Art, *The TFX Decision: McNamara and the Military* (Boston: Little, Brown, 1968); Michael Armacost, *The Politics of Weapons Innovation: The Thor-Jupiter Controversy* (New York: Columbia University Press, 1969); Ted Greenwood, *Making the MIRV: A Study of Defense Decision Making* (Cambridge: Ballinger Publishing Company, 1975); Harvey Sapolsky, *The Polaris System Development: Bureaucratic and Programmatic Success in Government* (Cambridge: Harvard University Press, 1972).

## い



## う



## え

**け**



**こ**

## さ



## し

ち



て



と

著者略歴

**グレアム・アリソン**（GRAHAM ALLISON）

一九四〇～。ハーバード大学ケネディ行政大学院教授。政治学者。専門は、政策決定論、核戦略論。ハーバード大学卒業後、オックスフォード大学で修士号、ハーバード大学で博士号取得。一九七二年から現職。クリントン政権時代に国防総省スタッフとしてウクライナ、ベラルーシなどの核兵器廃棄政策に関与。一九七一年に刊行した主著『決定の本質』は対外政策決定論の必読文献。他に『核テロ』、『日・米・ロ新時代へのシナリオ』（共著）。

**フィリップ・ゼリコウ**（PHILIP ZELIKOW）

一九五四～。バージニア大学教授。歴史学者。一九八九年から九一年、ブッシュ・シニア政権の国家安全保障会議（ＮＳＣ）で、スコウクロフト大統領補佐官（国家安全保障担当）のスタッフとして働く。ＮＳＣを経てハーバード大学で教鞭を執り、一九九八年から現職。コンドリーザ・ライス元国務長官との共著に *Germany Unified and Europe Transformed.*

訳者略歴

**漆嶋稔**（うるしま　みのる）

翻訳者。一九五六年宮崎県生まれ。神戸大学卒業後、三井銀行（現三井住友銀行）を経て独立。主な訳書に『グリフィス版孫子　戦争の技術』（日経ＢＰクラシックス）、『中国貧困絶望工場』『馬雲のアリババと中国の知恵』（以上、日経ＢＰ社）、『ＦＲＢ議長』（日本経済新聞出版社）、『心が鎮まる老子の教え』『菜根譚　心を磨く一〇〇の智慧』（以上、日本能率協会マネジメントセンター）など。

決定の本質　キューバ・ミサイル危機の分析　第2版　I

二〇一六年三月　七日　第一版第一刷発行
二〇二三年八月二五日　第四刷発行

著　者　グレアム・アリソン
　　　　フィリップ・ゼリコウ
訳　者　漆嶋　稔
発行者　中川ヒロミ
発　行　日経BP社
発　売　日経BPマーケティング
　　　　〒一〇五-八三〇八
　　　　東京都港区虎ノ門四-三-一二
　　　　https://bookplus.nikkei.com/
装丁・造本設計　祖父江慎+福島よし恵（cozfish）
製　作　アーティザンカンパニー
印刷・製本　中央精版印刷株式会社

ISBN978-4-8222-5128-4

## 『日経BPクラシックス』発刊にあたって

グローバル化、金融危機、新興国の台頭など、今日の世界にはこれまで通用してきた標準的な認識を揺がす出来事が次々と起っている。しかしそもそもそうした認識はなぜ標準として確立したのか、その源流を辿れば、それは古典に行き着く。古典自体は当時の新しい認識の結晶である。著者は新しい時代が生んだ新たな問題を先鋭に捉え、その問題の解決法を模索して古典を誕生させた。解決法が発見できたかどうかは重要ではない。重要なのは彼らの問題の捉え方が卓抜であったために、それに続く伝統が生まれたことである。

世界が変革に直面し、わが国の知的風土が衰亡の危機にある今、古典のもつ発見の精神は、われわれにとりますます大切である。もはや標準とされてきた認識をマニュアルによって学ぶだけでは変革についていけない。ハウツーものは「思考の枠組み（パラダイム）」の転換によってすぐ時代遅れになる。自ら問題を捉え、自ら解決を模索する者。答えを暗記するのではなく、答えを自分の頭で捻り出す者。古典は彼らに貴重なヒントを与えるだろう。新たな問題と格闘した精神の軌跡に触れることこそが、現在、真に求められているのである。

一般教養としての古典ではなく、現実の問題に直面し、その解決を求めるための武器としての古典。それを提供することが本シリーズの目的である。原文に忠実であろうとするあまり、心に迫るものがない無国籍の文体。過去の権威にすがり、何十年にもわたり改められることのなかった翻訳。それをわれわれは一掃しようと考える。著者の精神が直接訴えかけてくる瞬間を読者がページに感じ取られたとしたら、それはわれわれにとり無上の喜びである。